Oekologie & Gesellschaft

Herausgegeben von Peter Knoepfel und Helmut Weidner

Band 8

Oekologie & Gesellschaft
Herausgegeben von Peter Knoepfel und Helmut Weidner

Band 8

Umweltpolitik und technische Entwicklung

Eine politikwissenschaftliche Evaluation am Beispiel der Heizungen

Andreas Balthasar, Carlo Knöpfel

Helbing & Lichtenhahn
Basel und Frankfurt am Main
1994

Publiziert mit Unterstützung des Schweizerischen Nationalfonds zur Förderung der wissenschaftlichen Forschung.

Die Deutsche Bibliothek - CIP-Einheitsaufnahme

Balthasar, Andreas:
Umweltpolitik und technische Entwicklung : eine politikwissenschaftliche Evaluation am Beispiel der Heizungen / Andreas Balthasar ; Carlo Knöpfel. - Basel ; Frankfurt am Main : Helbing und Lichtenhahn, 1994
(Oekologie und Gesellschaft ; 8)
ISBN 3-7190-1321-9
NE: Knöpfel, Carlo:; GT

ISBN 3-7190-1321-9
Bestellnummer 21 01321

Vorwort

Wirken politische Massnahmen überhaupt? Diese Frage ist nicht zuletzt angesichts zunehmender Defizite der öffentlichen Hand heute aktueller denn je! In den letzten Jahren hat darum die Evaluationsforschung als politikwissenschaftliche Disziplin wachsende Bedeutung erlangt. Allerdings erweist sich die Ermittlung und die Bewertung der Wirksamkeit politischer Massnahmen als schwieriges Unterfangen. Trotz erheblicher methodischer Fortschritte bleibt darum jeder Untersuchung ein Rest an Einzigartigkeit. Dies hat den bekannten Forscher Lee Cronbach 1982 veranlasst, Evaluation eher als eine "Kunst" denn als "Wissenschaft" zu bezeichnen. Im Spannungsfeld zwischen wissenschaftlicher Disziplin und praxisorientierter Kunst steht auch die schweizerische Evaluationsforschung. Mit der Initialisierung des Nationalen Forschungsprogramms 27 "Wirksamkeit staatlicher Massnahmen" schaffte der Schweizerische Bundesrat die Möglichkeit für einige klärende Untersuchungen. In diesem methodischen Kontext steht die vorliegende Studie.

Es war von vornerein klar, dass die evaluationswissenschaftlichen Fragestellungen nur an einem konkreten Beispiel zweckmässig bearbeitet werden können. Vorangegangene Arbeiten zur schweizerischen Technologiepolitik haben uns veranlasst, die oft wiederholte These vom "ökologisch-ökonomischen Doppelnutzen" der Umweltpolitik zu untersuchen. Konkret lautet die Behauptung, dass eine strenge Umweltpolitik die Unternehmen zu Innovationen anregt, welche schliesslich deren internationale Konkurrenzfähigkeit verstärken. Das würde bedeuten, dass sich die Widersprüche zwischen Ökonomie und Ökologie in Teilbereichen weitgehend beseitigen liessen. Die Brisanz dieser These hat uns motiviert, der Frage an einem konkreten Beispiel nachzugehen. Wir haben die Auswirkungen der Grenzwertsetzung, der Typenprüfung und der Feuerungskontrolle auf die technische Entwicklung von Hausheizungen untersucht. Das Beispiel drängte sich auf, weil der Revision der Luftreinhalteverordnung bei den Heizungen eine interessante technische Dynamik nachgesagt wurde. Die Möglichkeit zur Realisierung unseres Vorhabens hat die finanzielle Unterstützung des Schweizerischen Nationalfonds zur Förderung der wissenschaftlichen Forschung geboten.

Die empirischen Forschungsarbeiten wurden in den Jahren 1991 bis 1993 durchgeführt. Es zeigte sich immer wieder, wie sehr die Evaluationsforschung auf die Kooperationsbereitschaft von Personen aus Wissenschaft, Wirtschaft und Verwaltung angewiesen ist. Wir haben im Laufe der Zeit äusserst aufschlussreiche Gespräche mit rund 50 Expertinnen und Experten geführt. Mit Kolleginnen und Kollegen aus der Wissenschaft haben wir unsere konzeptionellen und methodischen Probleme debattieren können. Wirtschafts- und Verbandsvertreter haben uns in die technischen und die wirtschaftlichen Zusammenhänge eingeführt. Beamte verschiedener eidgenössischer und kantonaler Stellen haben zum Teil mit erheblichem Aufwand Daten für uns bereitgestellt und Ergebnisse kommentiert. Dass unserer Arbeit von allen Seiten Interesse entgegengebracht wurde, ist nicht selbstverständlich. Dieser Umstand bildet aber die Grundlage für den multidisziplinären Zugang, den wir als für die Evaluationsforschung entscheidend betrachten.

Wir danken allen, die uns auf unserem Weg unterstützt haben herzlich.

Luzern, September 1993

Inhaltsübersicht

Anhänge

ERSTER TEIL Ausgangspunkte

Im Zentrum dieses Buches stehen eine inhaltliche und eine methodische Frage: Inhaltlich beschäftigen uns die Auswirkungen der Umweltpolitik auf die technische Entwicklung. Mit diesem Problem konzentrieren wir uns auf ein Kernthema der Diskussion um die mögliche Verbindung von ökonomischen und ökologischen Zielen in der Politik. Das Thema steht heute zuoberst auf der umweltpolitischen Traktandenliste. Die Frage, ob eine relativ strenge schweizerische Umweltpolitik Wirkungen erzeugt, welche letztlich als Standortvorteil interpretierbar, der internationalen Wettbewerbsfähigkeit der Industrie zu Gute kommen, ist von grundsätzlichem Interesse für jene, welche dem Werkplatz Schweiz Bedeutung beimessen. Aus methodischer Sicht dient dieses Thema als Mittel, um die Möglichkeiten politikwissenschaftlicher Evaluationsforschung besser kennenzulernen. Lassen sich die Wirkungen politischer Massnahmen überhaupt messen, und wie soll dies geschehen? Unsere Studie ist somit doppelt "programmiert".

Im ersten Kapitel konzentrieren wir uns auf den wirtschaftspolitischen Diskussionskontext und führen in den Untersuchungsgegenstand ein. Heizungen – oder im terminus technicus "Hausfeuerungsanlagen" – sind seit rund dreissig Jahren Ziel verschiedener lufthygienisch und energiepolitisch motivierter Massnahmen, welche alle auch wirtschaftliche Auswirkungen haben. Mit der Diskussion um die Revision der Luftreinhalteverordnung sind diese Effekte in der letzten Zeit immer häufiger ins Blickfeld geraten, ohne dass entsprechende empirische Untersuchungen angestellt worden wären. Doch dies ist nicht der einzige Grund, der unser Interesse am Untersuchungsgegenstand geweckt hat. Heizungen sind nicht nur umweltpolitisch, sondern auch wirtschaftlich wichtig. Man kann davon ausgehen, dass in der Schweiz rund 5 000 Personen im Bereich der Herstellung von Kesseln und Brennern tätig sind. Pro Jahr werden grob geschätzt etwa 30 000 Kessel, 45 000 Brenner und 10 000 Kompaktanlagen verkauft.

Im zweiten Kapitel führen wir in die evaluationswissenschaftlichen Hintergründe ein. Wir legen zuerst die methodischen Zielsetzungen dieser Untersuchung im Rahmen des Nationalen Forschungsprogramms 27 "Wirkungen staatlicher Massnahmen" (NFP 27) dar. Danach begründen und umreissen wir unser Untersuchungsdesign.

1. Technische Entwicklung als Nebenwirkung der Umweltpolitik?

Die Diskussion über die Wirkungen der Umweltpolitik auf die technische Entwicklung setzte in den Vereinigten Staaten und in Deutschland schon Mitte der siebziger Jahre ein. Im ersten Teil dieses Kapitels zeigen wir auf, wie dieses Thema den Weg in die Schweiz gefunden hat, und wieso sich die Hausfeuerungsanlagen für eine empirische Untersuchung dieser Frage besonders eignen. Danach zeichnen wir vor dem Hintergrund wichtiger technischer Entwicklungslinien nach, wie unser Untersuchungsgegenstand zum Instrument immer neuer politischer Massnahmen wurde. Unsere Studie wird sich auf drei dieser Massnahmen konzentrieren. Wir fragen nach den Wirkungen der Grenzwertsetzung, der Typenprüfung und der Feuerungskontrolle auf die technische Entwicklung von Heizungen. Die Begründung für diese Auswahl folgt im zweiten Kapitel.

1.1 Die wirtschaftspolitische Fragestellung

Unsere Untersuchung steht in einem wissenschaftlichen Diskussionszusammenhang, der auf zwanzig Jahre Tradition zurückblicken kann. In der letzten Zeit findet die Frage der möglichen Zielkongruenz von Ökonomie und Ökologie auch in der Schweiz breite Beachtung. Die Suche nach empirischen Beispielen, die sich für die spezifische Analyse der Innovationswirkungen von umweltpolitischen Massnahmen eignen, erweist sich aber als schwierig.

1.1.1 Der Diskussionskontext

Schon in den siebziger Jahren wurden nicht nur die Kosten, sondern auch der wirtschaftliche Nutzen der Umweltpolitik zum Thema wissenschaftlicher Diskurse. Zuerst standen die Beschäftigungseffekte im Zentrum vor allem amerikanischer Studien. Es ging darum aufzuzeigen, in welchem Umfang Umweltschutzmassnahmen neue Arbeitsplätze schaffen. Ein erster Bericht der OECD zu diesem Thema wurde 1976 verfasst[1].

Von Deutschland ausgehend wurden die Wirkungen der Umweltpolitik auf die technische Entwicklung vor allem seit Beginn der Rezession Mitte der siebziger Jahre hervorgehoben. Es wurde argumentiert, dass die im internationalen Vergleich bemerkenswerten umweltpolitischen Bemühungen langfristig eine "technologische Vorsprungsrente" einträgen[2]. Parlamente und Regierungen anderer Länder würden früher oder später umweltpolitische Auflagen erlassen, welche zu vergleichbaren Einschränkungen bei denselben Emittenten wie in der Bundesrepublik führten. Aufgrund des erworbenen technischen Vorsprungs liessen sich dann neue Kenntnisse gewinnbringend auch im Ausland vermarkten. Dieser Argumentationszusammenhang zog natürlich die Frage nach sich, wie die Umweltpolitik ausgestaltet sein muss, um so einen ökologisch-ökonomischen Doppelnutzen erzielen zu können. Entsprechend stellte die OECD zu Beginn der achtziger Jahre die Frage, wie Umweltpolitik formuliert und implementiert sein muss, um technische Neuerungen zu fördern, ins Zentrum einer breit angelegten Untersuchung. Die Resultate wurden unter dem Titel "Environmental Policy and Technical Change" 1985 veröffentlicht. Dasselbe Thema war zwischen 1983 und 1987 auch Leitidee des Forschungsschwerpunkts des Internationalen Instituts für Umwelt und Gesellschaft des Wissenschaftszentrums für Sozialforschung in Berlin[3].

Weitgehend zeitgleich tauchte dieselbe Erklärung auch als Rechtfertigung für eine strengere schweizerische Umweltpolitik auf. 1982 wiesen Kurt Brandenberger, Urs P. Gasche, Hanspeter Guggenbühl und Freddy Hämmerli unter dem Titel "Das Märchen von der sauberen Schweiz" darauf hin, dass strenge Umweltgesetze die Entwicklung neuer Technologien förderten und der Schweizer Industrie neue Produktionsbereiche und unerschlossene Absatzmärkte eröffneten[4]. Ähnlich argumentierte 1988 auch Peter Knoepfel, als er die Chancen eines umweltpolitischen Anforderungsgefälles zwischen der Schweiz und der EG für unsere Industrie auslotete[5].

Bis zu Beginn der neunziger Jahre wurde die erwähnte These vor allem von umweltpolitisch motivierten Kreisen als zusätzliche Rechtfertigung für eine strenge Umweltpolitik angeführt. Seit neuestem findet sie sich zunehmend auch im wirtschaftspolitischen Diskussionskontext. So konnten sich die Basler Ökonomen Silvio Borner, Aymo Brunetti und Thomas Straubhaar auf Michael E. Porter berufen, als sie in ihrem Buch "Schweiz AG, Vom Sonderfall zum Sanierungsfall" 1990 schrieben: "In gewissen Bereichen jedoch könnten die Kosten einer verbleibend hohen nationalen Regeldichte in einen positiv zu bewertenden Anpassungsvorsprung umschlagen. Kurzfristige statische Nachteile erweisen sich nämlich dann als langfristige komparative Vorteile, wenn die nationale Regulierungsrichtung einen internationalen Trend vorwegnimmt. (...) Anstatt in der 'grünen' Bewegung ein 'rotes' Tuch zu sehen, wären Unternehmer gut beraten, die Chance zu nutzen, die sich hier bietet, langfristige Tendenzen frühzeitig zu erkennen. Ökologische Argumente sind dann nicht mehr der ökonomischen Optik entgegenstehende 'lästige' Kostenfaktoren, sondern vielmehr Anzeichen für notwendige Anpassungsprozesse"[6]. Und auch der Bundesrat nahm in seinem Bericht zur schweizerischen Technologiepolitik im Herbst 1992 den erwähnten Argumentationszusammenhang auf[7].

Die Strategie, umweltpolitische Massnahmen so zu konzipieren, dass sie der schweizerischen Industrie einen technologischen Vorsprung verschaffen, erfährt also breite wissenschaftliche und politische Zustimmung. Auch gibt es zahlreiche theoretische Überlegungen, wie die erwähnten Effekte erzielt werden könnten. Wenig ist jedoch darüber bekannt, ob die bisherige Umweltpolitik bereits Innovationseffekte bewirkte, von denen die Industrie profitieren konnte.

In den letzten Jahren sind in der Schweiz zahlreiche Firmen in die Umwelttechnik eingestiegen. Insider gehen heute davon aus, dass sich hierzulande rund 600 Unternehmen mit der Wasseraufbereitung und der Abwasserreinigung, der Luftreinhaltung, dem Bodenschutz, der Deponietechnik und der Altlastensanierung, dem Lärmschutz oder mit der zugehörigen Mess- und Regeltechnik beschäftigen. Die 32 wichtigsten dieser Firmen sind in der Gruppe für Umwelttechnik des Vereins Schweizerischer Maschinenindustrieller zusammengeschlossen[8]. Bei einem Personalbestand von rund 1 550 Beschäftigten machten sie 1991 einen Umsatz von rund 730 Millionen Franken. Der grösste Teil des Geschäfts beruhte nach Ansicht von Branchenvertretern jedoch nicht auf dem Absatz von neuen, qualitativ besseren Produkten. Vielmehr hat der aktive Vollzug der strengen einheimischen Gesetzgebung den Schweizer Unternehmen früh die Chance eröffnet, Wissen über das Zusammenspiel der Komponenten und über die relevanten Prozesse aufzubauen. Dieser Wissensvorsprung in konzeptionellen und organisatorischen Fragestellungen ist es nun, welcher heute in erster Linie in Form beraterischer Tätigkeit gewinnbringend vermarktet werden kann. Innovative Produkte dagegen, zu deren Entwicklung Schweizer Unternehmen durch umweltpolitische Massnahmen angehalten wurden, sind schwierig auszumachen. Einzelne Beispiele finden sich höchstens in der Gewässerschutztechnik (z.B. Export von Kompakt-Kleinkläranlagen) sowie vor allem in der Luftreinhaltetechnik.

Aufgrund des relativ strengen und umfassenden schweizerischen Luftreinhalterechts wurden im Inland bereits seit längerem Anlagen entwickelt und auch im Ausland erfolgreich abgesetzt, welche die Schadstoffemissionen mit sogenannten "End-of-pipe-Lösungen" reduzieren (z.B. Entschwefelungsanlagen, Rauchgaswaschanlagen)[9]. Neueren Datums ist die Entwicklung integrierter Technologien. Besonders weit fortgeschritten sind Techniken zur Senkung des Stickoxidausstosses von Heizungen (Low-NOx-Anlagen). Hier findet sich das geeignete Feld für unsere Untersuchung, zumal die Einhaltung der Grenzwerte der neuen, heute gültigen Luftreinhalteverordnung 1992 nur durch weitere technische Verbesserungen möglich ist[10].

1.1.2 Der Untersuchungsgegenstand

Die Vielfalt dessen, was gemeinhin als "Heizungen" bezeichnet wird, ist gross. Am wichtigsten ist es, zwischen den verschiedenen Energieträgern und den Leistungsklassen der Anlagen zu unterscheiden. Die wichtigsten Energieträger der Schweiz sind heute Heizöl, Elektrizität und Gas. Obwohl die Bedeutung von Gas in den letzten Jahren zugenommen hat, decken die Haushalte heute ihren Wärmebedarf zu rund zwei Dritteln mit Öl. Dies ist der erste Grund, weshalb wir unsere Untersuchung auf die Ölheizungen konzentrieren. Der zweite Grund liegt darin, dass politische Massnahmen bei Ölheizungen eine lange Tradition haben. Und schliesslich bereitet drittens die Einhaltung der Vorschriften für Ölheizungen heute noch grössere technische Schwierigkeiten als die Einhaltung jener technischen Vorschriften, welche Gasanlagen betreffen. Bezüglich der Leistungsklassen konzentrieren wir uns auf kleine und mittlere Feuerungen mit weniger als 350 kW Kesselleistung. Diese machen rund 95 Prozent des Anlageparks von zur Zeit rund 850 000 installierten Einheiten in der Schweiz aus[11].

Am Beispiel der Ölheizungen kleiner und mittlerer Grösse wollen wir somit die Wirkung von Umweltschutzvorschriften auf die technische Entwicklung abklären. Dabei konzentrieren wir uns auf drei Massnahmen des technischen Umweltschutzes (Grenzwertsetzung, Typenprüfung, Feuerungskontrolle). Dieser versucht, durch die Festlegung technischer Anforderungen an Produkte und Prozesse Wirkungen zu erzielen. Damit steht er insbesondere im Gegensatz zu ökonomischen Instrumenten der Umweltpolitik, welche umweltgerechtes Verhalten durch die Setzung wirtschaftlicher Anreize zu fördern beabsichtigen. Der technische Umweltschutz nimmt im Rahmen der heute gültigen Umweltpolitik sehr breiten Raum ein und wird noch an Bedeutung gewinnen. Zu erwähnen ist zum Beispiel die Dynamik, welche von Vorschriften für eine sparsame und rationelle Energieverwendung im Rahmen des Energienutzungsbeschlusses ausgeht.

Wir konzentrieren uns also auf die Analyse der Auswirkungen von Massnahmen des technischen Umweltschutzes in Richtung technischer Entwicklung. Demzufolge sind drei Themen explizit nicht Gegenstand dieser Untersuchung: Einmal beschäftigen wir uns weder mit den lufthygienischen noch mit den energetischen Auswirkungen der genannten Vorschriften. Wir lassen ihre ökologischen Hauptwirkungen also ausser acht und interessieren uns für die wirtschaftlichen Nebenwirkungen. Zweitens geht es in dieser Untersuchung auch nicht darum abzuklären, ob der Staat in seiner Luftreinhaltepolitik die "richtigen" Massnahmen ergreift, etwa "richtig" aus der Sicht der effizienzorientierten Umweltökonomie. Und drittens stehen gesellschaftspolitische Fragen im Kontext der Umweltpolitik, wie sie zum Beispiel von Ulrich Beck bezüglich der Grenzwerte aufgeworfen wurden, nicht zur Debatte[12]. Wir beschäftigen uns also nicht mit einer normativen, sondern mit einer positiven Fragestellung. Dies wird uns nicht daran hindern, empirisch fundierte Vorschläge zur Steigerung der Wirksamkeit staatlicher Massnahmen aufzuzeigen.

1.2 Heizungen und Politik – technische und historische Hintergründe

Ölheizungen spielen auf dem schweizerischen Wärmemarkt seit den fünfziger Jahren eine wachsende Rolle. 1967 gab es rund 300 000, 1973 450 000 und 1992 gegen 850 000 Anlagen. Zuerst wurden die negativen Folgen der Dekkung des zunehmenden Wärmebedarfs im Hinblick auf die Luftqualität registriert. Regelmässige Häufungen von Atemwegserkrankungen in den Wintermonaten sowie zunehmende Klagen über schlechten Geruch, Rauch und ölverschmierte Wäsche wurden Ende der fünfziger Jahre relativ schnell auf die hohe Luftverschmutzung zurückgeführt. Einig war man sich auch, dass neben dem Motorfahrzeugverkehr und der Industrie die Ölheizungen für diesen Zustand verantwortlich waren. Vor allem in den Städten war die Luftverunreinigung durch die wachsende Zahl der Feuerungen zum Problem geworden. Ausgelöst durch die Energiekrise 1973 dominierten Ende der siebziger Jahre die energiepolitischen Sorgen. Mit der Debatte um das Waldsterben traten in den achtziger Jahren wieder lufthygienische Überlegungen in den Vordergrund (→ Kapitel Grenzwertsetzung[13]).

1.2.1 Lufthygienische Sorgen als Ausgangspunkt

Veranlasst durch parlamentarische Initiativen der Jahre 1958 und 1960 setzte der Bundesrat 1961 die Eidgenössische Kommission für Lufthygiene ein. Sie hatte den Auftrag, den Stand der Kenntnisse über die Luftverunreinigung in der Schweiz, die bisher bekannten Auswirkungen sowie die bestehenden und möglichen Vorkehrungen zu deren Bekämpfung zu dokumentieren. In ihrem ersten Bericht stellte die Kommission 1961 trotz bescheidenem Kenntnisstand bereits erste konkrete Massnahmen in Aussicht. In Bezug auf die Heizungen wurde zum Beispiel die "Ausmerzung veralteter, technisch ungenügender Anlagen", die "Ausmerzung ungeeigneter, insbesondere auch stark schwefelhaltiger Brennstoffe" sowie die "sorgfältige Pflege und regelmässige Reinigung" der Heizungen vorgeschlagen[14]. Die Kommission unterstützte damit Bemühungen, die in der Stadt Zürich bereits 1960 begonnen hatten (→ Kapitel Feuerungskontrolle). Damals richtete der Zürcher Gesundheitsinspektor Walter Hess eine Abteilung für Lufthygiene und zwei Jahre später das erste schweizerische Lufthygiene-Laboratorium ein. Gleichzeitig schlug er anlässlich einer Tagung der Eidgenössischen Kommission für Lufthygiene vor, die Feuerungsanlagen periodisch zu kontrollieren[15].

Im Winter 1963/64 wurden vom Gesundheitsinspektorat der Stadt Zürich rund 600 Heizungen probehalber überprüft und abgeklärt, in welchem Umfang sie die Luft belasten. Die Resultate waren ernüchternd. Rund 40 Prozent der untersuchten Anlagen arbeiteten nicht einwandfrei. Walter Hess zog daraus 1964 den Schluss, dass keine Gewähr bestand, "dass die Ölheizung über eine längere Zeitspanne einwandfrei funktioniert und somit drängt sich eine periodische Kontrolle auf"[16]. Der Zürcher Stadtrat teilte diese Ansicht und schrieb noch im selben Jahr die obligatorische und periodische Feuerungskontrolle vor. Von Zürich aus breitete sich diese Massnahme in den siebziger Jahren über einen Grossteil der Schweiz aus. Zudem wurde sie auch in Deutschland und in Österreich eingeführt. Auf der Basis der Stadtzürcher Erfahrungen veröffentlichte die Eidgenössische Kommission für Lufthygiene 1969 erstmals Richtlinien, welche die Durchführung der Kontrollen und die geltenden Grenzwerte vereinheitlichen sollten[17]. Diese Grundsätze wurden 1972 durch Richtlinien des Eidgenössischen Departementes des Innern über die Auswurfbegrenzung bei Haus- und Industriefeuerungen ergänzt und verschärft. So wurden strengere Grenzwerte bei den Russemissionen und eine Kontrolle alle zwei Jahre vorgeschlagen[18].

Die Vorschriften, welche zur Reduktion der Umweltbelastung von Heizungen ergriffen wurden, lassen sich nur verstehen, wenn einige technische Zusammenhänge bekannt sind. Russ wie Ölspuren im Rauchgas sind die Folge einer unvollständigen Verbrennung. Das Heizungsgewerbe bekämpfte übermässige Russemissionen darum vor allem, indem der Luftüberschuss am Brenner vergrössert wurde. Ein zu grosser Luftüberschuss unterkühlte nun aber die Flamme derart, dass das Öl nicht mehr restlos verbrannte. Als Folge machten sich unverbrannte Ölanteile im Rauchgas bemerkbar. Es war also nicht überraschend, dass mit der Einführung der Feuerungskontrolle auch die Klagen bezüglich Geruchsbelästigungen durch Ölheizungen zunahmen.

“Durch die stetigen Kontrollen und die Beanstandungen der russenden Anlagen gingen die Servicemonteure darauf aus, die Russbildung zu unterdrücken. Dies gelang wohl mehrheitlich, aber gleichzeitig stieg der Anteil der unverbrannten Ölspuren fast lawinenartig an,” hielt Walter Hess 1973 fest[19]. Hatte der Anteil der Heizanlagen mit ölhaltigen Abgasen in der Stadt Zürich Mitte der sechziger Jahre noch rund 10 Prozent betragen, so lag er 1972 bei über 30 Prozent.

Aus technischer Sicht standen drei Möglichkeiten offen, um sowohl die Russbildung als auch die Ölspuren in den Rauchgasen zu vermeiden: Vielfach wurde der Weg über einen neuen Brenner gewählt. Diese Option rechtfertigte sich vorwiegend dadurch, dass die Brennertechnologie in den fünfziger und sechziger Jahren erhebliche Fortschritte gemacht hatte. Ausgangspunkt der Entwicklung waren atmosphärische Brenner gewesen. Bei Anlagen dieser Art verbrennt das Öl in einer Wanne. Eine eigentliche Neuentwicklung stellten Gebläsebrenner dar, bei denen das Öl in den Feuerraum hineingesprayt wird, um das Gemisch von Öl und Luft zu optimieren. Zuerst liefen diese Anlagen niedertourig. Erst Ende der sechziger Jahre wurden hochtourige Gebläsebrenner installiert, wodurch sich das Luft-Öl-Verhältnis nochmals verbesserte. Aus lufthygienischer Sicht zeigte sich jedoch, dass der Einbau eines neuen Brenners auf einen alten Kessel nicht immer Vorteile brachte.

Eine zweite Variante, um Russbildung und Ölrückstände zu vermeiden, war die Vergrösserung der Flamme. Allerdings erwies sich diese Lösung hinsichtlich Energieverbrauch und Wirtschaftlichkeit als wenig vorteilhaft. Mit der Vergrösserung der Flamme stieg nämlich der Anteil der Energie, der durch den Kamin entwich. Zudem wurden die Stillstandszeiten der Anlage länger. Der Kessel hatte somit mehr Zeit abzukühlen, was den Gesamtenergieverbrauch weiter erhöhte.

Am häufigsten wurden die Ölspuren in den Abgasen schliesslich durch Verkleinerung der Brennkammern bekämpft. Diese sogenannte Chamottierung war möglich, weil die meisten Heizanlagen überdimensioniert waren. Die Ursache dafür lag einerseits in den hohen Sicherheitszuschlägen, welche dazu dienten, ein Gebäude auch unter ungünstigsten Witterungsverhältnissen genügend heizen zu können. Andererseits waren Heizungen weit verbreitet, welche von Kohle oder Holz auf Öl umgestellt werden konnten oder gar als Zweistoffanlagen konzipiert worden waren. Durch den Einbau einer Chamotte-Brennkammer konnte die Verbrennungsqualität bei kleinerer Flamme verbessert werden. Allerdings war auch diese Lösung aus energetischer Sicht problematisch.

Bereits hier zeigte sich, dass sich lufthygienische und energetische Verbesserungen nur zum Teil gleichzeitig erzielen lassen. Es bestehen verbrennungstechnische Zusammenhänge, die dazu führen, dass die lufthygienischen den energetischen Ansprüchen an eine optimale Verbrennung entgegenlaufen.

1.2.2 Energie wird zum Thema

Energetische Aspekte drangen jedoch erst mit der Ölkrise 1973 ins Bewusstsein von Öffentlichkeit und Politik. Wiederum reagierte die Stadt Zürich am schnellsten. Dort wurden die Heizungen 1974/75 erstmals energetisch kontrolliert. Im Zentrum des Interesses stand der Abgasverlust der Anlagen[20]. Betreffend die Energieverluste von Heizungen unterscheiden Spezialisten zwischen Abgasverlusten und Bereitschaftsverlusten. Der Heizwert eines Brennstoffes bezieht sich auf eine vollständige Verbrennung und auf eine Abgastemperatur, die derjenigen des Ausgangsgemisches aus Brennstoff und Verbrennungsluft entspricht. Nun sind aber die den Heizkessel verlassenden Abgase heiss. Diese mit den Abgasen den Kessel verlassende Wärmemenge wird als Abgasverlust bezeichnet. Er wächst mit dem Temperaturunterschied zwischen den Abgasen und dem Ausgangsgemisch. Die an den Kessel abgegebene Wärme entspricht also der Energie im Brennstoff reduziert um die Abgasverluste. Um zur effektiv genutzen Wärme zu gelangen, muss die abgegebene Wärme um die Bereitschaftsverluste verringert werden. Diese setzen sich zusammen aus den Strahlungsverlusten der Anlage und den Verlusten, die durch die Abkühlung der Anlage während des Brennerstillstandes entstehen. Die Experten, welche vorschlugen, die Abgasverluste zu messen, waren sich bewusst, dass dadurch nur ein Teil aller Verluste erfasst wurde. Es ist jedoch derjenige Teil, den man messtechnisch mit einfachen Mitteln erheben kann.

Die Abgasverlustmessungen des Gesundheitsinspektorats der Stadt Zürich zeigten, dass mit technischen Verbesserungen energetische Optimierungsmöglichkeiten bestanden. Mitte der siebziger Jahre wurde darum eine Eidgenössische Fachkommission mit dem Auftrag gebildet, Richtlinien über die Konstruktion und den Betrieb von Heizkesseln und Zerstäuberbrennern zu formulieren. Die Richtlinien wurden 1978 vom Eidgenössischen Departement des Innern veröffentlicht. Sie bilden den Ausgangspunkt der Diskussion um die Einführung der obligatorischen Typenprüfung für Heizungen[21]. Auf freiwilliger Basis wurden Typenprüfungen bereits seit dem Ende der fünfziger Jahre an der Abteilung Feuerungs- und Wärmetechnik der damaligen Eidgenössischen Materialprüfungs- und Versuchsanstalt in Zürich (EMPA) durchgeführt (→ Kapitel Typenprüfung). Diese erfolgte gemäss den Richtlinien der Vereinigung der Schweizerischen Brandversicherungsanstalten. Damals ging es zur Hauptsache darum, die Brandgefahr sowie das Unfallrisiko der Anlagen auf ein Minimum zu reduzieren. Für diese Prüfung hat die EMPA 1962 erstmals spezielle Richtlinien vorgeschlagen.

1.2.3 Die Stickoxidbelastung – zurück zur Lufthygiene

Nachdem in den siebziger Jahren die Energiepolitik in den Vordergrund gerückt war, beschleunigte das Thema "Waldsterben" Mitte der achtziger Jahre wieder die Entscheidungsprozesse in der Luftreinhaltepolitik. Die obligatorische Typenprüfung für Heizungen, welche bereits im Entwurf des Umweltschutzgesetzes von 1979 in Aussicht genommen worden war, wurde darum gegenüber anderen Massnahmen vorgezogen und mit der Verordnung über Luftreinhalte-Massnahmen bei Feuerungen vom Dezember 1984 eingeführt[22]. Damit war ein wirksames Instrument geschaffen, um mögliche technische Verbesserungen an den Heizungen vorschreiben und kontrollieren zu können. Die nächsten Schritte in der Luftreinhaltepolitik wurden 1985 und 1986 unternommen. Im Dezember 1985 verabschiedete der Bundesrat die erste Luftreinhalteverordnung (LRV) und setzte sie auf den 1. März 1986 in Kraft[23]. Sie enthielt vorsorgliche Emissionsbegrenzungen für neue und bestehende Heizungen, Sanierungs- und Kontrollvorschriften, Typenprüfungsnormen, Anforderungen an Brenn- und Treibstoffe sowie Massnahmen zur weitergehenden Emissionsminderung bei Überschreitung von Immissionsgrenzwerten. So wurde festgelegt, dass die Behörden Massnahmenpläne anzuordnen haben, wenn zu erwarten ist, dass die Vorschriften der Verordnung nicht reichen, um schädliche oder lästige Luftverunreinigungen zu verhindern.

Im September 1986 legte der Bundesrat zudem das im Vorjahr vom Parlament verlangte Luftreinhaltekonzept vor[24]. Es nahm gesamtschweizerisch verbindliche Emissionsziele für Schwefeldioxid, Stickoxid und Kohlenwasserstoff in Aussicht. Zudem zeigte das Konzept, dass diese Ziele ohne zusätzliche Massnahmen nicht zu erreichen waren. Besondere Beachtung wurde dem Stickoxid geschenkt, welches als Vorläufersubstanz erheblich zur Ozonbelastung beiträgt. Es wurden Eingriffe nicht nur beim Verkehr, sondern auch bei den Heizungen geplant. Da die Quellengruppe Haushalte, welche einen Grossteil der Heizungen einschliesst, 1984 nur gerade vier Prozent zu den Stickoxid-Emmissionen beitrug, während der Anteil des Verkehrs bei 74 Prozent lag, ist die vorgesehene Opfersymmetrie vor allem auf den politischen Druck der Autoverbände zurückzuführen. Daneben mag auch der in unserem Kontext wichtige Faktor eine Rolle gespielt haben, dass Autos nur importiert, Heizanlagen aber auch durch Schweizer Firmen hergestellt werden.

In den Entwicklungsabteilungen der Heizungsbranche war die Stickoxidreduktion zu Beginn der achtziger Jahre zum Thema geworden. Die technischen Zusammenhänge sind relativ einfach zu verstehen. Die Stickoxidbildung wird in Heizungen vor allem durch hohe Flammentemperaturen, lange Verweilzeiten im Brennraum und hohe Luftüberschüsse begünstigt. Schon früh zeigte sich, dass niedrigere Stickoxidwerte nur mit wesentlichen technischen Verbesserungen erreichbar waren. Verschiedene Techniken boten sich an. Je nach Leistungsstärke der Brenner haben sich bis heute Veränderungen der Brennstoff- und der Luftströmung sowie interne oder externe Abgasrückführung als Low-NOx-Technologien durchgesetzt. Wichtig sind insbesondere auch Kompaktanlagen, sogenannte "Units" geworden. Diese Einheiten aus Brenner, Kessel und Steuerung werden vor allem im Bereich kleiner Leistungsklassen angeboten. Durch die optimale Abstimmung der Komponenten wird der Schadstoffausstoss auf ein Minimum gesenkt. Mit diesen Techniken versehene Anlagen stossen im Vergleich zu früheren Heizungen nur noch einen Drittel bis einen Viertel an Stickoxiden aus. Die intensive Entwicklungstätigkeit zur Reduktion des Stickoxidausstosses begann in den Labors der Industrie jedoch erst 1988, als im Kanton Zürich in Gesprächen mit der Verwaltung Grenzwerte ausgehandelt wurden (→ Kapitel Grenzwertsetzung).

Auf Bundesebene führten die Tatsache, dass sich die lufthygienischen Ziele gemäss Luftreinhaltekonzept ohne zusätzliche Massnahmen nicht erreichen liessen, und der Umstand, dass die neuen Low-NOx-Technologien einen Beitrag zur Zielerreichung ermöglichten, im Februar 1989 zum Beschluss, die Luftreinhalteverordnung im Teilbereich Feuerungen zu revidieren. Rund ein Jahr später wurde ein Entwurf vorgelegt. Dieser sah vor, dass ab Mitte 1992 nur noch Ölheizungen installiert werden sollten, welche auf der Low-NOx-Technologie beruhten. Mit etwas Verzögerung wurde die revidierte LRV im November 1991 verabschiedet[25]. Sie trat im Laufe des folgenden Jahres in Kraft. Einzelne Kantone sind aber in der Zwischenzeit schon wieder einen Schritt weiter gegangen und haben wie Zürich im Rahmen ihrer Massnahmenpläne die Vorschriften mit Sanierungsterminen für Altanlagen gekoppelt.

Die folgende Darstellung fasst die wichtigsten Grenzwerte für Heizungen, wie sie in den Luftreinhalteverordnungen von 1986 und 1992 festgelegt sind, zusammen. Es wird deutlich, dass die Luftreinhalteverordnung 1986 für Ölheizungen je nach Grösse und Alter der Anlage unterschiedliche Grenzwerte angibt. Dasselbe gilt für die LRV 1992. Allerdings wird dort zusätzlich zwischen ein- und mehrstufigen Brennern differenziert.

Darstellung 1.1: Gesetzliche Vorschriften betreffend die Hausfeuerungsanlagen gemäss Luftreinhalteverordnung 1986 und 1992

	Luftreinhalteverordnung 1986		Luftreinhalteverordnung 1992
	0-70 kW	71-350 kW	0-350 kW
Russzahl	1	1	1
Ölanteile	keine	keine	Kontrolle fällt weg
Kohlenmonoxid	-	-	80 mg/m^3
Stickoxid	-	-	120 mg/m^3
Sauerstoff			
Inverkehrsetzung			
vor 1.7.1985	10 %	8 %	Kontrolle fällt weg
nach 1.7.1985	9 %	7 %	Kontrolle fällt weg
Abgasverluste			
Inverkehrsetzung			
vor 1.7.1985	16 %	14 %	bis 70 kW: 10 % 71 bis 350kW: 9 %
nach 1.7.1985	10 %	9 %	alle: 9 %
nach 31.12.1992			7 % einstufige Brenner 6 bzw. 8 % zweistufige Brenner

Aus dem vorangegangenen historischen Abriss wird deutlich, dass die Konstruktion und der Betrieb von Heizungen Schritt für Schritt in ein komplexes Netz von staatlichen Massnahmen eingebunden wurde. Reaktiv wurde auf wachsende Erkenntnis bezüglich Ausmass und Vielfalt der Umweltbelastung hin gehandelt. Schrittweise wurden neue Einsichten in die chemisch-physikalischen Zusammenhänge, welche Verbrennungsprozesse bestimmen, in die Konzipierung der politischen Massnahmen einbezogen. Die Regelungsdichte nahm erheblich zu, zumal der Heizungsbereich neben den genannten Vorschriften noch von zahlreichen kantonalen und kommunalen Energie-, Umwelt- und Bauvorschriften tangiert wird.

Es wäre eine herausfordernde Aufgabe, die Wirkungen dieses Instrumentenkatalogs auf die intendierte Hauptzielrichtung, die Reduktion der Umweltbelastung, zu untersuchen. Wir haben uns jedoch eine andere Aufgabe vorgenommen, indem wir uns für die innovationspolitischen Nebenwirkungen dieser Massnahmen interessieren. Im folgenden Kapitel wird beschrieben, wie wir unser Problem angegangen sind.

2. Wirksamkeit staatlicher Massnahmen

Das Interesse an der Wirksamkeit staatlicher Massnahmen hat in den letzten Jahren sprunghaft zugenommen. Dies ist kein Zufall, sondern hat spezifische Ursachen. Wir werden sie im ersten Abschnitt kurz darlegen. Danach stellen wir unser Untersuchungsdesign vor. Damit legen wir nicht nur das Fundament für die methodischen Ziele, welche wir mit unserer Arbeit verfolgen. Wir tragen auch der Tatsache Rechnung, dass sich politische Massnahmen nur evaluieren lassen, wenn die realen Wirkungszusammenhänge massiv vereinfacht wahrgenommen werden.

2.1 Evaluationswissenschaftliche Ausgangspunkte

Die Evaluationsforschung hat ihre Wurzeln in den Vereinigten Staaten. Im "Krieg gegen die Armut" und die Rassendiskriminierung wurden dort Mitte der sechziger Jahre gewichtige Programme in den Bereichen Bildung, Arbeitsmarkt, Gesundheit, Wohnen und Familie gestartet. Aufgrund des politischen Systems der USA blieb die Implementation dieser Bundesprogramme weitgehend lokalen Stellen und Akteuren überlassen. Die Bundesstellen erwarteten von Evaluationen daher eine Verbesserung ihrer Programmsteuerung. Die Programme wurden nämlich vielfach als "soziale Experimente" verstanden, über deren Wirkungen kaum gesichertes Wissen bestand. Zudem verstärkte die Konkurrenz der Programme die Bestrebungen, die Entscheidungsfindung im Budgetierprozess informierter und "rationaler" zu gestalten[26].

Mit der Zeit hat sich die Evaluation als eigentliche wissenschaftliche Disziplin herausgebildet. Sie ist auch in der Schweiz auf wachsendes Interesse gestossen. Die Verbesserung der Wirksamkeit staatlicher Massnahmen wurde zu einem der Schwerpunkte der Legislaturperiode 1987 bis 1991 erklärt. Im Frühjahr 1986 beauftragte der Bundesrat das Eidgenössische Justiz- und Polizeidepartement mit der Einsetzung einer interdepartementalen Arbeitsgruppe "Gesetzesevaluation". Diese wurde im Herbst 1987 mit dem Ziel geschaffen, "zweckmässige Massnahmen zur Verstärkung der Wirkungsprognose und der Wirkungskontrolle im Bereich der Gesetzgebung vorzuschlagen und deren Realisierungsmöglichkeiten zu prüfen"[27]. Im Sommer 1987 beschloss der Bundesrat im Rahmen der fünften Serie Nationaler Forschungsprogramme das Thema "Wirksamkeit staatlicher Massnahmen" aufzugreifen.

Welches sind die Motive, welche hinter dieser Dynamik stecken? Aus der Sicht der Politik- und Verwaltungswissenschaft werden im allgemeinen drei Beweggründe angeführt: Der erste betrifft die wachsende Kritik nicht nur bürgerlicher Kreise an der immer weiter um sich greifenden Staatstätigkeit[28]. Während in der grossen Wachstumsphase ohne allzu viele Bedenken dem Staat immer neue Aufgaben übertragen wurden, ist man diesbezüglich in den letzten Jahren skeptischer geworden. Die Grenzen der fiskalischen und regulatorischen Belastbarkeit der Bürgerinnen und Bürger rückten näher. Gleichzeitig wurde offensichtlich, dass sich nicht jedes an sich wünschbare Ziel mit staatlichen Mitteln erreichen lässt. Mit Erfolg setzte die Freisinnig-demokratische Partei darum bei den Nationalratswahlen 1979 und 1983 die Parole "Mehr Freiheit und Selbstverantwortung – weniger Staat" ein. Vor diesem Hintergrund kam die Verwaltung zunehmend unter Legitimationsdruck.

Ein zweiter Grund wird im Vordringen von zielorientierten Politiken in der modernen Staatstätigkeit gesehen. Die Politikwissenschaft unterscheidet Konditional- und Finalprogramme. Konditionalprogramme verlangen, dass beim Vorliegen genau definierter Bedingungen eine bestimmte Massnahme ergriffen wird. Ein Beispiel ist die Auszahlung von Förderbeiträgen an energiesparende Demonstrationsanlagen. Der Antragsteller erhält Geld, wenn er die gesetzlichen Bedingungen erfüllt. Finalprogramme geben dagegen ein zu erreichendes Ziel an, lassen jedoch der Verwaltung in begrenztem Ausmass freie Hand beim Aussuchen und beim Einsatz der Mittel. Ein Beispiel dafür ist der Auftrag des Bundes an die Behörden in lufthygienisch stark belasteten Gebieten, Massnahmenpläne zu ergreifen, welche die Einwirkungen auf die Luftqualität mindestens wieder unter die kritischen Werte absenken sollten. Das Ziel ist vorgegeben, der Weg dazu ist gestaltbar. Es ist nun offensichtlich, dass sich die Frage der Zielerreichung bei Finalprogrammen sehr viel dringlicher stellt als bei Konditionalprogrammen.

Der dritte Grund für die wachsende Bedeutung der Evaluation liegt schliesslich in den methodischen Fortschritten der Wirkungsforschung begründet. Es ist in der Regel alles andere als einfach, die Wirkungen von politischen Massnahmen wissenschaftlich zu ermitteln. In den letzten Jahren hat die Evaluationsforschung aber zunehmend nützlichere Resultate liefern können. Politisch verantwortlichen Stellen war es nun daran gelegen, das entsprechende Wissen auch in der Schweiz zu verankern. Besonderheiten des schweizerischen politischen Systems machen es jedoch notwendig, spezifische Kenntnisse und Erfahrung zu erarbeiten. So haben die Kleinräumigkeit und die föderalistische Struktur der Schweiz zwar eine gewisse Übersichtlichkeit sichergestellt und zahlreiche Probleme leicht nachvollziehbar erscheinen lassen. Andererseits haben sie zu sensiblen Strukturen und hochkomplexen Abläufen geführt, welche der Evaluation nur schwer zugänglich sind. Weiter haben die ausgeprägten demokratischen Mitwirkungsrechte und die breiten Vernehmlassungen zu Programmen geführt, die zwar gut verankert, aber kaum mehr veränderbar sind. Schliesslich mag die direkt-demokratische Tradition der Schweiz auch zu einer überdurchschnittlichen Skepsis gegenüber der politischen Einflussnahme durch wissenschaftliche Experten geführt haben, von welcher auch die Evaluation betroffen ist.

Es schien darum angezeigt, in der Schweiz evaluationswissenschaftliche Kenntnisse aufzubauen und gezielt eigene Erfahrungen zu sammeln. Dies ist eine der Hauptaufgaben des Nationalen Forschungsprogramms 27 "Wirksamkeit staatlicher Massnahmen"[29]. Das Programm hat also eine stark methodische Ausrichtung. Insbesondere geht es darum, die Probleme, die sich im Zusammenhang mit Wirkungsanalysen im schweizerischen Kontext stellen, systematisch zu durchdringen. Hier liegt denn auch der methodische Ausgangspunkt für unsere Studie.

2.2 Untersuchungsdesign und Analysekonzepte

Die technische Entwicklung von Heizungen steht in einem komplexen Wirkungsfeld. In *Darstellung 2.1* haben wir die wichtigsten Akteure aus Wirtschaft, Wissenschaft und Politik zusammengestellt und in ovalen Feldern plaziert. Sie lassen sich den drei Gruppen Staat, Wirtschaft und Wissenschaft zuordnen. Im Innern der Darstellung finden sich die für unsere Fragestellung relevanten politischen Massnahmen. Die Verbindungslinien symbolisieren relevante Wirkungszusammenhänge. Die Darstellung macht deutlich, dass die Wirkungen auf die technische Entwicklung im Heizungsbereich von sehr vielen Vorschriften mitbeeinflusst werden. Für unser Evaluationsprojekt war es daher notwendig, eine Auswahl zu treffen und danach geeignete Konzepte zur Analyse der Wirkungen der Massnahmen auszuwählen.

2.2.1 Die Auswahl der zu untersuchenden Massnahmen

Ausgangspunkt des Auswahlverfahrens bilden die Dynamiken der politischen Techniksteuerung im allgemeinen. Beim Verhältnis von Politik und technischer Entwicklung handelt es sich um ein komplexes Beziehungsgeflecht. Nicht nur

Darstellung 2.1: Wirkungszusammenhänge

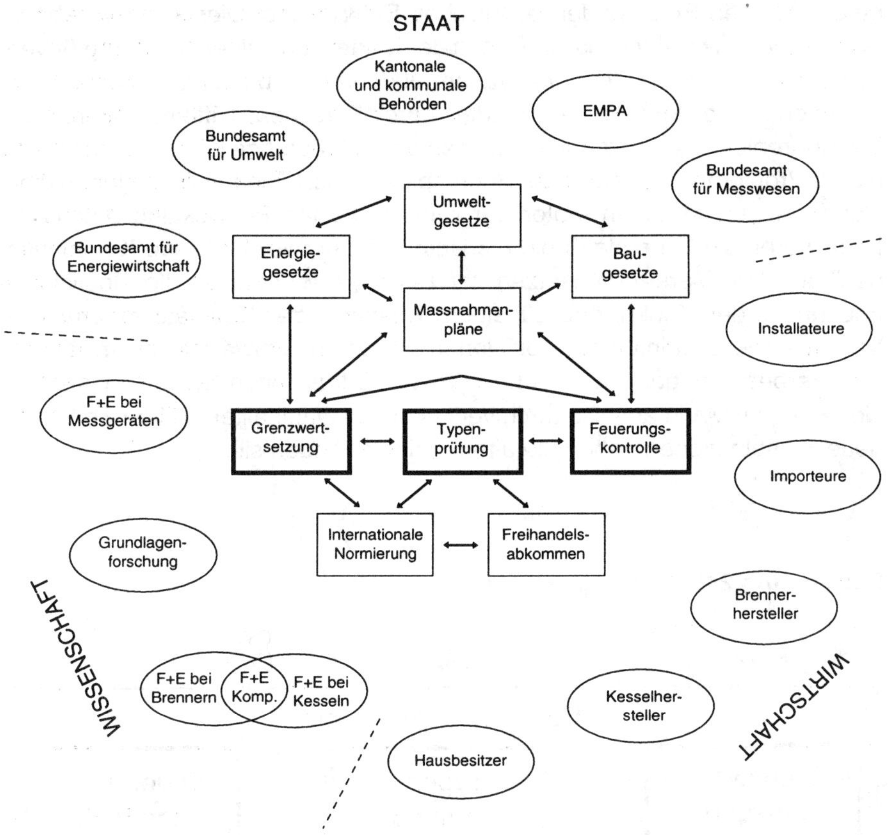

wirken staatliche Massnahmen auf die technische Entwicklung ein, sondern der Stand der Technik ist wiederum massgeblich für die Festlegung von Vorschriften, wie z.B. von Grenzwerten. Die Abhängigkeiten werden noch undurchschaubarer, wenn Fachleute aus der Privatwirtschaft in politische Normenfestlegungsprozesse einbezogen werden. Überdies wirken staatliche Massnahmen teilweise direkt auf die Anbieter (z.B. Nichtzulassung bestimmter Anlagen) und zum Teil indirekt auf die Käufer (z.B. Mehrnachfrage nach schadstoffarmen Heizungen). Weiter müssen Substitutionseffekte (z.B. Gas- und Elektroheizungen, Fernwärmeversorgung) berücksichtigt werden. Für das weitere Vorgehen war es nun aber notwendig, die Komplexität der Zusammenhänge zu reduzieren und ein vereinfachtes Wirkungsmodell aufzubauen. Ausgangspunkt bildeten die idealtypischen Vorstellungen von Josef A. Schumpeter über den Prozess der technischen Entwicklung. Dieser beschreibt die technische Entwicklung als Dreischritt der Entdeckung einer Neuerung (Invention), ihrer Inmarktsetzung (Innovation) und ihrer Verbreitung (Diffusion). Die Invention ist die Domäne der Erfinder. Durch Forschen, Tüfteln, Imitieren und Herumprobieren an Bekanntem stossen sie auf neuartige Lösungen für anstehende Probleme. Kernstück der Schumpeter'schen Theorie ist die Innovation, welche er als zentralen Motor der wirtschaftlichen Entwicklung betrachtet. Innovatoren sind in erster Linie die Unternehmer, welche "neue Kombinationen" auf dem Markt durchsetzen. Ihr zentrales Motiv bildet die Möglichkeit, gegenüber der Konkurrenz zu einem Kosten- oder Qualitätsvorsprung zu kommen. Die Ersteinführung von Neuerungen zieht Schwärme von Imitationen und Verbesserungen nach sich. In dieser Diffusionsphase breitet sich die Neuerung im Markt aus. Dadurch verliert sie an Originalität. Mit der Zeit treten neue Kombinationen neben die alten und verdrängen sie.

Darstellung 2.2: Wirkungsmodell

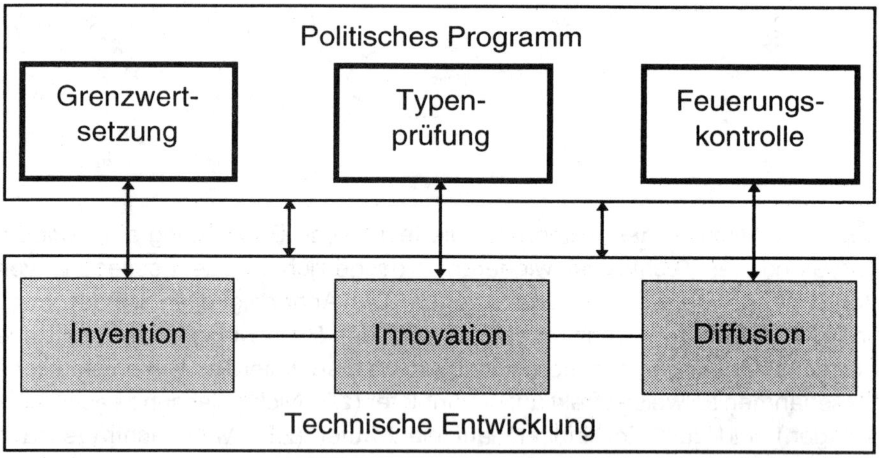

In unserer Evaluationsstudie ordnen wir nun jeder der drei Phasen des Prozesses der technischen Entwicklung je eine politische Massnahme zu *(Darstellung 2.2)*. In *Kapitel 3* untersuchen wir den Zusammenhang zwischen Grenzwertsetzung und Invention. Am Beispiel des Prozesses der Festlegung des im internationalen Vergleich strengen Stickoxidgrenzwertes der LRV 1992 geht es um die Frage, ob und auf welche Weise es der Politik gelungen ist, den Erfindungsprozess zu beschleunigen. Wir haben die Absicht, die Invention einer neuen Technologie und die Rolle, welche Forschung, Industrie und Politik dabei gespielt haben, zu rekonstruieren. Im darauf folgenden *Kapitel 4* untersuchen wir die Auswirkungen der Typenprüfung auf die Innovation, d.h. – in den Worten Schumpeters – auf die "Durchsetzung neuer Kombinationen" auf dem Markt. Auf der Angebotsseite kommt der Typenprüfung nämlich die Rolle einer Art Marktzugangskontrolle zu. Unsere zentrale Frage lautet, ob diese Kontrolle innovationshemmend oder innovationsfördernd wirkt. Hat die Typenprüfung den Effekt, dass spezifische Anbieter – insbesondere ausländische oder neue Firmen – vom Markt ferngehalten werden? Oder wirkt sie dahingehend, dass sie den technischen Stand der Branche anhebt und durch regelmässige Verschärfungen Innovationen sogar zum Durchbruch verhilft? Schliesslich stellen wir in *Kapitel 5* die Frage, ob und in welcher Weise die Feuerungskontrolle die Diffusion neuer Technologien beeinflusst hat. Wir gehen insbesondere der Frage nach, welche Einflussfaktoren auf Gemeindeebene für eine schnelle Verbreitung neuer Anlagen verantwortlich sind. Während wir in *Kapitel 4* die Wirkungen der Politik auf das Angebot untersuchen, richten wir in *Kapitel 5* unseren Blick also auf die Nachfrageseite.

Grenzwertsetzung, Typenprüfung und Feuerungskontrolle wirken nun aber nicht nur spezifisch auf einzelne Phasen des Prozesses der technischen Entwicklung. Als politisches Programm zur Reduktion der Umweltbelastungen durch Heizungen haben sie auch einen Gesamteffekt; diesem gehen wir in *Kapitel 6* nach.

Mit der von Schumpeter formulierten Theorie der technischen Entwicklung haben wir einen Weg gefunden, die komplexen Wirkungszusammenhänge, die unser Thema prägen, auf ein vereinfachtes Wirkungsmodell mit einer überschaubaren Zahl von Variablen zu reduzieren.

2.2.2 Die Auswahl der Analysekonzepte

Offen bleibt noch das Problem, wie sich die Wirkungen der politischen Massnahmen von übrigen Effekten, welche den Untersuchungsgegenstand beeinflussen, isolieren lassen. Dazu dienen Analysekonzepte. Die methodische Zielsetzung dieser Untersuchung hat uns veranlasst, möglichst verschiedenartige Analysekonzepte anzuwenden *(Darstellung 2.3)*. Dadurch sollten Erfahrungen gesammelt und Chancen sowie Beschränkungen ihrer Anwendung aufgezeigt werden (→ Kapitel Evaluation).

Als Analysekonzept zur Isolierung der Wirkungen der Grenzwertsetzung auf die Invention dient uns eine Fallstudie (→ Kapitel Grenzwertsetzung). Dabei handelt es sich um eine deskriptiv-problemorientierte Darstellung der relevanten Zusammenhänge. Die Fallstudie ist eine Strategie, welche in der politikwissenschaftlichen Forschung vor allem dann zur Anwendung kommt, wenn komplexe Wirkungszusammenhänge aufgearbeitet, durchleuchtet und verständlich gemacht werden sollen. Grundlage dazu bildeten Daten, welche wir bei der Sichtung zahlreicher Dokumente sowie Zeitungs- und Zeitschriftenartikel gewonnen und mit Expertengesprächen ergänzt haben.

Der Rolle der Typenprüfung im Innovationsprozess sind wir mit einer Marktanalyse nachgegangen (→ Kapitel Typenprüfung). Deren Ziel ist es, die Wirkung der staatlichen Massnahme "Typenprüfung" auf die Marktparameter zu überprüfen. Durch einen Vergleich der Situation vor und nach der Einführung der Massnahme sollen die Zusammenhänge von Ursache und Wirkung bestimmt werden. Bei diesem Arbeitsschritt haben wir uns vor allem auf Informationen gestützt, welche wir durch qualitative und quantitative Bearbeitung von Statistiken gewonnen haben.

Darstellung 2.3: Analysekonzepte und Erhebungstechniken

Massnahme	**Wirkungsmodell**	**Analysekonzept**	**Erhebungstechnik**
Grenzwert	Invention	Fallstudie	Dokumentenstudium Expertengespräche
Typenprüfung	Innovation	Marktuntersuchung	Qualitative und quantitative Bearbeitung von Statistiken und Expertengespräche
Feuerungskontrolle	Diffusion	statistisches Verfahren (Regression)	Umfrage und Expertengespräche
Programm		Zeitreihenuntersuchung	Quantitative Auswertung von Statistiken und Expertengespräche

Bei der Analyse der Wirkungen der Feuerungskontrolle zogen wir ein statistisches Verfahren bei (→ Kapitel Feuerungskontrolle). Wir benutzen die Methode der multiplen Regressionsanalyse. Es handelt sich um ein Verfahren der schliessenden Statistik, bei welchem statistisch signifikante Zusammenhänge zwischen einer Zielgrösse und zahlreichen unabhängigen Variablen gesucht werden. Als Instrument der Datenerhebung stand eine Umfrage bei den Vollzugsverantwortlichen von Kantonen im Zentrum.

Zur Erfassung der Wirkungen des gesamten Programms wendeten wir schliesslich das Konzept einer Zeitreihenuntersuchung an (→ Kapitel Programm). Dabei wird die Wirkung einer politischen Massnahme dadurch abgeklärt, dass eine Zielgrösse über einen längeren Zeitraum hinweg beobachtet wird. Zu diesem Zweck konnten verschiedenste Statistiken von Kantonen sekundär ausgewertet werden.

Eine zentrale konzeptionelle Bedeutung hat in unserer Untersuchung die Kombination der Ergebnisse der verschiedenen analytischen Zugänge. Diesen Arbeitsschritt bezeichnen wir als konzeptionelle Triangulation. Im Zuge der Diskussion um die Verallgemeinerungsfähigkeit qualitativer Daten ist dem Konzept der Triangulation in den letzten Jahren vor allem in der psychologischen Forschung verstärkt Aufmerksamkeit geschenkt worden[30]. Angesichts der Komplexität unseres Untersuchungsgegenstandes erschien uns die Triangulation als erfolgversprechende Forschungsstrategie. Sie dient nicht nur der gegenseitigen Absicherung der Resultate sondern auch ihrer inhaltlichen Differenzierung (→ Kapitel Wirtschaftspolitik).

Unser Untersuchungsdesign enthält somit zwei miteinander verknüpfbare Teile. Einerseits untersuchen wir die drei Massnahmen Grenzwertsetzung, Typenprüfung und Feuerungskontrolle allein und als politisches Programm mit je unterschiedlichen Analysekonzepten. Andererseits verweben und differenzieren wir die Resultate der Teilstudien systematisch mit einer konzeptionellen Triangulation. In *Kapitel 8* werden wir die methodischen Erkenntnisse, die wir mit dieser Studie gewonnen haben, zusammenfassen.

ZWEITER TEIL Empirische Zugänge

Der zweite Teil dieser Studie beinhaltet in vier Kapiteln die Ergebnisse unserer empirischen Untersuchungen über die Wirkungszusammenhänge zwischen staatlichen Massnahmen im Umweltbereich und der technischen Entwicklung von Heizungen. In *Kapitel 3* gehen wir den Wirkungspfaden zwischen der Grenzwertsetzung und der Invention, in *Kapitel 4* jenen zwischen der Typenprüfung und der Innovation, und in *Kapitel 5* schliesslich jenen zwischen der Feuerungskontrolle und der Diffusion neuer Heizgeräte nach. Jedes dieser drei Kapitel beginnt mit spezifischen Vorbemerkungen, die im folgenden dann als Orientierungspunkte im breiten Feld der gewonnenen empirischen Erkenntnisse dienen. So sind der Untersuchung über die Grenzwertsetzung juristische Anmerkungen vorangestellt, der Teil zur Typenprüfung startet mit ökonomischen Wirkungshypothesen und jener über die Feuerungskontrolle mit historischen Betrachtungen zur allmählichen Einführung dieser staatlichen Massnahme.

In *Kapitel 6* werden die drei staatlichen Massnahmen zu einem umweltpolitischen Programm zusammengefasst. Es wird untersucht, wie sich der Wirkungszusammenhang zwischen diesem Programm und dem Prozess der technischen Entwicklung als Ganzes darstellt. Diese Beziehung haben wir oben in idealtypischer Weise in die drei Phasen Invention – Innovation – Diffusion gegliedert.

3. GRENZWERTSETZUNG oder: Die Politik und die Entwicklung neuer Technologien – Eine Fallstudie

Wie kommt es zu technischen Erfindungen? Was treibt den Prozess der Inventionen in unserer Gesellschaft voran? Es gibt bis heute keine umfassende Techniktheorie, die diese Fragen eindeutig beantworten könnte. Vorläufig müssen wir damit leben, dass es eine Vielzahl von verschiedenen techniktheoretischen Ansätzen gibt. Unbestritten ist, dass sich die Technikentwicklung in einem Spannungsfeld zwischen Wirtschaft, Wissenschaft und Staat vollzieht, und dass dabei technische und kulturelle Traditionen eine bedeutende Rolle spielen. Unterschiedliche Auffassungen gibt es jedoch darüber, wo die dynamischen Kräfte dieses Prozesses zu finden sind, woher die inventorischen Impulse kommen und wer dem Prozess seine Richtung verleiht[31].

Die einen hängen "science-push"-Theorien an, die von der Vorstellung ausgehen, dass letztlich die technische Entwicklung ein Ausfluss des allgemeinen wissenschaftlichen Fortschritts sei. Ökonomen geben eher den von Marktkräften angetriebenen innovativen Unternehmern die Hauptrolle in diesem Prozess. In jüngerer Zeit versucht ein Zweig der "evolutionären Ökonomie" wissenschaftliche und wirtschaftliche Faktoren zu integrieren. Lange Zeit wurde der "Gemeinschaft der Techniker" kaum Beachtung geschenkt, geschweige denn eine eigenständige Bedeutung für die technische Entwicklung zugestanden. Techniker waren gleichsam nur die Vollzugsorgane der übergeordneten Kräfte aus Wissenschaft und Wirtschaft. Techniksoziologische Untersuchungen korrigieren dieses Bild. Sie konzipieren ein relativ eigenständiges System "Technik", dessen soziale Basis die Ingenieure und Techniker darstellen. Auch die Rolle des Staates bei der Technikentwicklung ist bis heute umstritten. Je nach techniktheoretischem Ansatz ergeben sich unterschiedliche Vorstellungen über die Beeinflussbarkeit der technischen Entwicklung und über die Bedeutung, die der Politik dabei zukommen kann. Die Handlungsoptionen, die diskutiert werden, reichen von einem liberalen "laisser faire" bis zu einer weitgehenden Bündelung der Kräfte von Wirtschaft, Wissenschaft und Gesellschaft.

Bei diesem Stand der wissenschaftlichen Debatte ist es notwendig, sich durch konkrete Fallstudien um eine bessere empirische Fundierung der komplexen Zusammenhänge zu bemühen. Das soll in diesem Kapitel geschehen. Im Zentrum unserer Fallstudie steht die Festlegung der "berühmten" Züri-Norm. Gemeint ist der Grenzwert von 120 mg/m^3 für Stickstoffdioxid, der beim Betrieb von Ölheizungen unter Verwendung von Heizöl "extra-leicht" nicht überschritten werden darf. Dieser Emissionsgrenzwert kann im "Feld" auf Dauer nur unter Verwendung sogenannter "Low-NOx-Techniken" erreicht werden. In unserer Fallstudie fragen wir nach dem Wirkungszusammenhang zwischen der politischen Implementation dieses Grenzwertes und der technischen Invention zur Erreichung der geforderten Abgasqualität. Führte die Festlegung des neuen Grenzwertes erst zu den entsprechenden Entwicklungsbemühungen oder erlaubte umgekehrt die Entdeckung neuer Techniken zur Verminderung schädlicher Abgase die Festschreibung der entsprechenden Emissionsvorschriften? Anders formuliert: Hinkt die Luftreinhaltepolitik im Bereich der Feuerungen dem technisch Machbaren hinten nach oder treibt erst sie die Unternehmen zu den notwendigen Forschungs- und Entwicklungsbemühungen?

Wir wählen für unsere Fallstudie nicht einen technikhistorischen, sondern einen akteurzentrierten Ansatz. Damit treffen wir einen wichtigen Vorentscheid. Wir gehen davon aus, dass sich die technische Entwicklung nicht aus sich selber heraus erklären lässt und erteilen simplen "science-push"-Vorstellungen somit eine Absage. Technische Entwicklung ist für uns vielmehr das komplexe Ergebnis strategisch handelnder Akteure. Diese stehen in einem vielfältigen Beziehungsgeflecht zueinander und ihr Verhalten ist durch zahlreiche physikalisch-technische, politisch-institutionelle, ökonomische und kognitiv-kulturelle Gegebenheiten geprägt und begrenzt. Fallstudien erzählen Geschichten, die sich durch das Zusammenstellen von Fakten, Aussagen, Interpretationen, Entscheidungen und Publikationen in einer themabezogenen Chronologie "aufdrängen". Dabei gilt es, den berühmten "roten Faden" in der Komplexität des thematischen Feldes nicht aus den Augen zu verlieren und trotzdem den Einfluss eben dieser Komplexität als "Begleit- und Hintergrundmusik" auf den Gang der Dinge wahrzunehmen.

Eine solche Hintergrundmelodie spielen die rechtlichen Vorgaben zur Festlegung von Emissionsgrenzwerten, wie sie im Artikel 11 Absatz 2 des Bundesgesetzes über den Umweltschutz (USG) festgelegt wurden. Diesen Vorgaben und deren Interpretation ist der erste Abschnitt gewidmet. Dann folgt im zweiten Abschnitt eine in Sequenzen gegliederte, chronologisch geordnete Darstellung der Ereignisse. Im dritten Abschnitt wollen wir den Schritt vom Deskriptiven zum Analytischen machen. Wir werden uns mit den erkennbaren Strategien der verschiedenen Akteure befassen, mit den Widersprüchen, Konflikten und Koalitionen, die im Laufe der Geschichte aufgebrochen beziehungsweise entstanden sind. Im letzten Abschnitt gilt es dann, unsere eingangs formulierte Forschungsfrage zu beantworten: "Hat die politische Massnahme der Grenzwertsetzung den Prozess der Inventionen von Ölbrennern und Heizkesseln beeinflusst?"

3.1 Die rechtlichen Vorgaben des Umweltschutzgesetzes

Eigentlich ist es in der Schweiz von Rechts wegen klar und unmissverständlich geregelt, wer einen Emissionsgrenzwert festlegen darf und an welche Bedingungen er sich dabei zu halten hat. In diesem Abschnitt stellen wir die für juristische Laien manchmal nicht ganz leicht zu verstehende Materie dar. Wir folgen in unserer Darstellung auf weiten Strecken dem Kommentar zu den Artikeln 11 und 12 des Umweltschutzgesetzes[32]. Wir gewinnen damit einen Orientierungspunkt für den konkreten Fall des NOx-Grenzwertes. Es wird sich zeigen, wieweit die Praxis der rechtlichen Vorgabe gefolgt ist.

Die Grundsätze der schweizerischen Luftreinhaltepolitik sind im Bundesgesetz über den Umweltschutz (USG) von 1983, das sich auf den Artikel 24 septies der Bundesverfassung abstützt, festgelegt. Dort werden die Zielsetzung, die Vorgehensstrategie und das dafür vorgesehene Instrumentarium aufgeführt. In der inzwischen erstmals revidierten Luftreinhalteverordnung (LRV) werden diese Grundsätze aufgenommen und konkretisiert. Für unser Thema sind die erwähnten Artikel 11 und 12 des USG mit den Marginalien "Grundsatz" und "Emissionsbegrenzungen" zu beachten. Sie haben den folgenden Wortlaut:

Art. 11 Grundsatz

[1]Luftverunreinigungen, Lärm, Erschütterungen und Strahlen werden durch Massnahmen bei der Quelle begrenzt (Emissionsbegrenzungen).

[2]Unabhängig von der bestehenden Umweltbelastung sind Emissionen im Rahmen der Vorsorge so weit zu begrenzen, als dies technisch und betrieblich möglich und wirtschaftlich tragbar ist.

[3]Die Emissionsbegrenzungen werden verschärft, wenn feststeht oder zu erwarten ist, dass die Einwirkungen unter Berücksichtigung der bestehenden Umweltbelastung schädlich oder lästig werden.

Art. 12 Emissionsbegrenzungen

[1]Emissionen werden eingeschränkt durch den Erlass von:

a. Emissionsgrenzwerten;
b. Bau- und Ausrüstungsvorschriften;
c. Verkehrs- oder Betriebsvorschriften;
d. Vorschriften über die Wärmeisolation von Gebäuden;
e. Vorschriften über Brenn- und Treibstoffe.

[2]Begrenzungen werden durch Verordnung oder, soweit diese nichts vorsehen, durch unmittelbar auf dieses Gesetz abgestützte Verfügungen vorgeschrieben.

Zur Begrenzung der Umweltbelastung und insbesondere der Beeinträchtigung der Luftqualität nennt das Gesetz drei Ansatzpunkte: Im Rahmen des Vorsorgeprinzips soll mit Hilfe von Emissionsgrenzwerten die Limitierung des Schadstoffausstosses an der Quelle angestrebt werden; durch die Festlegung von Immissionsgrenzwerten soll der Schutz von Menschen, Tieren, Pflanzen, deren Lebensräumen sowie des Bodens vor schädlichen oder lästigen Einwirkungen erreicht werden; durch die Pflicht zur Sanierung schliesslich sollen Anlagen, die diesen Vorschriften nicht genügen, erneuert oder ersetzt werden.

Vorsorgeprinzip und Immissionsschutz sind eng miteinander verknüpft: Sind in einem Gebiet der Schweiz die Immissionsgrenzwerte bereits eingehalten, so ist die vorsorgliche Emissionsbegrenzung als strengeres Kriterium massgebend. Werden trotz Ausschöpfung der vorsorglichen Massnahmen immer noch Immissionsgrenzwerte überschritten, dann verlangt das USG zusätzliche Massnahmen, bis diese beiden Kriterien erfüllt sind. Diese Massnahmen sind in Artikel 12 USG abschliessend aufgezählt.

Bei der Begrenzung von Emissionen, etwa durch Fixierung spezifischer Emissionsgrenzwerte, sind nach Artikel 11 Absatz 2 USG drei Kriterien zu beachten. Die Massnahmen haben "technisch und betrieblich möglich und wirtschaftlich tragbar" zu sein. Die "Technik-Klausel" verweist zunächst auf die Form der in Frage kommenden Massnahmen zur Begrenzung von Emissionen. Diese müssen mit technischen Mitteln realisiert werden können. Weiter verbietet die Klausel, Anforderungen aufzustellen, die technisch unmöglich erfüllt werden können. Wichtig ist der dritte Aspekt: Eine Emissionsbegrenzung ist nur dann technisch möglich, wenn im Zeitpunkt ihres Vollzugs (der vom Zeitpunkt der Inkraftsetzung abweichen kann) das zur Realisierung erforderliche technische Know-how bereits vorhanden ist und nicht erst noch erarbeitet werden muss. Unter "technisch möglich" in diesem Sinne wird im USG-Kommentar all jenes verstanden, "was zur Zeit an technischer Erkenntnis in der Schweiz offenkundig ist, bzw. in der Schweiz oder im Ausland durch Schrift- oder Bildwerke so veröffentlicht worden ist, dass es ein (durchschnittlich ausgebildeter) Fachmann der Technik danach ausführen kann, indem er auf die bekannten Gesetze der Technik, die bekannten Erfindungen und seine Routine zurückgreift"[33].

Die besondere Bedeutung der "Technik-Klausel" liegt aber weniger im Schutz der Hersteller und Anlagebetreiber vor überrissenen behördlichen Forderungen. Ihre zentrale Funktion ist vielmehr die Dynamisierung des Immissionsschutzes: Da jede neue technische Errungenschaft bei der Emissionsbegrenzung die mit der Technik-Klausel definierte Grenze etwas weiter zieht, profitiert der Immissionsschutz automatisch – und ohne dass es dazu einer Revision des Gesetzes bedürfte – von den künftig zu erwartenden technischen Entwicklungen.

Nun müssen Massnahmen zur Emissionsbegrenzung sowohl technisch als auch betrieblich möglich sein. Erst die Verbindung der beiden Anforderungen lässt eine Aussage über den nötigen “Reifegrad” einer bestimmten Technologie, also über den massgebenden Stand der Technik zu. Artikel 4 Absatz 2 der LRV beschreibt den Spielraum der Behörden: “Technisch und betrieblich möglich sind Massnahmen zur Emissionsbegrenzung, die a. bei vergleichbaren Anlagen im In- und Ausland erfolgreich erprobt sind oder b. bei Versuchen erfolgreich eingesetzt wurden und nach den Regeln der Technik auf andere Anlagen übertragen werden können”. Es genügt also, wenn ein oder einige wenige Betriebe die entsprechende Technik beherrschen. Es ist nicht nötig, dass bereits die gesamte Branche auf diesem Stand der Technik angelangt ist, um ihn in der LRV festzuschreiben.

Wenden wir uns nun dem dritten Kriterium, der wirtschaftlichen Tragbarkeit zu. In der Entstehungsphase des USG gab diese Bedingung am meisten Anlass zu Auseinandersetzungen. Während die einen für die Beurteilung der wirtschaftlichen Tragbarkeit einer Massnahme die Situation des davon konkret betroffenen Einzelbetriebs als massgeblich bezeichneten, wollten andere den einzelbetrieblich anfallenden Kosten immer auch den Nutzen für die gesamte Volkswirtschaft gegenübergestellt wissen. Durchgesetzt hat sich eine “Mittellösung”. Heute orientiert man sich an einem wirtschaftlich gesunden Unternehmen, das mit zeitgemässen Produktionsanlagen arbeitet und kompetent geführt wird. Für dieses – in der Praxis schwierig zu lokalisierende – Standardunternehmen ist die wirtschaftliche Tragbarkeit dann gegeben, wenn es von seiner Liquidität her gesehen in der Lage ist, die vorgeschlagene Massnahme zu finanzieren und es ihm darüber hinaus möglich bleibt, weiterhin einen existenzsichernden Gewinn zu realisieren. Das so gewonnene zumutbare Mass der Emissionsbegrenzung wird zur Norm für alle Betriebe der betroffenen Branche.

Genügen die so festgelegten Emissionsbegrenzungen zur Erreichung der Ziele des Immissionsschutzes allerdings nicht, so erlaubt Absatz 3 des Artikels 11 des USG eine weitere Verschärfung der Grenzwerte über die Kriterien von Absatz 2 hinaus. Obwohl Absatz 3 dafür keine einschränkenden Bedingungen mehr anführt, behält das Kriterium “technisch und betrieblich möglich” von der Natur der Sache her seine Bedeutung auch für die verschärften Emissionsbegrenzungen. Die Aussage von Absatz 3 kann deshalb “nur” bedeuten, dass die Massnahmen nicht mehr an die Schranke der wirtschaftlichen Tragbarkeit gebunden sind.

Während Artikel 11 des USG die Grundsätze der Luftreinhaltepolitik festlegt, bringt Artikel 12 eine abschliessende Auflistung von Instrumenten, mit denen Emissionen eingeschränkt werden dürfen. Für unsere Thematik sind neben den Vorschriften über Brenn- und Treibstoffe vor allem die Emissionsgrenzwerte von Bedeutung. Emissionsgrenzwerte legen das Höchstmass an Emissionen fest, die eine Anlage an die Umwelt abgeben darf. Konkret erfolgt die Normierung stets anhand einer bestimmten Messgrösse. Diese wird als Masszahl in einer bestimmten Masseinheit ausgedrückt. In unserem Fallbeispiel ist dies die Züri-Norm von 120 mg/m^3 Stickoxid beim Betrieb von Gebläsebrennern mit Heizöl "extra-leicht", wobei dieses einen Gehalt an organisch gebundenem Stickstoff von 140 mg/kg aufweisen muss. Emissionsgrenzwerte bewahren im Prinzip die Methodenfreiheit, weil damit nicht vorgeschrieben wird, was getan, sondern nur, was erreicht werden soll. Allerdings ist zu beachten, dass Emissionsgrenzwerte immer auf bestimmten technischen und wirtschaftlichen Vorstellungen der erlassenden Behörden beruhen. Dies kann die konstruktive Freiheit der Anlagenhersteller in der Praxis erheblich einschränken.

Diese Formulierungen und Überlegungen vermitteln den Eindruck eines ausgesprochen technologischen Ansatzes in der Luftreinhaltepolitik des Bundes, zumindest soweit es um Emissionsbegrenzungen geht. Dieser Eindruck täuscht nicht. Er wird nur teilweise durch den Einbezug weiterer betrieblicher und finanzieller Kriterien relativiert. Mit dieser Orientierung an Grenzwerten bleibt die Luftreinhaltepolitik bis heute im Rahmen der politischen Steuerungsinstrumente von Geboten und Verboten. Trotz aller Kritik unterschiedlichster Provenienz an dieser Art von Umweltpolitik fanden indirekt wirkende Massnahmen wie Lenkungssteuern oder finanzielle Fördermassnahmen (noch) keine Berücksichtigung. Wie aber wird eine sich an traditionellen Vorstellungen orientierende Politik im konkreten gehandhabt? Mit der nun folgenden Entstehungsgeschichte des landesweit gültigen Emissionsgrenzwertes für Stickoxide (NOx) werden wir dieser Frage nachgehen und darstellen, wie die politische Praxis die rechtlichen Vorgaben reflektiert.

3.2 Die Einführung der Züri-Norm und die Entwicklung von Low-NOx-Techniken

Wir wollen nun die Entstehung und rechtliche Festlegung der Züri-Norm in chronologisch geordneten, mal kurzen, mal längeren Sequenzen nacherzählen. Wir konzentrieren uns auf das Verhalten und Agieren der wichtigsten

Akteure aus Wirtschaft, Wissenschaft und Politik. Zur leichteren Orientierung dienen die Verweise am Ende der Sequenzen. Sie helfen, die Lektüre auf einen der Akteure zu konzentrieren und markieren die wichtigsten Momente im historischen Prozess, wo sich die Handlungsstränge miteinander verknüpfen, um sofort auch wieder auseinanderzustreben.

Jeder gesellschaftliche Vorgang hat seine Vorgeschichte. So auch die Einführung der Züri-Norm. Bereits in den fünfziger Jahren machen sich die schädlichen Auswirkungen der entstandenen Industriegesellschaft in den dichtbesiedelten Agglomerationen bemerkbar. Allen voran im Raum Zürich. Und hier werden auch die ersten Schritte unternommen, um dieser besorgniserregenden Entwicklung entgegenzuwirken. Zunächst geht es um die Verbesserung der Luftqualität. Im Bereich der Hausfeuerungsanlagen soll dies durch die Einführung der Feuerungskontrolle erreicht werden. Als erstes wird anfangs der sechziger Jahre in der Stadt Zürich ein Lufthygiene-Labor eingerichtet. Wenig später verabschiedet der Kanton Zürich ein Gesetz über das Gesundheitswesen, in dem den Gemeinden die Befugnis erteilt wird, gegen Belästigungen durch Rauch, Russ und Dünste einzuschreiten. Ende der sechziger Jahre publiziert die Eidgenössische Kommission für Lufthygiene auf der Basis der Stadtzürcher Erfahrungen Richtlinien über die Kontrolle von Ölfeuerungen, in der Grenzwerte für Russ und unverbrannte Ölanteile festgelegt werden (→ Kapitel Feuerungskontrolle).

Dann kommen die beiden "Ölkrisen" und das Thema Energiesparen rückt ins Zentrum des öffentlichen Interesses. Wieder ist es Zürich, das vorangeht. Eine Auswertung der städtischen Feuerungsprotokolle zeigt, wie dringlich eine optimale Abstimmung von Ölbrennern und Heizkesseln ist. Der Verband schweizerischer Öl- und Gasbrennerunternehmen (VSO) sieht sich veranlasst, eine sogenannte "weisse Kesselliste" zu erstellen und zu veröffentlichen, auf welcher alle diejenigen Kesselfabrikate eingetragen sind, die nach Ansicht des Verbandes eine einwandfreie Verbrennung gewährleisten. 1978 publiziert das Eidgenössische Departement des Innern weitere Richtlinien über die Konstruktion und den Betrieb von Heizkesseln und Zerstäuberbrennern sowie zur Prüfung von Abgasen von Ölfeuerungen (→ Kapitel Typenprüfung). Auf Anfang 1980 führt die Stadt Zürich die eidgenössische Musterverordnung zur Kontrolle der Abgasverluste ein, ein Jahr später zieht der Kanton nach (→ Kapitel Feuerungskontrolle).

Am 1. September 1983 lädt Bundesrat Alphons Egli zu einer Pressekonferenz ins Bundeshaus. Es geht um den Krankheitszustand des Schweizer Waldes. Die eindrücklichen Daten und Bilder über das Waldsterben verschieben die Aufmerksamkeit der Öffentlichkeit erneut: weg vom Energiesparen, wieder hin zur Luftreinhalteproblematik. In der Herbstsession verabschiedet das Parlament endlich das Umweltschutzgesetz. Es bringt die rechtliche Grundlage zur Einführung von Ölfeuerungskontrollen und unterstellt Zerstäuberbrenner und Heizkessel einer obligatorischen Typenprüfung. Ein Jahr später bereits wird die Luftreinhalteverordnung erlassen.

Alle diese behördlichen Aktivitäten provozieren in der betroffenen Heizungsbranche jedoch nur ein geringes Echo. Noch geht es um den rechtlichen Nachvollzug eines längst erreichten Stands der Technik. Doch hinter den Kulissen bewegt sich schon einiges. An diesem Punkt wollen wir uns in die Geschichte der Züri-Norm "einblenden". Die erste Sequenz führt uns Ende der siebziger Jahre nach Japan.

1. Sequenz: Japanisch-schweizerisches Joint-Venture
Auf einer Geschäftsreise nach Japan sieht Otto von Büren, ein ausgewiesener Fachmann einer führenden Schweizer Brennerfirma Gasbrenner, die einen besonders niedrigen Anteil an Stickoxiden im Abgas aufweisen. Die japanischen Hersteller erreichen diese Werte durch eine sogenannte externe Abgaszirkulation. Es kommt zu einem Joint-Venture zwischen dem japanischen und dem schweizerischen Unternehmen, das wesentlich den Transfer der neuen Technologie zum Inhalt hat (→ 2. Sequenz).

2. Sequenz: Michael May, der Tüftler
1983 ergibt sich der erste Kontakt zwischen Otto von Büren und Michael May. May, von der Automobilbranche kommend, hatte seine weitreichenden Kenntnisse über den Verbrennungsablauf in Brennstoff-Luft-Gemischen in die Konstruktion eines 1-Kilowatt-Gasbrenners einfliessen lassen. Dieser erreicht, wie erste Messungen im kantonalen Prüflabor Epalinges zeigen, aufsehenerregende Werte: zum Beispiel eine Verminderung der Stickoxide auf die Hälfte der Werte von Serienbrennern. May gelangt durch zwei technische Neuerungen zu diesen Werten. Die Verbrennung wird über ein gebogenes Leitblech im Feuerraum verteilt, was zu einer Aufteilung der Gasflamme in viele kleine und kurze Flämmchen und damit zu einer Senkung der Flammentemperatur führt. Eine weitere Temperaturverminderung wird durch eine interne Abgasrückführung erzielt, die ohne Korrosionsgefahr und ohne zusätzlichen Energieaufwand erreicht werden kann.

Otto von Büren erkennt die Chancen für seine Firma. Er verschafft May die Möglichkeit, im betriebseigenen Prüflabor weiter zu arbeiten. Der NEFF, der privatfinanzierte Nationale Energie-Forschungs-Fonds, unterstützt Mays Arbeit für einen neuen Brennkopf für Feuerungsanlagen im Leistungsbereichvon unter einem Kilowatt. Das damalige Bundesamt für Umweltschutz lobt die May'sche Entwicklung als bedeutendsten technischen Durchbruch seit der Erfindung des Gasbrenners in der Mitte des 19. Jahrhunderts (→ 3. Sequenz).

3. Sequenz: "Blue Fan"
Was Michael May für die Gasbrenner ist, stellt Jörg Füllemann für die Ölbrenner dar. In seinem Entwicklungslabor in Mastrils, Graubünden tüftelt der Ingenieur seit den frühen achtziger Jahren an einer Lösung des Stickoxidproblems. Er findet sie in der Idee, das Heizöl zeitlich und räumlich getrennt in drei einzelnen Vorgängen zuerst verdampfen, sich dann mit Luft vermischen und schliesslich geräusch- und emissionsarm ausbrennen zu lassen. Er entwickelt ein rotierendes düsenloses System primär für Anlagen mit kleiner Nennleistung. Die Ölflamme wechselt als äusseres Zeichen der neuen Technik die Farbe von gelb zu blau. 1988 wird Füllemann für seine Brennertechnologie "Blue Fan" mit dem europäischen Umwelt- und Energiepreis ausgezeichnet werden (→ 7. und 9. Sequenz).

4. Sequenz: 1. Elektrowatt-Studie für Zürich
Im September 1985 veröffentlicht die Stadt Zürich eine erste Studie der Firma Elektrowatt Ingenieurunternehmung. Sie basiert auf gemeinsam organisierten Untersuchungen des Amtes für Technische Anlagen und Lufthygiene des Kantons (ATAL) und des städtischen Gesundheitsinspektorats. Der Bericht stellt die lufthygienische Situation dar. Er präsentiert und bewertet zahlreiche lufthygienische Verbesserungsmassnahmen (→ 7. und 10. Sequenz).

5. Sequenz: LRV 86 in Kraft
Im März 1986 tritt die LRV in Kraft. Sie bringt vorsorgliche Emissionsbegrenzungen für neue und bestehende stationäre Anlagen, Sanierungs- und Kontrollvorschriften, Typenprüfungsnormen für Ölfeuerungen, Anforderungen an Brenn- und Treibstoffe und vor allem auch Massnahmen zu weitergehenden Emissionsminderungen beim Überschreiten von Immissionsgrenzwerten (→ 6. Sequenz).

6. Sequenz: Bundesrat präsentiert Luftreinhaltekonzept
Im September des gleichen Jahres stellt der Bundesrat das vom Parlament in der "Waldsession" vom Frühjahr 1985 geforderte Luftreinhaltekonzept vor. Es wird deutlich, dass das anvisierte Ziel, die Luftqualität der fünfziger und sechziger Jahre wieder in der ganzen Schweiz herzustellen, allein mit weiteren Verschärfungen bei einzelnen Emittenten nicht erreicht werden kann. Alle Schadstoffquellen, vor allem auch der Verkehr, müssen mit Eingriffen rechnen.

Die Rede von der anzustrebenden "Opfersymmetrie" macht einmal mehr ihre Runde (→ 8., 14. und 19. Sequenz).

7. Sequenz: ETH-Forschungsprogramm für Low-NOx-Techniken?
Im Winter 1986 versammelt Professor Peter Suter, Vorsteher des Institutes für Energietechnik der ETH Zürich die Leiter der Forschungs- und Entwicklungsabteilungen der führenden Unternehmen der Heizungsbranche. Traktandiertes Thema ist die Frage nach den technischen Möglichkeiten zur Begrenzung des Stickoxidaustosses. Angestrebt wird ein gemeinsam getragenes Forschungsprogramm zur massiven Reduktion der NOx-Werte während des Verbrennungsprozesses von Gas und Heizöl. Auch Hans Jürg Leibundgut, der für das Thema Feuerungen zuständige Leiter des ATAL, nimmt an dieser Veranstaltung, von der er zufällig erfahren hat, teil. Die Ingenieure diskutieren über die schon bekannten Verfahren und versuchen die Erfolgschancen der verschiedenen Entwicklungstrends abzuschätzen. Zu Entscheiden kommt es noch nicht (→ 8. Sequenz).

8. Sequenz: Züri-Norm bestimmt
Die nächsten Sitzungen dieser Ingenieure finden unter der Leitung des ATAL statt. Bei der dritten Zusammenkunft stösst auch Ruedi Eggli, Umweltschutzbeauftragter der Stadt Zürich zur Runde, später ist auch Ulrich Jansen vom Bundesamt für Umwelt, Wald und Landschaft (BUWAL) mit dabei. Leibundgut stoppt die Debatte über die verschiedenen technischen Lösungsmöglichkeiten. Er rückt die Frage nach den konkret anzustrebenden Emissionsgrenzwerten und dem Zeitpunkt ihres Inkrafttretens in den Vordergrund der Diskussion. Beides soll in den sich in Arbeit befindenden Teilmassnahmenplan Feuerung für den Kanton Zürich einfliessen.

Was nun einsetzt, wird später von Beteiligten als Bazar, als ein spekulatives sich gegenseitiges Überbieten von erreichbaren Grenzwerten dargestellt werden. Die Sitzungen finden in kurzen Intervallen statt, in denen man sich an die festzulegenden Grenzwerte für die verschiedenen Brennertypen und Leistungskategorien heranarbeitet. Von Mal zu Mal, und in Rücksprache mit ihren Firmenchefs, schlagen die technischen Leiter der beiden führenden Brennerhersteller tiefere Werte vor. In der Branche kommt es zu Spannungen, die einmal sogar durch den Aufkauf eines Betriebes "gelöst" werden, doch der Zeitdruck fördert den Einigungsprozess. Schliesslich kommt der entscheidende Moment: man einigt sich auf einen Anteil von 120 mg/m^3 Stickstoffdioxid in den Abgasen bei Verwendung des Normheizöls für Ölbrenneranlagen. Als Zeitpunkt des Inkrafttretens wird das Jahr 1992 ins Auge gefasst (→ 10. Sequenz).

9. Sequenz: Erste Low-NOx-Grossanlagen

In den Firmen werden nun die Entwicklungsarbeiten forciert. Die Beschränkung der Stickoxidemissionen wird in den Labors zum Topthema. Vorerst müssen geeignete Messgeräte und Messmethoden entwickelt werden. Daraus wird sich in kurzer Zeit eine eigene Branche entwickeln, die sich im Frühling 1988 zum Verband der "Luftunion" formiert. Die Stadt Zürich unterstützt die technischen Bemühungen der Firmen durch Subventionen und konkrete Installationsaufträge. Dabei konzentriert man sich auf Grossanlagen, wo schnelle Fortschritte zu erwarten sind. So werden zum Beispiel die Wohnanlage Borrweg mit einer sogenannten Low-NOx-Gasheizung ausgerüstet, das Sportzentrum Kerenzerberg mit einer entsprechenden Ölheizanlage (→ 11. Sequenz).

10. Sequenz: Zürich schreibt Low-NOx-Norm für Grossanlagen vor

Im November 1987 sind die Dinge soweit gereift, dass sich die Stadt Zürich entschliesst, auf den 1. Juli 1988 den Grenzwert für Stickoxid für Grossfeuerungen (über 1 MW) für verbindlich zu erklären. Die Züri-Norm wird erstmals offiziell festgeschrieben. Gleichzeitig fordert der Zürcher Stadtrat den Bundesrat auf, Vorkehrungen zur entsprechenden Verschärfung der Typenprüfung für Zerstäuberbrenner und Heizkessel in den unteren Leistungskategorien zu treffen, damit diese neuen Werte in absehbarer Zeit auf alle Feuerungsanlagen ausgedehnt werden können (→ 13., 18. und 26. Sequenz).

11. Sequenz: Nachfrage nach Low-NOx-Geräten nimmt rasch zu

Die Verschärfung des NOx-Grenzwertes für die Stadt Zürich hat Signalwirkung. Umfragen bei planenden Ingenieurunternehmen ergeben, dass Anfragen auf der Basis der sogenannten Züri-Norm aus allen Gegenden der Schweiz eintreffen. Sie beschränken sich jedoch nicht bloss auf Grossanlagen, sondern fragen nach Heizsystemen in allen Leistungsklassen (→ 12. Sequenz).

12. Sequenz: Merkblatt über das (noch begrenzte) Low-NOx-Anlagen-Angebot

Die Brennerindustrie "erwacht". Auf der einen Seite sieht sie das wachsende Marktpotential, auf der anderen Seite die technischen Schwierigkeiten. Die Firmen müssen eingestehen, die nötige Entwicklungszeit unterschätzt zu haben. Noch können nicht alle Leistungsklassen mit Anlagen bedient werden, die die Züri-Norm im Dauerbetrieb einhalten! Im April 1988 kommt es daher zur Publikation eines Merkblattes, das von den beiden Herstellerverbänden der Brenner- und Heizkesselfabrikanten, VSO und KRW gemeinsam verfasst wird. Darin ist zu lesen: "Für Anlagen mit einer Feuerungsleistung von über 1 MW pro Kesseleinheit sind Low-NOx-Feuerungen auf dem Markt bereits erhältlich. Bei Ölfeuerungsanlagen zwischen 300 kW und 1 MW Feuerungsleistung finden zur Zeit Abstimmungsversuche zwischenLow-NOx-Brennern und Low-NOx-Heizkesseln der VSO- und KRW-Mitglieder statt. Diese werden in Kürze Marktreife erreichen. Gasgebläsebrenner sind in diesem Leistungsbereich erhältlich. Dagegen werden zur Zeit für Anlagen unter 300 kW Feuerungsleistung noch keine in Serien gefertigte Low-NOx-Feuerungen mit den eingangs definierten Grenzwerten verkauft" (→ 13. Sequenz).

13. Sequenz: Heizungsbranche fordert bundesweite Vorschriften
Das "Vorpreschen" der Stadt Zürich beunruhigt die Branchen. Man ist sich nicht sicher, ob es bei diesem Einzelfall bleibt, oder ob andere Städte und Kantone nachziehen und damit die heterogene Struktur der gesetzlichen Auflagen in der Schweiz noch grösser wird. Man fordert daher bundesweit einheitliche Vorschriften. Im Sommer 1988 wird eine Arbeitsgruppe gebildet, die sich die Aufgabe stellt, Vorschläge über neue Grenzwerte für Heizanlagen aus allen Leistungsklassen zu erarbeiten, die für die ganze Schweiz gelten sollen. In dieser Arbeitsgruppe finden sich Vertreter der EMPA, des BUWAL, der ETH, der involvierten Branchen und der durch die Luftbelastung am meisten betroffenen Kantone (→ 15. Sequenz).

14. Sequenz: 2. Teilbericht der Elektrowatt zu Handen Bundesrat
Im Oktober 1988 wird der 2. Teilbericht der Firma Elektrowatt über "Untersuchungen im Zusammenhang mit dem Luftreinhaltekonzept des Bundesrates und zusätzlichen Massnahmen zur Reduktion der Luftverschmutzung" veröffentlicht. Noch einmal wird deutlich, dass auf breiter Front und bei allen Emittenten Massnahmen ergriffen werden müssen, wenn die gesetzten Ziele erreicht werden sollen (→ 16. und 20. Sequenz).

15. Sequenz: "Extreme Zugluft" – Entwicklungschefs gehen
Die grossen Schwierigkeiten der Firmen widerspiegeln sich auch in der Personalpolitik der führenden Brennerhersteller. Unter dem Titel "Extreme Zugluft" berichtet die Schweizerische Handelszeitung im November 1989, dass auf Ende Jahr die Forschungs- und Entwicklungschefs von Elco Looser und Oertli, Roger Rusterholz und Urs Winkelmann ihre Firmen verlassen werden. Beide waren massgeblich am Zustandekommen der Züri-Norm beteiligt (→ 17. Sequenz).

16. Sequenz: Bundesrat will LRV im Bereich Feuerungen verschärfen
Im Februar 1989 fasst der Bundesrat den Grundsatzbeschluss, dass die Luftreinhalteverordnung im Teilbereich Feuerungen verschärft werden soll. Die neuen Grenzwerte sollen im Laufe des Jahres 1991 in Kraft treten. Die

bereits tätige Arbeitsgruppe unter der Leitung von Ulrich Jansen vom BUWAL erhält offiziellen Status und den Auftrag, die Revision der LRV auszuarbeiten. Dabei geht es kaum mehr um die lufthygienischen Grenzwerte. Hier orientiert man sich an den Vorgaben aus Zürich. Mehr zu reden geben die energetischen Auflagen, die das Bundesamt für Energiewirtschaft in die Debatte einbringt, sowie die Ausgestaltung der Typenprüfung. Der Vorschlag des BUWAL, sich an den europäischen CEN-Normen zu orientieren, wird von allen Seiten begrüsst. Die folgenden Diskussionen zeigen allerdings, dass da und dort Abstriche nötig sind. Eine völlige Harmonisierung ist nicht zu machen, weil zum Beispiel der NOx-Grenzwert zusätzliche Messungen verlangt (→ 31. Sequenz).

17. Sequenz: Erweiterung des Low-NOx-Angebots
Die intensive Entwicklungsarbeit in den Labors der Brenner- und Heizkesselhersteller, die sich zunächst vor allem auf Erfahrungswerte aus einigen wenigen Low-NOx-Feuerungsanlagen mit grosser Leistung abstützen konnten, ergeben weitere Fortschritte. An der Swissbau-Ausstellung im Februar 1989 präsentieren einige Hersteller Low-NOx-Brenner für Anlagen mit über 500 kW Heizleistung (→ 21. Sequenz).

18. Sequenz: Zürich verabschiedet Teilmassnahmenplan Feuerungen
Im Juni 1989 verabschiedet der Zürcher Regierungsrat den Teilmassnahmenplan Feuerungen, der auf den 1. Juli 1992 in Kraft treten soll. Später wird dieser Teilmassnahmenplan in den Massnahmenplan Lufthygiene integriert werden. Wesentliches Element ist die Ausdehnung der Züri-Norm auf Anlagen mit einer Leistung von über 70 kW. Diese Einschränkung ist nötig, weil für die Festlegung von Grenzwerten bei Feuerungen mit kleinerer Leistung der Bundesrat über die LRV im Rahmen der Typenprüfung zuständig ist. Der Massnahmenplan legt weiter fest, dass Anlagen, deren Brenner über 12 Jahre alt sind, den Emissionsvorschriften anzupassen sind. Die Sanierungsfrist dauert in der Regel drei Jahre, für Gebiete mit besonders hoher Schadstoffbelastung wie die Städte Zürich oder Winterthur wird sie auf zwei Jahre angesetzt.

Einen Monat später wird der Massnahmenplan Lufthygiene in die Vernehmlassung geschickt, die bis Ende Oktober dauert. Widerstand erwächst vor allem jenen ins Auge gefassten Massnahmen, die beim Emittenten "Verkehr" zu einer Reduktion des Schadstoffausstosses führen sollen (→ 23. und 25. Sequenz).

19. Sequenz: TCS-Broschüre propagiert Kauf von Low-NOx-Anlagen
Ebenfalls im Juni 1989 werden überraschend zwei Broschüren vorgestellt, die auf die neuen technischen Möglichkeiten bei den Hausfeuerungsanlagen

aufmerksam machen und zu raschen Sanierungsmassnahmen auffordern. Die eine kommt vom Touring Club Schweiz (TCS), ihr Titel: "Haus- und Industriefeuerungen 30 Prozent weniger Stickoxide möglich! Reduktion der Stickoxid-Emissionen von Feuerungsanlagen: Möglichkeiten und Ausmass". Die andere von der City Vereinigung Zürich, zusammen mit dem kantonalen Hauseigentümerverband Zürich und dem Verband Schweizerischer Heizungs- und Lüftungsfirmen, ihr Titel: "Sofortbeitrag der Heizungen an die Luftreinhaltung". Diese "Orientierungsschrift für Hauseigentümer, Architekten und Installateure" enthält auch eine Liste der bereits erhältlichen "umweltfreundlichen" Heizanlagen (→ 20. Sequenz).

20. Sequenz: Schlussbericht Elektrowatt pessimistisch
Ende Juli 1989 wird der Schlussbericht der Elektrowatt veröffentlicht. Das Unternehmen kommt zu einer eher pessimistischen Einschätzung über die Erreichbarkeit der gesteckten Ziele, die der Bundesrat in seinem Luftreinhaltekonzept vorgegeben hatte. Auch unter dem Einbezug zum Teil radikaler (und darum politisch kaum realisierbarer) Massnahmen wird es nur bei den Schwefeldioxid-Emissionen möglich sein, die gewünschten Limiten zu erreichen, nicht aber bei den Stickoxid- und Kohlenwasserstoff-Emissionen. Einmal mehr ist auch die Rede von der notwendigen Opfersymmetrie zwischen den verschiedenen Emittenten. Kurz nach Erscheinen der Studie wirft der TCS dem BUWAL vor, der Elektrowatt falsche Grundlagen im Bereich Verkehrsaufkommen geliefert zu haben. Er verharrt weiterhin auf seiner Meinung, wonach die Emissionsziele auch ohne drastische Massnahmen beim Verkehr erreichbar seien (→ 22. Sequenz).

21. Sequenz: Stickstoffgehalt im Heizöl reduzieren?
Fachleute machen immer häufiger auf die Möglichkeit aufmerksam, den Stickstoffgehalt des Brennstoffs zu reduzieren. Dies war auch der Weg, welcher bei der Reduktion der Schwefeldioxidemissionen erfolgreich beschritten worden war. Ernst W. Haltiner, Vertreter der Erdölvereinigung und Fachjournalist für Wärmetechnik bei der Schweizerischen Handelszeitung, hingegen hält an einer Veranstaltung zum Thema Low-NOx-Techniken bei Feuerungsanlagen fest, dass die Reduktion des NOx-Ausstosses in erster Linie bei der Oxidation des Luftstickstoffes in der Verbrennungsluft einsetzen muss, "wobei der NO_2-Gehalt des Brennstoffes selbst eher eine untergeordnete Rolle spielt". Er wehrt sich gegen die Möglichkeit, dass der Gesetzgeber Einfluss auf die Mineralölgesellschaften nehmen könnte, damit bei den Raffinerien die nötigen Zusatzinstallationen gebaut werden (→ 24. und 27. Sequenz).

22. Sequenz: 1. Massnahmenpaket des Bundesrates
Ende August 1989 beschliesst der Bundesrat im Rahmen seines Luftreinhaltekonzepts ein erstes Massnahmenpaket "zur Rückgewinnung der Luftqualität der sechziger Jahre". Unter anderem soll die erst vor drei Jahren in Kraft getretene Luftreinhalteverordnung verschärft werden. Ausserdem werden die Kantone aufgefordert, mit vermehrtem Engagement ihre Massnahmenpläne zur Begrenzung der Immissionen zu erarbeiten (→ 31. und 42. Sequenz).

23. Sequenz: Technische Auflagen für Heizungen: Grenze erreicht?
Die Stadt Zürich nimmt im Vernehmlassungsverfahren zum Massnahmenplan Lufthygiene des Kantons Stellung. Sie kommt zum Schluss, dass mit den Auflagen, wie sie der Teilplan Feuerungen vorsieht, in diesem Bereich "die Zitrone beim technischen Umweltschutz vorläufig ausgepresst ist" (→ 26. Sequenz).

24. Sequenz: TÜV-Zertifikat für Oertli-Brenner
Am 2. November 1989 berichtet die Schweizerische Handelszeitung, dass Oertli durch den TÜV München ein Zertifikat für eine besonders emissionsarme Ölfeuerung ausgestellt wurde. Beim Stickoxid weist der neue Ölbrenner der Firma Werte auf, die um rund 50 Prozent unter der bereits strengen Züri-Norm liegen (→ 29. Sequenz).

25. Sequenz: Verbände machen gegen Zürcher Massnahmenplan mobil
An einer gemeinsamen Pressekonferenz vom 8. November 1989 erläutern Vertreter des kantonalen Hauseigentümerverbandes Zürich, der Gewerbeverbände der Stadt und des Kantons Zürich sowie der City-Vereinigung Zürich ihre Vernehmlassungen zum Massnahmenplan Lufthygiene der Kantonsregierung. Während die Gewerbeverbände den Rückzug des Massnahmenplans fordern, bietet die City-Vereinigung ihre konstruktive Mitarbeit an. Sie fordert eine Abkehr von einer viel zu einseitig auf Verkehrsbeschränkungen ausgerichteten Umweltpolitik. Dafür verlangt sie ein vorzeitiges Inkrafttreten der verschärften Abgasnormen für Feuerungen. Damit – so ihre Ansicht – könnte es gelingen, die Ziele des bundesrätlichen Luftreinhaltekonzepts zwar nicht wie geplant 1994, aber doch um wenige Jahre später zu erreichen (→ 35. Sequenz).

26. Sequenz: Stadt Zürich forciert Luftreinhaltemassnahmen
Für viele überraschend beschliesst noch im November 1989 die Stadt Zürich einen Massnahmenplan Lufthygiene, der auf den 1. Juli 1990 in Kraft treten soll. Darin wird für alle neuen Feuerungsanlagen, die nicht der Typenprüfung unterstehen, also alle Anlagen mit mehr als 70 kW Leistung, der neue Stickoxid-Grenzwert, die vielzitierte Züri-Norm verlangt. Zusätzlich werden detail-

lierte städtische Sanierungsvorschriften festgelegt mit dem Ziel, bis 1995 sämtliche Anlagen, welche mehr als 15 Jahre alt sind, den neuen Vorschriften anzupassen (→ 28., 30. und 32. Sequenz).

27. Sequenz: Kaminfegermeister gegen Erdgasvereinigung
Im Dezember 1989 berichtet die Presse von einer Wette zwischen dem Kaminfegermeister Armin Zünd, auch Mitglied der eidgenössischen Kommission für Lufthygiene, und der Erdgasvereinigung. Zünd forderte den Verband mit der Behauptung heraus, dass entgegen der Werbung Erdgas in der Praxis nicht sauberer heize als Erdöl. Die Erdgasvereinigung hielt dagegen. Im Prüflabor der Berufsschule Rorschach traf man sich zur Austragung der Wette. Die vom Verein für Wasser- und Lufthygiene durchgeführten Abgasmessungen bei Brennern und Kesseln, die auf dem Markt erhältlich sind, werden mit Daten von Zünd, die er aus eigenständig durchgeführten Feldmessungen genommen hat, verglichen. Es sind erhebliche Abweichungen festzustellen. Man einigt sich auf eine gemeinsame Interpretation der Ergebnisse. In der Praxis ist weniger die Energieform (Öl oder Gas) entscheidend, sondern die Anwendung der modernsten und einwandfrei eingestellten Brenner-Kessel-Einheiten. Erst die konsequente, regelmässige Kontrolle und ein sorgfältiger Unterhalt garantieren die schadstoffarme Wärmeerzeugung.

28. Sequenz: VSO gegen Alleingang der Stadt Zürich
Die Vereinigung schweizerischer Öl- und Gasbrennerunternehmen (VSO) erhebt im Februar 1990 Einspruch gegen den Alleingang des Zürcher Stadtrates, dessen Entscheid zur frühzeitigen Inkraftsetzung des Massnahmenplans ohne Konsultation der beteiligten Branche zustande gekommen sein soll. Der Einspruch wird folgendermassen begründet: “Die Feuerungsbranche stellt sich gesamthaft auf die Vorschriften laut Massnahmenplan des Kantons Zürich vom 14.7.1989 ein. Dieser kantonale Massnahmenplan tritt auf den 1. Juli 1992 in Kraft. Die Branche rechnet auch damit, dass die Luftreinhalteverordnung (LRV) durch den Bund auf das gleiche Jahr bezüglich des NOx verschärft wird. Die Realisierung der Produkte auf 1992 erfordert sehr grosse Anstrengungen, die durch die Industrie in Angriff genommen wurde. (...) Das verfrühte Inkrafttreten des Massnahmenplans Zürich würde die gesamte Feuerungsbranche in einen Lieferungs- und Servicenotstand versetzen” (→ 36. Sequenz).

29. Sequenz: Das Low-NOx-Angebot ist komplett entwickelt
Im Frühjahr 1990 haben nach einer Verlautbarung des VSO inzwischen alle wichtigen, auf dem Schweizer Markt tätigen Öl- und Gasbrenner-Unternehmen

Prototypen für die sogenannten Low-NOx-Brenner entwickelt, die die geforderten Grenzwerte erfüllen. Ausländische Handelsfirmen erhoffen sich aber noch immer Lösungen mit Nachrüstsätzen (→ 34. Sequenz).

30. Sequenz: EMPA: Noch keine neuen Messanlagen
Nicht nur die Firmen, auch die EMPA bekundet ihre Mühe mit dem angeschlagenen Tempo der Stadt Zürich. Noch hat sie kein geeignetes Messverfahren zur Feststellung des NOx-Gehalts in den Feuerungsabgasen entwickelt. Dies ist dem Zürcher Stadtrat durchaus bewusst, der darum, wie einem Protokoll zu entnehmen ist, vorschlägt, bis zum Erlass einschlägiger Typenprüfungsvorschriften als Ersatz eine Bestätigung des Anlageherstellers zu akzeptieren. Doch auch dagegen protestiert der VSO: "Gerade diese Bestätigung können wir als Anbieter nicht abgeben, da nicht nur die Typenprüfung fehlt, sondern auch die EMPA noch nicht in der Lage ist, NO-Messungen zu machen. Das gesamte Messverfahren ist noch nicht definiert" (→ 36. Sequenz).

31. Sequenz: 2 000 Anträge zum Entwurf der revidierten LRV
Im März 1990 liegt der Entwurf der revidierten LRV vor: Sie enthält verschärfte Grenzwerte, die jenen des Teilmassnahmenplans Feuerungen des Kantons Zürich entsprechen. Die Typenprüfung wird auf Anlagen mit einer Leistung bis zu 350 kW ausgedehnt. Ausserdem werden neue Grenzwerte für Abgasverluste festgeschrieben, die nicht nur für die Typenprüfung, sondern auch für die Feuerungskontrollen gelten. Nach Eröffnung des Vernehmlassungsverfahrens treffen rund 2 000 Anträge und Änderungsvorschläge beim BUWAL ein. Damit wird die ursprünglich für das Frühjahr 1991 vorgesehene Inkraftsetzung hinausgezögert (→ 44. Sequenz).

32. Sequenz: Erste Sanierungsbescheide in der Stadt Zürich
Bereits im März 1990 erhalten 668 Anlagebesitzer der Stadt Zürich auf Grund des Teilmassnahmenplans Feuerungen eine Sanierungsaufforderung, weil die Heizungsanlagen aus den Jahren vor 1970 stammen (→ 33. und 37. Sequenz).

33. Sequenz: Winterthur zieht nach
Der Winterthurer Stadtrat beschliesst – ebenfalls im März 1990 – die verschärften Grenzwerte für Ölheizungen, die der Kanton Zürich auf 1992 in Kraft setzen will, bereits auf den 1. Juli 1990 einzuführen. Heizungen ab einer Wärmeleistung von 70 kW, die zwölf und mehr Jahre alt sind, müssen im Laufe der nächsten drei Jahre angepasst werden. Von dieser Massnahme sind rund 800 Mehrfamilienhäuser betroffen (→ 37. Sequenz).

34. Sequenz: HILSA 1990: Leistungsshow
Im April findet die traditionelle HILSA, eine internationale Fachmesse für Heizungs-, Luft- und Klimatechnik in den Züspa-Hallen in Zürich-Oerlikon statt. Eine Mehrzahl der Hersteller zeigen Anlagen im niedrigen Leistungsbereich bis circa 50 kW, die mit Low-NOx-Brenner- und Heizkesseltechnik bestückt sind (→ 36. Sequenz).

35. Sequenz: TCS diagnostiziert Umwelthysterie
Im Mai wird der Öffentlichkeit eine neue Broschüre des TCS mit dem Titel "Unsere Luft" vorgestellt. Darin wird die Problematik der Luftverschmutzung relativiert, von "Umwelthysterie" ist die Rede (→ 38. Sequenz).

36. Sequenz: Low-NOx ist nicht billig
Im Juni macht der technische Delegierte des VSO, Herr R. Ringgli, in einem Referat noch einmal deutlich, was die Wirtschaft vom "Vorprellen" der Stadt Zürich hält: "Die gesamte Feuerungsbranche, und ich rede hier sowohl von den Brenner- als auch von den Kesselherstellern, ist durch den Massnahmenplan der Stadt Zürich überrascht worden. Man hat sich gesamthaft auf die LRV 1992 eingestellt und bereitet intensiv die entsprechenden Produkte vor. Nun sind die Hersteller unter Zugzwang geraten und bieten bereits einzelne Produkte als sogenannte Low-NOx-Systeme an. Immerhin ist darauf hinzuweisen, dass es sich um Pilotanlagen und Prototypen handelt, von denen wir das Langzeitverhalten noch nicht kennen und für das wir teures Lehrgeld bezahlen müssen."

Er äussert auch erste Preisvorstellungen. Im Leistungsbereich von 50 bis 70 kW werden die neuen Anlagen, die zumeist mit interner Luftrezirkulation arbeiten, um rund 1 000 Franken teurer zu stehen kommen. Im nächsten Leistungssegment von 70 bis 350 kW ist mit einer Verteuerung um 4 000 bis 12 000 Franken zu rechnen. Die grosse Spanne ergibt sich aus der zu diesem Zeitpunkt noch bestehenden Unsicherheit über die günstigste technische Lösung des NOx-Problems. Für noch grössere Anlagen im Bereich über 350 kW ist schliesslich allein für den Brenner mit Mehrausgaben von ungefähr 20 000 Franken zu rechnen (→ 39. Sequenz).

37. Sequenz: Teilmassnahmenplan der Stadt Zürich in Kraft
1. Juli 1990, es ist soweit: Der Teilmassnahmenplan der Stadt Zürich tritt in Kraft. Erstmals wird der neue NOx-Grenzwert von 120 mg/m^3 für alle Ölheizungen über 70 kW in der Schweiz rechtsstaatlich gültig. Betroffen sind davon auf Grund des erstellten Sanierungsplanes in einer ersten Tranche rund 400 Grossanlagen sowie 22 000 Heizanlagen im mittleren Leistungsbereich (→ 40. Sequenz).

38. Sequenz: Autopartei reitet Attake gegen die revidierte LRV
Gleichentags fordert die Schweizerische Auto-Partei an einer Pressekonferenz die Revision aller aufgrund des "sogenannten Waldsterbens" erlassenen Gesetze und Verordnungen. Vom Waldsterben könne keine Rede sein. Die Attacke richtet sich in erster Linie gegen die kommende revidierte LRV.

39. Sequenz: Heizungsbranche hat Angst vor Sanierungswelle
Die Wirtschaft bekundet nach wie vor Mühe mit dem raschen Vorgehen der Stadt Zürich. Manche Firmen und Ingenieure sind – so ist zu hören – von den neuen Ansprüchen, den Gesetzen, Normen, Vorschriften und Richtlinien überfordert. Aber nicht nur darum geht es. Die Branche warnt auch vor einer nicht zu bewältigenden Sanierungswelle. So fordert zum Beispiel der Heizkesselverband in seiner "K.R.W. Info" vom November 1990 die Anlagebesitzer auf, mit Heizungssanierungen nicht bis 1992 zuzuwarten. "Der Aufschub der Heizungssanierungen würde das Installationsgewerbe vor unlösbare Probleme stellen. Wollen nämlich viele Hausbesitzer gleichzeitig ihre Heizung erneuern, wird das Gewerbe den Arbeitsanfall nicht bewältigen können. Längere Wartezeiten und möglicherweise höhere Preise für Umbauarbeiten dürften die Folge davon sein" (→ 41. Sequenz).

40. Sequenz: 2. Runde Sanierungsbescheide in der Stadt Zürich
Auf Anfang 1991 erhalten weitere 800 Hausbesitzer der Stadt Zürich eine Sanierungsaufforderung. In dieser zweiten Tranche sind Heizanlagen erfasst, die aus der Zeit zwischen 1970 und 1972 stammen.

41. Sequenz: Gemeinsame Preispolitik der Heizungsfirmen?
In der Herbstausgabe der Kundenzeitschrift ELCOpress gibt Dr. Georg Ganz, Direktor des Verbandes Schweizerischer Heizungs- und Lüftungsfirmen unter dem vielsagenden Titel "Gemeinsam für das Bessere" ein bemerkenswertes Statement zur anzustrebenden Preispolitik der Mitgliederfirmen ab: "(...) ist die Branche dazu aufgerufen, gemeinsam eine Preisfront zu bilden. Ich spreche nicht kartellistischen Preisabsprachen das Wort. Die Preisentwicklung soll transparent und einleuchtend sein. Wird die Preispolitik von allen Verbänden gemeinsam getragen (unter Offenlegung der Kalkulation) und von den Mitgliedern in die Praxis umgesetzt, so wird sie auch von der Bauherrschaft verstanden. Diese Aussage wird mit Überzeugung vertreten (durchaus im Bewusstsein, dass Kartellkommission und Preisüberwacher mit Argusaugen auf unsere Branche schauen), aber ich habe keine Angst, denn Richtiges hält auch genauer Überprüfung stand."

42. Sequenz: Beschleunigungsmassnahmen des Bundesrates
Am 11. März 1991 stellt Bundesrat Cotti die schon lange erwarteten "Beschleunigungsmassnahmen" zu seinem Luftreinhaltekonzept vor. Darin wird neben einem Öko-Bonus auch eine leistungsabhängige Schwerverkehrsabgabe vorgeschlagen. Sollten alle vorgesehenen Massnahmen auch umgesetzt werden, würden die für Mitte der neunziger Jahre gesteckten Luftreinhalteziele mit rund drei Jahren Verzögerung erreicht. Ohne die geplanten Massnahmen könnten die Ziele bei den Stickoxiden lediglich zu 75 Prozent und bei den Kohlenwasserstoffen nur zu achtzig Prozent erreicht werden (→ 43. und 44. Sequenz).

43. Sequenz: Langsame Kantone: Erst 11 Massnahmenpläne eingereicht
Zwei Jahre nach Ablauf der ordentlichen Fristen haben erst elf Kantone in Massnahmenplänen aufgezeigt, wie sie die übermässige Luftverschmutzung auf ihrem Gebiet bekämpfen wollen. Ihr gemeinsames Rezept: Langsamer fahren. Doch dafür – wie für die meisten anderen wirkungsvollen Massnahmen – ist der Bund zuständig. Aus der Westschweiz ist bis Ende 1991 kein einziger solcher Massnahmenplan beim BUWAL eingetroffen.

44. Sequenz: Revidierte LRV in Kraft
November 1991: Der Bundesrat verabschiedet die revidierte LRV und setzt sie auf den 1. Februar 1992 in Kraft.

Damit blenden wir uns aus der faktenreichen Geschichte der Züri-Norm aus. Im nächsten Abschnitt wird es darum gehen, aus diesem Mosaik an Informationen ein Bild so zu gestalten, dass die Zusammenhänge zwischen den einzelnen Steinchen sichtbar werden. Wir verwenden dazu eine interessenbezogene Aktoranalyse.

3.3 Von den Mosaiksteinen zum ganzen Bild – eine Aktoranalyse

In mehr als 40 Sequenzen haben wir die Entstehungsgeschichte der Züri-Norm mit ihren vielfältigen Facetten nacherzählt. Im Wechselspiel der Einflüsse, die von den verschiedenen Akteuren ausgehen, kommt es in weniger als einer Dekade zur Festlegung eines Grenzwertes für Stickoxidabgase bei Feuerungsanlagen, der in seiner Strenge (noch) einzigartig in Europa ist. Wie war dies möglich? Die folgende Analyse des strategischen Verhaltens der beteiligten Akteure wird zeigen, dass in unserem Fall zweierlei zusammenkam, was offenbar gemeinhin nicht oft vorkommt: die Ziele, die die Akteure in diesem Prozess verfolgten, schlossen sich zumindest gegenseitig nicht aus, und über das Mittel zur Zielerreichung – eben die Festlegung eines sehr strengen Grenzwertes – war man sich bald einig geworden.

Die verschiedenen Akteure, über die nun zu schreiben sein wird, lassen sich unterschiedlichen gesellschaftlichen Kategorien zuordnen: der Wirtschaft, der Wissenschaft, dem Staat und der "Öffentlichkeit". In Anlehnung an die Neue Politische Ökonomie, wie sie beispielsweise von Bruno S. Frey übersichtsmässig dargestellt wird, unterstellen wir den einzelnen Akteuren rationales Handeln, das unter Berücksichtigung der jeweiligen Rahmenbedingungen einem Kosten-Nutzen-Kalkül folgt. Dieses Kalkül wird durch die zur Verfügung stehende Information, durch die vorhandenen Erwartungen und Risikoeinschätzungen sowie durch die zeitliche Perspektive der Handlungsorientierung geprägt und beeinflusst. Darüberhinaus stellt sich auch das Problem kollektiven Handelns, auf das Mancur Olson schon früh hingewiesen hat. Was aus der Sicht des einzelnen als rational erscheinen mag, muss nicht in gleicher Weise auch richtig sein für Kollektive wie Unternehmen, Organisationen und Institutionen. Diese sind in ihrem Verhalten bedeutend stärker an die Funktionslogik der jeweiligen Systeme gebunden.

3.3.1 "Die Wissenschaft sucht neue Herausforderungen"

War es ein Zufall, so war es ein glücklicher! An der ersten Sitzung, zu der Professor Suter von der ETH einlud, um über technische Lösungsmöglichkeiten des NOx-Problems zu debattieren, nahmen fast ausschliesslich Ingenieure und Techniker (und also nicht die Manager) aus den führenden Firmen der schweizerischen Brenner- und Kesselindustrie teil. Es ging um das technisch Machbare und kaum jemand dachte bereits über die betriebswirtschaftlichen Folgen nach. Die "Techniker-Gemeinde" sass vor einem seit längerer Zeit bekannten Phänomen, dem Auftreten von Stickstoffemissionen während des Verbrennungsprozesses von Erdgas und Erdöl. Man wollte gemeinsam und eventuell unter Beizug universitärer Fachkenntnis über technische Entwicklungsmöglichkeiten debattieren, die einen Beitrag zur Senkung dieser Abgase leisten könnten. Dabei war man sich keineswegs einig, und alle Variationen von den später sogenannten "Low-NOx-Techniken" auch noch nicht bekannt. Aber das wissenschaftliche Interesse und die technische Entwicklungsneugier waren geweckt. Noch war es für die Chefs der Forschungs- und Entwicklungsabteilungen allerdings keineswegs sicher, ob sie von ihrer Unternehmensleitung jeweils genügend finanzielle Mittel erhalten würden, um an diesem Problem in sinnvoller Weise arbeiten zu können. Dies mag eine Aussage illustrieren, die Roger Rusterholz, damals noch Leiter Forschung und Entwicklung der grössten Brennerfirma der Schweiz, Elco Looser, bereits Ende 1989 in der Schweizerischen Handelszeitung machte: "Den technischen Möglichkeiten zur NOx-Minderung sind bei Hausbrandanlagen kostenmässig Grenzen gesetzt. Leider sind Ankündigungen von gesetzlichen Verschärfungen der Emissionsgrenzwerte fast Voraussetzung dazu, dass neue Entwicklungen ausgelöst werden und auch erfolgreich auf den Markt gebracht werden können[34]."

Mit der Übernahme der Sitzungsleitung dieser "Techniker-Runde" durch den Vertreter des ATAL verschob sich die Perspektive des Diskurses vom "Machbaren" zum "Erreichbaren". Es ging nicht mehr um die Frage, wie, sondern um wieviel die NOx-Abgase während des Verbrennungsvorgangs reduziert werden können. Damit war der Startschuss im "Poker" um den "richtigen" Grenzwert gegeben. Die Interessen der Unternehmen und der Technikergemeinschaft wurden miteinander verknüpft. Auf der Strecke bleibt in diesem Moment das Interesse der universitär ausgerichteten Wissenschaft, denn von gemeinsam getragenen und finanzierten Forschungsvorhaben war nun kaum mehr die Rede. Die unternehmerischen Chancen dieses Prozesses wurden erkannt und der Eifer der Techniker war angestachelt: Von Sitzung zu Sitzung unterboten sich die beiden technischen Leiter der führenden Ölbrennerfirmen bis schliesslich die vielzitierte Züri-Norm festlag. Damit war das "Rennen" zwischen den Entwicklungsabteilungen der führenden Brenner- und Kesselherstellern lanciert. Die wichtigsten grundsätzlichen technischen Möglichkeiten waren in der Branche schnell bekannt, die konkrete Entwicklung von Prototypen für die verschiedenen Leistungsklassen musste hingegen den einzelnen Betrieben überlassen bleiben. In dieser Phase wurde erneut deutlich, dass ein engeres Zusammengehen zwischen Brenner- und Kesselfirmen unumgänglich war. Vor allem für die tieferen Leistungsklassen galt die Kompaktanlage bald als aussichtsreichste Lösungsvariante. Dafür musste eine optimal aufeinander abgestimmte Kombination von Brennern und Kesseln gefunden werden.

Wie sich bald zeigen sollte, unterschätzten alle Beteiligten die nun auftretenden technischen Schwierigkeiten, vor allem bei Heizanlagen in den mittleren Leistungsklassen. Trotzdem: fünf Jahre später waren Anlagen für den gesamten Leistungsbereich entwickelt und zur Marktreife gebracht. Erst jetzt konnten sich die mahnenden Stimmen Gehör verschaffen, die darauf verwiesen, dass die fast ausschliessliche Konzentration auf das NOx-Problem dazu geführt hatte, dass andere lufthygienische und auch energetische Aspekte vernachlässigt wurden. Die Befürchtung machte die Runde, dass man mit der Züri-Norm bereits über das "feuerungstechnische Optimum" hinausgeschossen sein könnte.

3.3.2 "Die Wirtschaft entdeckt neue Märkte"

Schon sehr früh in der Genese des neuen Grenzwertes mussten einzelne Vertreter von Unternehmen erkannt haben, welche Chancen sich mit der Festlegung der Züri-Norm verbanden. Sollte der geforderte Grenzwert tatsächlich zu erreichen sein – und erste Erfahrungen im Ausland sowie Entwicklungsergebnisse von einzelnen Tüftlern wiesen in diese Richtung –, so böte sich mit der rechtlich verbindlichen Vorschrift eine einzigartige Möglichkeit, einen gesicherten Absatzmarkt für die nächsten Jahre zu schaffen. Der Vollzug der neuen Auflage im Rahmen der Typenprüfung und indirekt auch über die Sanierungsvorschriften würde vor technisch rückständiger Konkurrenz schützen und unweigerlich einen Nachfrageschub nach neuen (und teueren) Anlagen auslösen, der so schnell nicht nachlassen würde. Diese Aussicht erlaubte es auch, für die Branche ungewohnt hohe Geldsummen für die Erforschung und Entwicklung neuer Brenner und Heizkessel zu sprechen, zumal das Risiko von Fehlinvestitionen vorbei an den Bedürfnissen der Nachfrage durch die besonderen Umstände sehr gering erschien. Diese Erkenntnis löste verschiedene Aktivitäten aus.

Im Rahmen des Aushandlungsprozesses wurde eine grösstmögliche Klarheit angestrebt: Nicht nur der Grenzwert an sich musste unter Berücksichtigung der verschiedenen Energieträger differenziert festgelegt werden, auch ein Normöl galt es zu umschreiben. Weiter war besonderes Gewicht auf die eindeutige Festlegung des Termins zu legen, an dem die neue Vorschrift in Kraft treten würde. Erst alles zusammen gab den benötigten Rahmen ab, um den Forschungs- und Entwicklungsprozess der nächsten Jahre planbar zu machen.

Der entwicklungsstrategische Fahrplan kam ein erstes Mal durcheinander, als nach Bekanntwerden der Züri-Norm, sich die Nachfrage sehr rasch auf Anlagen mit Low-NOx-Techniken in tieferen Leistungsbereichen ausdehnte. Diese Nachfrage konnte zu diesem Zeitpunkt noch nicht befriedigt werden. Mit einem von den Branchenverbänden gemeinsam verfassten Papier musste "der Markt" auf später vertröstet werden. Das zweite Planungsdurcheinander löste der Entscheid des Zürcher Stadtrates aus, die im Teilmassnahmenplan Feuerung des Kantons vorgesehenen neuen Werte vorzeitig in Kraft treten zu lassen. Die Entrüstung in den Branchen war gross, doch die Präsentation der Prototypen an den Fachmessen hatten ja die Behörden erst zu diesem Schritt motiviert. Unterstützt wurden sie auch noch durch die Autolobby mit ihren "Aufklärungs-Broschüren" für die Hausbesitzer. So kamen die Wirtschaftsverbände erneut in die eigentümliche Situation, der drohenden Sanierungswelle die Spitze brechen zu müssen, um nicht von der sich abzeichnenden Nachfrage überrollt zu werden.

Doch gleichzeitig musste die Branche auch nach "unten" zusammengehalten werden. Nur durch eine gemeinsam festgelegte Preispolitik war es möglich, die aufgelaufenen Investitionsaufwendungen, die am Ende höher lagen als dies ursprünglich erwartet wurde, in kurzer Zeit zu amortisieren. Das erst konnte zu Hoffnungen Anlass geben, mit den neu entwickelten Low-NOx-Techniken auch auf ausländischen Märkten Fuss fassen zu können. Vorerst waren nämlich nur geringe Exporterfolge zu verzeichnen. Sie stellten sich dort ein, wo von staatlicher Seite der Einbau neuer Anlagen finanziell unterstützt wurde oder wo einzelne "avantgardistische" Nachfrager – ungeachtet der noch höheren Preise – bereit waren, solche Anlagen einbauen zu lassen. Dies könnte sich bald ändern, dann nämlich, wenn es den Unternehmen möglich sein wird, die Low-NOx-Brenner und -Kessel zu ähnlichen Konditionen anzubieten, wie sie für herkömmliche Aggregate verlangt werden.

3.3.3 "Die Behörden müssen handeln"

Die Sorgen über die mangelhafte Luftqualität gehören seit Jahren zu den zentralen Themen der Umweltpolitik. Dabei standen und stehen die Verantwortlichen der Grossstädte und der Agglomeration unter besonderem Handlungsdruck. Die Geschichte der Entstehung und Implementation der Züri-Norm zeigt exemplarisch, wie aus einem solchen zuerst lokal spürbaren Problem eine bundesweit gültige Norm werden kann. In der Genese des NOx-Wertes kommt den drei hier besonders im Vordergrund stehenden Akteuren und ihren jeweiligen Fachämtern eine besondere Rolle zu: dem Zürcher Stadtrat, dem Kantonalzürcher Regierungsrat und dem Bundesrat.

Dem Zürcher Stadtrat waren die Hände, was den Erlass von konkreten Grenzwerten anbelangt, am stärksten gebunden. Auch wenn ihm der Vollzug der Feuerungskontrolle bei Heizanlagen zukommt, so kann er deren Prüfprogramm inhaltlich nicht beeinflussen. Neben der Verkürzung der Sanierungsfristen blieb ihm nur der Weg über die Förderung von Pilotanlagen. Damit konnte er zwei Ziele gleichzeitig verfolgen. Zum einen wurde mit solchen Heizungen die neuen NOx-Techniken bekannt gemacht, zum anderen konnten so konkrete "Übungsanlagen" für die Industrie geschaffen werden. Dies ermöglichte den Firmen, ausserhalb ihrer Labors erste Praxiserfahrungen mit den neuen Entwicklungen zu sammeln. Diese Strategie war durchaus erfolgreich, was die schnell wachsende Nachfrage nach den neuen Geräten illustriert, die bald aus der ganzen Schweiz einsetzte. Neben der Ausschöpfung dieser direkten

Handlungsmöglichkeiten verfolgte der Stadtrat auch die Strategie des politischen Lobbying gegenüber den Kantonal- und Bundesbehörden. So machte er schon früh auf die Notwendigkeit der Verschärfung von Grenzwerten und der entsprechenden Anpassung der Typenprüfung aufmerksam.

Die Behörden des Kantons haben sich sehr bald in diesen Prozess "eingeklinkt". Anlass war der Auftrag des Regierungsrats an das ATAL, gemäss den Auflagen der LRV 86 einen Massnahmenplan zu verfassen, in dem aufgezeigt würde, mit welchen Vorkehrungen es möglich wäre, die Immissionen auf das Niveau der fünfziger und sechziger Jahre zu senken. Schnell zeigte es sich dann, dass im Bereich der Feuerungen eine Situation vorlag, die es erlaubte, eine schnellere Gangart einzuschalten. So kam es zu einem Teilmassnahmenplan Feuerung, der deutlich früher als der gesamte Massnahmenplan verabschiedet werden konnte. Darin wurde die Züri-Norm als herausgehobenes "Detail" zum ersten Mal rechtmässig festgeschrieben.

Durch den Zuzug von Vertretern aus den betroffenen Bundesämtern in den Aushandlungsprozess über die neuen Auflagen bei den Feuerungsanlagen waren auch die Voraussetzungen zur raschen Ausdehnung der Kantonalzürcher Normen auf die ganze Schweiz geschaffen worden. Dies sollte im Rahmen der Revision der Luftreinhalteverordnung geschehen, die der Bundesrat als Teil seines Luftreinhaltekonzeptes vorgesehen hatte. Der Ausarbeitungsprozess auf Bundesebene unter der Leitung des BUWAL gestaltete sich allerdings langwieriger als man allgemein angenommen hatte. Der Termin zur Inkraftsetzung der revidierten LRV musste um ein Jahr verschoben werden. Anlass zu dieser Verzögerung gab weniger der neue Grenzwert für NOx selber als die Frage nach der Art der Überprüfung dieser Abgasnorm. Allen Beteiligten war klar, dass an den "120 mg/m^3" schon aus politischen Gründen nicht mehr zu rütteln war. Mehr Kopfzerbrechen bereitete die Debatte über die Ausgestaltung der Typenprüfung. Es zeigte sich, dass es wegen der verschärften schweizerischen Abgasnormen gegenüber jenen der EG nicht möglich war, die bereits vorliegenden CEN-Normen unverändert zu übernehmen. Auch wenn sich die Wirtschaft gegen abweichende Prüfvorschriften sträubte, konnten sich hier die Bundesbehörden letztlich durchsetzen (→ Kapitel Typenprüfung).

Das "Zusammenspiel" der verschiedenen Behörden bei der Entstehung der NOx-Abgasnorm ist bemerkenswert. Zeigte die Stadt Zürich mit den Pilotanlagen, dass "es" machbar ist, so sorgte der Kanton für eine erste rechtliche Fixierung und der Bund schliesslich für eine landesweite "Harmonisierung" dieser Abgasnorm. Die Behörden standen dabei unter einem Handlungsdruck. Das Umweltthema war unter dem Eindruck des Waldsterbens zu einem vorrangigen Anliegen der Bürger und Bürgerinnen geworden und verlangte nach konkreten politischen Taten. Und obwohl allen bald klar war, dass die rasch formulierten Ziele der Luftreinhaltepolitik nur zu erreichen waren, wenn bei allen Emittenten angesetzt würde, zeigte es sich, dass Massnahmen im Bereich "Verkehr" unter dem Stichwort "Opfersymmetrie" solange blockiert bleiben würden, bis die anderen Emissionsquellen eingedämmt waren. Dass sich im Bereich der Feuerungen in dieser Situation die besondere Gelegenheit zum raschen Handeln bot, kam den Behörden entgegen. Offen muss bleiben, ob damit auch der politische Spielraum gewonnen wurde, um nun auch Massnahmen durchsetzen zu können, die die Emissionen im Bereich "Verkehr" beschränken würden.

3.3.4 "Die Interessenverbände geben sich besorgt"

Die Öffentlichkeit war bald für das ökologische Problem sensibilisiert. Aufgeschreckt durch Meldungen über die zunehmende Verschlechterung der Atemluft – zuerst symbolisch dargestellt im Waldsterben, dann im stetig sich ausbreitenden Ozonloch – konnten die lokalen, regionalen, nationalen und internationalen Umweltorganisationen bei ihren Aktivitäten und Forderungen bald auf eine breite Unterstützung bauen. Bemerkenswerterweise blieb es in unserem Fall bei diesem allgemeinen Protest. Man interessierte sich nicht für die technische Konkretisierung des allgemein formulierten Verlangens nach besserer Luft. Der Aushandlungsprozess erscheint als Nebenschauplatz mit einer kleinen Zahl von öffentlichen Zuschauern und Zuschauerinnen.

Nur einige wenige Verbände und Parteien beobachteten die Vorgänge intensiv. Sie stehen – generell gesprochen – für die Interessen der automobilen Gesellschaft. Wir reden von der City-Vereinigung Zürich, vom TCS und der Autopartei. Die verfolgten Strategien der Einflussnahme waren verschieden, ergänzten sich aber auch in Bezug auf das gemeinsame Ziel, jede Einschränkung oder finanzielle Belastung des Privatverkehrs zu verhindern oder zumindest hinauszuzögern. Dazu waren und sind viele Mittel recht. Sie reichen vom grundsätzlichen Fragezeichen hinter der Behauptung einer sich verschlechternden Umwelt bis zum wissenschaftlichen Kleinkrieg mit dem BUWAL, vom Schwarzpeter-Spiel unter dem Stichwort "Opfersymmetrie" bis zu Verhinderungsversuchen im Rahmen des politischen Entscheidungsprozesses.

Eine besondere Strategie allerdings verfolgte die City-Vereinigung. Mit ihrer Publikation über die neuen Low-NOx-Techniken versuchte sie die Nachfrage der Hausbesitzer nach neuen Feuerungsanlagen bereits zu einem Zeitpunkt zu aktivieren, als die Branche selber noch nicht über ein umfassendes Angebot verfügte. In die gleiche Richtung geht auch ihre Unterstützung des

Entscheids der Stadt Zürich, die Züri-Norm bereits 1990 als verbindlich zu erklären, obwohl dies zu erheblichen Dissonanzen führen musste. Die dahinter stehende Absicht ist leicht erkennbar: je schneller und breiter die neuen Feuerungsanlagen eingebaut würden, desto stärker würde sich der Druck auf den Emittenten "Verkehr" vermindern, ähnlich einschneidende Massnahmen zur Verminderung der Abgase akzeptieren zu müssen. Und die Autolobby hatte mit ihrem Vorgehen Erfolg. Mit Ausnahme des Katalysators war es den Behörden bis heute nicht möglich, Massnahmen durchzusetzen, die eine bedeutsame Einschränkung der verkehrsbedingten Emissionen mit sich gebracht hätten.

3.4 Fazit

In diesem Untersuchungsteil haben wir in Form einer Fallstudie die Entstehungsgeschichte der vielzitierten Züri-Norm nachgezeichnet. Dieser europaweit zur Zeit strengste Grenzwert für Stickoxidabgase bei Feuerungsanlagen wurde 1992 durch die revidierte LRV landesweit rechtlich verbindlich. Inzwischen müssen alle neuen Feuerungsanlagen im Rahmen der Typenprüfung diese technische Vorschrift erfüllen, wenn sie in der Schweiz verkauft werden sollen. Das Angebot an Heizanlagen mit sogenannten Low-NOx-Techniken deckt heute den gesamten Leistungsbereich ab. Damit können wir noch einmal die Frage aufwerfen, ob und wie die Festlegung des NOx-Grenzwertes den Inventionsprozess Richtung Low-NOx-Techniken beeinflusst hat.

Die Stickoxid-Problematik war Insidern längst bekannt. Man wusste, dass grosse Mengen an Stickoxidabgasen im Verbrennungsprozess auftreten, insbesondere wenn man versucht, den CO-Gehalt zu reduzieren. Und es gab denn auch bereits einzelne Erfindungen zur Senkung des NOx-Gehalts in Form von Prototypen und ausländischen Erfahrungen, längst bevor die Diskussion um die Einführung eines entsprechenden Grenzwertes angestossen wurde. Man darf demzufolge annehmen, dass die verschiedenen Low-NOx-Techniken – ganz nach den Vorstellungen der Science-push-Theoretiker – allmählich zur Verwendung gelangt wären. Dies gilt zumindest für jene Leistungsbereiche, in denen die längerfristigen ökonomischen Vorteile (insbesondere auch der Energieeinsparung) deutlich hervorgetreten wären.

Die Einführung und das rechtliche Festschreiben der Züri-Norm hat diesen Inventions- (und Innovations-) Prozess allerdings deutlich beschleunigt und zwar in zweierlei Hinsicht: Das Bekanntwerden dieser Norm und der damit induzierten "Botschaft" des prinzipiell Machbaren, hat die Nachfrage – nicht nur nach Grossanlagen, wie sie zunächst in der Stadt Zürich als solitäre Aggregate konzipiert wurden, sondern auch nach Heizungen mit kleinerer Leistung – in überraschend kurzer Zeit anschwellen lassen. Das allein provozierte schon eine Steigerung der Forschungs- und Entwicklungsbemühungen in den führenden Unternehmen der Heizungsbranche. Das sich ausdehnende Angebot an Feuerungsanlagen reflektierend, erweiterte sich der Geltungsbereich der Züri-Norm im Laufe der Zeit ebenfalls: Zuerst bezog er sich in der Stadt Zürich auf den Leistungsbereich über 1 MW. Dann kam der Kanton Zürich mit einem Bereich über 70 kW. In den tieferen Leistungsbereichen war der Bund mit den Regeln der alten LRV und der alten Typenprüfung massgebend. Dieser reagierte schliesslich auch und weitete mit der Revision der LRV und der Typenprüfung diesen Grenzwert auf alle Leistungsbereiche aus. Die Festlegung des Einführungszeitpunktes für diese Norm gab der Branche das unmissverständliche Signal, bis wann die neuen Anlagen entwickelt und produziert sein mussten, beziehungsweise die alten Anlagen mit herkömmlicher Technologie nicht mehr in Verkehr gesetzt werden durften. Eine kurze Übergangsfrist verhinderte ausserdem, dass sich ein Parallelmarkt von alten und neuen Anlagen etablieren konnte. Dieser von den Behörden allmählich aufgebaute Druck hatte für die betroffenen Firmen sein Gutes: Er reduzierte das Risiko von Investitionen im Forschungs- und Entwicklungsbereich deutlich, weil er das Inventionsziel klar vorgab (ohne allzusehr in die konstruktive Freiheit einzugreifen) und verschaffte gleichzeitig einen staatlich "garantierten" Absatzmarkt für die entwickelten Geräte – zunächst soweit es sich um Neuanlagen handelte, und dann durch die Sanierungsauflagen für erneuerungspflichtige Heizungen.

Diese, im Interesse (fast) aller liegende Konzentration auf die Einführung und Durchsetzung der Züri-Norm unter dem Eindruck eines bedrohlich grösser werdenden Ozonlochs einerseits, unter dem politischen Druck zur "Opfersymmetrie" zwischen den verschiedenen Emittenten andererseits, hatte aber auch eine Kehrseite technikorientierter Art. Andere Aspekte der Weiterentwicklung, etwa im Hinblick auf zusätzliche Energiesparmöglichkeiten wurden an den Rand des Interesses gedrängt. Das zeigt, welche Bedeutung den staatlich gesetzten "Anreizen" tatsächlich zukommt. Die Behörden hatten dem technischen Entwicklungsprozess eine spezifische Orientierung gegeben.

Allerdings sind dem Spielraum staatlichen Agierens durch die Vorgaben des Umweltschutzgesetzes deutliche Grenzen gesetzt. Ist – so möchten wir abschliessend fragen – die Einführung des Emissionsgrenzwertes für Stickstoffabgase “technisch und betrieblich möglich und wirtschaftlich tragbar” gewesen? Vergegenwärtigen wir uns die im ersten Abschnitt angeführten Bedingungen, so können wir mit “Ja” antworten. Dabei gilt es aber zu berücksichtigen, dass sich dieses “Ja” auf den Zeitpunkt des Inkrafttretens der neuen Vorschriften bezieht! Als die Züri-Norm ein erstes Mal ins Auge gefasst wurde, waren hingegen noch längst nicht alle technischen Probleme gelöst.

Es kann also festgehalten werden, dass die Grenzwertsetzung den Forschungs- und Entwicklungsprozess generell beschleunigt, technische Inventionen angeregt und so Problemlösungen für alle Leistungsbereiche bereitgestellt hat. Äusserungen von Forschungsabteilungsleitern lassen sogar darauf schliessen, dass ohne die Grenzwertsetzung von Staates wegen möglicherweise diese Inventionen – von wenigen Ausnahmen abgesehen – ausgeblieben wären.

4. TYPENPRÜFUNG oder: Die Politik und die Vermarktung neuer Technologien – Eine Marktanalyse

Die Typenprüfung ist ein Bewilligungsverfahren des Bundes, mit dem technisch unzulängliche Feuerungsanlagen vom Markt ferngehalten werden sollen. Jeder neue Brenner und Heizkessel muss eine Typenprüfung bestehen, bevor er in der Schweiz verkauft werden kann. Damit kommt den Anforderungen, die die Typenprüfung an die Heizgeräte stellt, eine zentrale Bedeutung zu. Je strenger und technisch anspruchsvoller diese ausgestaltet sind, desto höher ist die Hürde für die Inmarktsetzung solcher Geräte. Die Wirkung der Typenprüfung als technologische "barrier to entry" auf das Angebot von Komponenten für Heizanlagen kann daher im Rahmen einer Marktanalyse beobachtet werden. Nur am Rande wird zu beachten sein, dass die Typenprüfung vor allem als Instrument der Sicherheit (Vermeidung von Feuerschäden, Explosionen und ähnlichem), des Umweltschutzes (Verbesserung der Luftqualität) und des Energiesparens (Erhöhung des energietechnischen Wirkungsgrades) eingesetzt wird. Wir beschäftigen uns hier also (nur) mit einer vermuteten und zu erwartenden Nebenwirkung dieser staatlichen Massnahme.

Die Geschichte der Typenprüfung ist überraschend lang. Sie lässt sich in drei Phasen einteilen: bis 1985 gab es nur eine freiwillige Typenprüfung, mit dem Umweltschutzgesetz (USG) wurde sie 1986 obligatorisch und 1992 im Rahmen der Revision der Luftreinhalteverordnung (LRV) deutlich verschärft. Die erste Phase beginnt Ende der fünfziger Jahre. In dieser Zeit führt die Abteilung Feuerungs- und Wärmetechnik der damaligen Eidgenössischen Materialprüfungs- und Versuchsanstalt in Zürich die ersten Typenprüfungen durch. Diese richten sich nach dem Stand der damaligen technischen Entwicklung, wie sie den Richtlinien der Vereinigung der Schweizerischen Brandversicherungsanstalten entnommen werden konnte[35]. Es geht darum, Wirkungsweise und Konstruktion der einzelnen Geräte zu erfassen. Zur Hauptsache wird angestrebt, die Brandgefahr sowie das Unfallrisiko auf ein Minimum zu reduzieren oder womöglich auszuschliessen. Am Rande werden auch schädliche Einwirkungen (Rauch, Russ, Gestank und Lärm) ermittelt. Ein genereller Prüfzwang bestand zur jener Zeit allerdings nicht. Immerhin war es den Behörden anheimgestellt, in Einzelfällen eine Typenprüfung zu fordern, wobei das Ergebnis nicht unbedingt bindend war. 1961 erlässt die EMPA für diese Prüfung eigene Richtlinien, die in den betroffenen Kreisen allerdings auf wenig Resonanz stossen[36].

In der gleichen Zeit verfasst auch der Verband Schweizerischer Ölbrennerfabrikanten für seine Verbandsmitglieder Vorschriften, die zugleich als Richtlinien für die verschiedenen auf dem Gebiet der Ölfeuerung massgebenden städtischen und kantonalen Instanzen gelten sollten[37]. Diese Vorschriften beziehen sich jedoch lediglich auf die Funktionsweise der Regel-, Steuer- und Überwachungsgeräte sowie auf die Klassierung der Ölbrenner. Konkrete Leistungsanforderungen und Normen über die Abgasqualität fehlen. So fordert der Zürcher Gesundheitsinspektor Walter Hess denn auch, "die bereits vorhandenen und ausser Zweifel wertvollen Richtlinien der EMPA sowie die Vorschriften des Verbandes Schweizerischer Ölbrennerfabrikanten zu erweitern und den heutigen Erfordernissen anzupassen"[38].

Doch lange Zeit geschieht wenig. Die Richtlinien der EMPA werden mehrmals revidiert, ergänzt und neu geordnet, zuletzt 1978, 1980 und 1984[39]. Längst sind energetische und lufthygienische Anforderungen in den Prüfkatalog aufgenommen worden. Doch es bleibt weiterhin bei der Freiwilligkeit der Typenprüfung. Erst das Umweltschutzgesetz, das im Oktober 1983 von den Eidgenössischen Räten verabschiedet wurde und Anfangs 1985 in Kraft tritt, erklärt die Typenprüfung für Zerstäuberbrenner und Heizkessel als obligatorisch[40]. In der Verordnung über Luftreinhalte-Massnahmen bei Feuerungen (LMFV) vom Dezember 1984 wird dann die Typenprüfung für Anlagen bis zu einer Nennleistung von 60 kW verbindlich erklärt[41]. Diese LMFV geht in die Luftreinhalteverordnung von 1985 ein[42]. Gegen das Obligatorium entsteht kaum Widerstand. Nur der längst erreichte Stand der Technik wird festgeschrieben. Trotzdem kann ab jetzt kein Gerät mehr auf dem Schweizer Markt verkauft werden, das nicht die Typenprüfung erfolgreich bestanden hat.

Im Zuge der LRV-Revision 1992 werden auch die Bestimmungen für die Typenprüfung überarbeitet[43]. Erstmals wird ein Emissionsgrenzwert für Stickoxidabgase eingefügt (→ Kapitel Grenzwertsetzung). Die energetischen Anforderungen werden verschärft. Der Geltungsbereich der Typenprüfung wird auf Anlagen im Leistungsbereich bis 350 kW ausgedehnt. Grössere Anlagen werden bei der Inbetriebnahme vor Ort geprüft. Die Typenprüfung wird zur strengsten ihrer Art in Europa.

Welcher Wirkungszusammenhang ist nun zwischen der Typenprüfung für Ölbrenner und Heizkessel und der Vermarktung neuer Heizungen zu beobachten? So lautet die Forschungsfrage, die uns in diesem Kapitel beschäftigen soll. Wir nähern uns der aufgeworfenen Problematik in drei Schritten. Zunächst suchen wir theoretisch hergeleitete Vermutungen über die Wirkungsweise der Typenprüfung. Im nächsten Schritt führen wir eine

Marktanalyse durch. Die Typenprüfung wird hier als wichtige Rahmenbedingung für das Marktgeschehen interpretiert. Im letzten Abschnitt fassen wir unsere Erkenntnisse über den Gehalt der verschiedenen im Theorieteil gewonnenen Thesen zusammen.

4.1 Die Wirkung der Typenprüfung: Theoretische Überlegungen

Schon der kurze historisch angelegte Überblick über die schweizerische Typenprüfung zeigt den Kerngehalt dieser staatlichen Massnahme: ohne erfolgreiches Durchlaufen der Typenprüfung kein Marktzutritt. Wirkt diese Markteintrittsbarriere innovationsfördernd oder innovationshemmend? Für beide Interpretationen finden sich in der wirtschaftswissenschaftlichen Fachliteratur Ansätze, die zur Thesenbildung über die Wirkungsweise herangezogen werden können. Der wettbewerbstheoretische Ansatz, wie er beispielsweise von Carl Christian von Weizsäcker entwickelt wurde, interpretiert solche staatliche Massnahmen wie die Typenprüfung als tendenziell innovationshemmend[44]. Vermutet wird, dass damit neue in- und ausländische Anbieter vom Markteintritt abgehalten werden können. Damit aber vermindert sich der Wettbewerbsdruck unter den "Insidern" im geschützten Markt. Dies kann zu einer Drosselung der Innovationstätigkeit bei den Unternehmen führen. Auch der aussenhandelstheoretische Ansatz lässt die mögliche protektionistische Wirkung der Typenprüfung in den Vordergrund rücken. Als sogenannte nichttarifarische Massnahme schützt sie, wie Robert Baldwin oder Jagdish Bhagwati verschiedentlich gezeigt haben[45], die einheimischen Anbieter vor ausländischer Konkurrenz durch eine Kombination von Auflagen, die es als unrentabel erscheinen lassen, von "aussen" den Markt für Feuerungsanlagen zu bearbeiten. Auch hier führt der verminderte Wettbewerbsdruck tendenziell zu einer Reduktion der Forschungs- und Entwicklungsbemühungen und damit zu einer Reduktion der Innovationstätigkeit. Beiden Ansätzen gemeinsam ist es, dass die Typenprüfung unter dieser Perspektive als "barrier-to-entry" erscheint, einmal in einer diskriminierenden Form zwischen in- und ausländischen Anbietern, das andere Mal in einer diskriminierenden Form zwischen "Marktinsidern" und möglichen "Newcomern". In der folgenden Diskussion fassen wir diese beiden Ansätze zusammen, weil ihnen eine tendenziell innovationshemmende Wirkung gemeinsam ist.

Der innovationsfördernde Ansatz hingegen, wie er zum Beispiel unter dem Stichwort des "selective (dis)advantage" von Michael E. Porter vertreten wird, betont die positiven Anreize für die technologische Wettbewerbsfähigkeit der Unternehmen[46]. Durch das Setzen von anforderungsreichen Mindeststandards sehen sich die Firmen zu technischen Verbesserungen und Weiterentwicklungen ihrer Produkte gezwungen. Was kurzfristig als Nachteil erscheint, kann sich unter einer längerfristigen Perspektive als Konkurrenzvorsprung erweisen, wenn das Ausland in ähnlicher Weise seine Markteintrittsbedingungen verschärft.

In diesem Abschnitt wollen wir theoretische Argumente sammeln, die für den einen oder den anderen Ansatz sprechen. Unsere Wirkungsanalyse hat dabei zwei Aspekte zu unterscheiden: Die Wirkung der Typenprüfung an sich und die Wirkung einer Verschärfung der Typenprüfung.

4.1.1 Die innovationshemmende Interpretation

In der Typenprüfung wird getestet, ob ein Gerät dem durch die Prüfanforderungen definierten Stand der Technik (→ Kapitel Grenzwertsetzung) entspricht. Die Typenprüfung signalisiert also einen technischen Mindeststandard für neue Produkte. Damit kann sie als eine Markteintrittsbarriere für "Newcomer" interpretiert werden. Je höher der Bedarf an Know-how ist, um diesen Mindeststandard zu erreichen, desto ausgeprägter die Wirkung als "barrier to entry" vor allem für solche Firmen, die neu in diesem Markt ihre Produkte anbieten wollen. Diese Wirkung kann im Laufe der Zeit durch die allmähliche Diffusion des Wissens allerdings abnehmen.

Die Typenprüfung als solche entfaltet hingegen kaum eine diskriminierende Wirkung zwischen In- und Ausländern, da die beschriebene Markteintrittsbarriere für alle (potentiellen) Marktteilnehmer gleich ist. Höchstens die möglicherweise unterschiedlich hohen Kosten der Informationsbeschaffung über die Anforderungen im Prüfverfahren könnten protektionistische Wirkung zeitigen. Diese werden durch die nun angestrebte gegenseitige Anerkennung der Prüfungen zwischen den Ländern des europäischen Wirtschaftsraumes reduziert.

Besondere Probleme kann die unterschiedliche Ausgestaltung der Typenprüfung im internationalen Vergleich mit sich bringen. Dabei stehen sowohl die Differenzen in den Anforderungen (zum Beispiel unterschiedlich strenge Grenzwerte) als auch die Art der Prüfung zur Diskussion. Es ist das besondere Charakteristikum des schweizerischen Marktes für Feuerungsanlagen, dass er zwar im europäischen Vergleich eine relativ geringe Nachfrage aufweist, dass zu seiner Bearbeitung aber die europaweit strengsten Vorschriften beachtet werden müssen. Beides zusammengenommen kann für ausländische

Unternehmen zum Entscheid führen, auf eine Präsenz im schweizerischen Markt zu verzichten. Aber nicht nur die Differenzen in den Anforderungen, auch solche in der Prüfanlage können marktschützende Wirkung entfalten. Dies wird dann der Fall sein, wenn die Kosten der spezifischen Entwicklung von Produkten für den schweizerischen Markt für ausländische Anbieter grösser zu veranschlagen sind als die zu erwartenden Erträge des Markteintritts. Eine solche Differenzierung und damit Abgrenzung nationaler Vorschriften verunmöglicht es aber auch den heimischen Unternehmen, von Skaleneffekten grosser Produktionsserien zu profitieren, was sich auf ihre internationale Wettbewerbsfähigkeit negativ auswirken kann.

Wir machen also zwei denkbare Quellen der Wirkung als Markteintrittsbarriere aus: Ein hoher Stand der Technik kann die im Markt etablierten Unternehmen vor "Newcomern", Differenzen in der konkreten Ausgestaltung der Typenprüfung kann die schweizerischen vor ausländischen Anbietern schützen.

Nun zur theoretischen Wirkungsanalyse einer Verschärfung der Typenprüfung. Eine solche Verschärfung der Typenprüfung (etwa durch die Einführung neuer und Anhebung bestehender Grenzwerte durch Verringerung der Toleranzbreite und ähnlichem mehr) führt zur Festlegung eines neuen Stands der Technik, den ein Gerät mindestens erreichen muss. Ihre Wirkung auf das Marktgeschehen wird umso bedeutsamer sein, je einschneidender die neuen Anforderungen ausfallen. Lässt sich gar die Einhaltung der neuen Regeln nicht mehr mit "einfachen" technischen Anpassungen bewerkstelligen, widerspiegeln die neuen Grenzwerte also eine völlig neue Technologie, zwingt dies die Unternehmen zu entsprechenden Investitionen in Forschung und Entwicklung, wenn sie im Markt präsent bleiben wollen. Werden diese Verschärfungen zu einem Zeitpunkt festgeschrieben, wo noch nicht alle Anbieter die neue Technologie im Griff haben, kann ein solcher Vorgang zu einer existenziellen Bedrohung für die betroffenen Firmen werden.

Je ausgeprägter die Verschärfung der Typenprüfung und damit die Unterschiede zwischen dem alten und dem neuen Stand der Technik sind, desto grösser wird der Aufwand für Forschung und Entwicklung ausfallen. Weisen nicht alle Firmen genügend finanzielle und personelle Kapazitäten auf, um diese Entwicklung mitmachen zu können, kann eine Verschärfung der Typenprüfung eine Reduktion der Zahl der Marktteilnehmer und damit eine Umverteilung der Marktanteile bewirken. Die zu erwartende Konzentrationswirkung kann sich sowohl gegenüber inländischen als auch ausländischen Anbietern entfalten. Sie wird um so grösser sein, je kürzer die Übergangsfristen von der alten zur neuen Typenprüfung festgelegt werden.

Wir kommen zum Schluss, dass von einer Verschärfung der Anforderungen in der Typenprüfung über die festgestellten protektionistischen Wirkungen hinaus auch Konzentrationsprozesse auf dem Markt ausgelöst werden können. Beiden Aspekten werden im allgemeinen innovationshemmende Wirkung nachgesagt.

4.1.2 Die innovationsfördernde Interpretation

Die Typenprüfung hält den technischen Mindeststandard für Produkte fest, die auf den Markt gebracht werden sollen. Insofern erzwingt sie auf diesem Niveau eine branchenweite Diffusion der durch den festgelegten Stand der Technik skizzierten Technologie. Von ihr gehen aber kaum zusätzliche Impulse zur technischen Weiterentwicklung derjenigen Geräte aus, die diese Mindestanforderungen erreicht haben. Eine solche Wirkung könnte ihr nur dann zugesprochen werden, wenn allgemein bekannt wäre, in welche Richtung und wann eine Verschärfung der Typenprüfung geplant ist. Die Rede ist von einer "Dynamisierung der Grenzwerte" (→ Kapitel Wirtschaftspolitik). Damit würden Anreize zur vorwegnehmenden Invention und Innovation geschaffen. Wir werden darauf zurückkommen.

Etwas mehr lässt sich im Fall einer Verschärfung der Auflagen in der Typenprüfung sagen. Eine solche Massnahme stellt für die Unternehmen einen generellen Innovations- und Investitionsanreiz dar, weil durch diese ein staatlich sanktionierter Bedarf an Neuaufträgen (Sanierungsbedarf) verbunden ist, das Investitionsrisiko mithin gesenkt wird. Beeinflusst wird diese Wirkung von der Strenge der Sanierungsvorschriften. In dieser Übergangsphase verliert der rein preislich bestimmte Wettbewerb zu Gunsten von qualitativen Verkaufsargumenten an Gewicht.

Darüber hinaus kann von einer Verschärfung der Typenprüfung eine (mittelfristige) Verbesserung der internationalen technologischen Wettbewerbsfähigkeit ausgehen, wenn damit gerechnet werden kann, dass das Ausland eine Verschärfung der Anforderungen in die gleiche Richtung beabsichtigt. So kann sich der bereits erworbene technische Vorsprung in erhöhten Exporten und Marktanteilen niederschlagen. Diese Situation wird um so eher eintreten, je stärker sich auch die anderen Länder in ihrer Festlegung von Anforderungen an Feuerungsanlagen am Stand der Technik orientieren. In diesem Fall kommt dem "Vorprellen" eines Landes ein Demonstrationseffekt zu, der die anderen Länder zur Nachahmung provozieren kann. In einer Studie über "Environmental Policy and Technical Change" hält die OECD 1985 dazu fest: "Furthermore, a 'leading' country in a given technological area can persuade its partners to adopt standards and regulations based on this new technology, thus forcing some technical progress on other countries and minimising the risk of least-common-denominator." Auf diese Strategie zielt das Konzept der selective (dis)advantages wie es vom amerikanischen Wirtschaftswissenschaftler Michael E. Porter entwickelt wurde. Er schreibt dazu[47]:

> *"Stringent standards for product performance, product safety, and environmental impact pressure companies to improve quality, upgrade technology, and provide features that respond to consumer and social demand. (...) When tough regulations anticipate standards that will spread internationally, they give a nation's companies a heard start in developing products and services that will be vulnable elsewhere."*

Porter vergisst allerdings nicht, darauf hinzuweisen, dass eine solche Politik nur erfolgreich sein kann, wenn andere Bedingungen ebenfalls erfüllt sind. Insbesondere erwähnt er das ausreichende Vorhandensein von gut ausgebildeten Arbeitskräften, eine genügend grosse Binnennachfrage mit entsprechenden hohen Ansprüchen und einen genügend grossen Wettbewerbsdruck im Innern, der zu weiteren Innovationen antreibt. Diese Vorteile auf den ausländischen Märkten können übrigens selbst dann für die heimischen Unternehmen anfallen, wenn die anderen Länder nicht mit ihren Umweltstandards nachziehen. Und zwar dann, wenn die heimischen Firmen durch erhöhte Umsätze im Inland in kurzer Zeit ihre Forschungs- und Entwicklungsaufwendungen amortisieren können und in einer zweiten Phase die neuen Produkte zu konkurrenzfähigen Preisen im Ausland anbieten. In dieser Situation werden die Konkurrenzbetriebe aus dem Ausland durch den Wettbewerbsdruck selbst zu entsprechenden Innovationen gezwungen, sofern diese technischen Verbesserungen auf ein entsprechendes Interesse auf der Nachfragerseite stossen.

Die Quellen der innovationsfördernden Interpretation der Typenprüfung entstammen also einer dynamischen Betrachtungsweise: Erwartungen über weitere geplante Verschärfungen der Anforderungen provozieren Innovationen ebenso wie jene über das Nachziehen ausländischer Regierungen bei der Verschärfung ihrer Anforderungen für die Inmarktsetzung von Feuerungsanlagen.

Mit der folgenden Marktanalyse soll nun versucht werden, diejenigen Indizien zu sammeln, die es erlauben werden zu entscheiden, in welchem Masse der Typenprüfung eine innovationshemmende oder innovationsfördernde Wirkung zukommt.

4.2 Marktanalyse

Die herkömmliche mikroökonomische Betrachtung eines Marktes beschränkt sich in der Regel auf das Marktangebot, die Nachfrage und den Preisbildungsprozess. Alles andere fällt in den exogenen Bereich und wird – ceteris paribus – konstant gehalten. Zur Analyse des Marktes für Feuerungsanlagen in der Schweiz wollen wir den Blickwinkel etwas weiter öffnen. Dabei orientieren wir uns an einem Schema, das Melchior Buchs für seine Analyse der schweizerischen Wettbewerbspolitik entwickelt hat. Er unterscheidet die drei Kategorien Marktstruktur, Marktverhalten und Marktergebnis. Diesen (interdependenten) Dreischritt leiten wir mit einer Analyse der Ausgestaltung der Typenprüfung ein. Sie stellt in unserem Kontext den kritischen Teil jener vielzitierten Rahmenbedingungen dar, in denen sich das Marktgeschehen abspielt. Abgerundet wird dieser Abschnitt mit Anmerkungen zur zukünftigen Entwicklung des Heizanlagenmarktes in der Schweiz.

4.2.1 Rahmenbedingung: Die Ausgestaltung der Typenprüfung

Die Ausgestaltung der Typenprüfung setzt sich aus Auflagen, die ein Gerät im Test erfüllen muss und aus einer Beschreibung, wie geprüft wird, zusammen (vgl. *Darstellung 4.1*). Das "Was" findet sich in Anhang 4 der LRV, das "Wie" in den Empfehlungen des BUWAL, des Bundesamtes für Energiewirtschaft und des Eidgenössischen Amtes für Messwesen über die technische Durchführung der Typenprüfung von Feuerungsanlagen[48]. Das "Was" meint die physikalischen Anforderungen, die ein Gerät erfüllen muss. Diese Anforderungen sind etwa in Form von Grenzwerten (unter Nebenbedingungen wie zum Beispiel der Stickstoffgehalt des "Normheizöls") festgelegt. Das "Wie" beschreibt die Art des Testens. Diese wird geprägt durch die Versuchsanlage, die Normgeräte (Brenner und Kessel), die Messgeräte und weiteres mehr. Dabei ist das eine nicht unabhängig vom anderen. Grundsätzlich orientiert sich das neue Prüfprogramm – sowohl was das "Was" als auch was das "Wie" anbelangt – an den entsprechenden Normen des Europäischen Komitees für Normierung. Damit wird eine Vereinheitlichung des Abnahmeverfahrens im Europäischen Wirtschaftsraum angestrebt. Einige Grenzwert-Anforderungen sind aber gegenüber den europäischen Vorgaben schärfer gefasst und machen darum aus messtechnischen Gründen auch eine abweichende Prüfanordnung nötig. Diese Abweichungen stehen insbesondere im Zusammenhang mit den strengeren Stickoxid-Emissionsgrenzwerten der revidierten LRV.

Darstellung 4.1: Rechtliche und institutionelle Einbettung der Typenprüfung

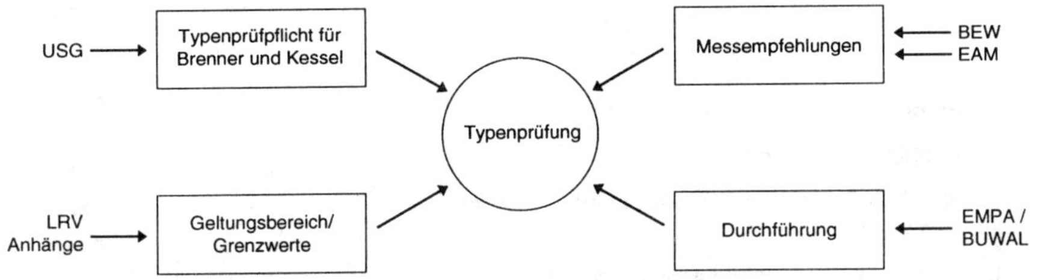

Abkürzungen: siehe Abkürzungsverzeichnis

Damit wird die neue Typenprüfung zu einem facettenreichen Gebilde: Ausgangspunkt sind zwar die erwähnten CEN-Normen, diese werden aber durch zusätzliche Grenzwerte und DIN-Normen, weitere Prüfanforderungen (wie zum Beispiel das "Anfahrverhalten") sowie ergänzende Messempfehlungen des Bundesamtes für Messwesen "angereichert".

a) Das Prüfprogramm

Das Prüfprogramm, soweit es in Anhang 4 der LRV festgelegt ist, umfasst sowohl energetische wie lufthygienische Anforderungen. Emissionsgrenzwerte werden für den Russausstoss, für Stickoxide, für Kohlenmonoxid und für gasförmige organische Stoffe festgelegt. Sie gelten für die verschiedenen Brennertypen. Die energetischen Anforderungen müssen durch die Heizkessel erfüllt werden. Festgeschrieben sind Höchstwerte für Abgas- und Bereitschaftsverluste. Feste Kombinationen von Heizkesseln und Brennern, sogenannte Units, müssen alle Anforderungen gleichermassen erfüllen.

In den Empfehlungen über die technische Durchführung der Typenprüfung findet sich zunächst eine Auflistung aller europäischen, deutschen und schweizerischen Normen, nach denen geprüft wird. Weiter folgen ergänzende Bestimmungen über die Prüfung der Stickoxidemissionen, der Units, über die Prüfung der Russzahl in der Startphase von Ölbrennern sowie der Abgasverluste.

Darstellung 4.2: Vergleich der Auflagen für Feuerungsanlagen in der Schweiz und in Deutschland

Vorschrift[49]	NOx mg/m³ 3 % 02	CO mg/m³ 3 % 02
Deutschland		
Umweltzeichen Blauer Engel		
RAL-UZ 9 Öl-Zerstäuberbrenner bis max. 10 kg/h (ca. 120 kw)	137	78
RAL-UZ 56 Öl-Unit gültig bis max. 120 kW	127	78
Hamburger Werte (Förderprogramm)		
Ölbefeuerte Anlagen seit 4/93 bis 1MW	96	47
TA Luft		
Heizöl EL gültig für Anlagen > 5 MW	250	170
DIN 4702 Teil 1 (Ausgabe 03.90)		
Heizkessel mit Ölzerstäuberbrenner, gültig für Heizkessel bis 2 MW, Heizöl EL	255	107
Schweiz		
Luftreinhalteverordnung		
Feuerungsanlagen mit Gebläsebrenner, Heizöl EL	120	60

Ein Vergleich zwischen den relevanten Vorschriften in der Schweiz und in der EG ist nicht einfach. Erstens sind verschiedene Grenzwerte in Überarbeitung, zweitens bestehen verschiedene Einheiten und Bezugsgrössen und drittens gelten für jeweils verschiedene Anlagetypen unterschiedliche Vorschriften. Trotzdem kann pauschal festgehalten werden, dass die neuen Anforderungen, wie sie die Typenprüfung heute an die Hersteller stellt, im internationalen Vergleich mit Ausnahme einiger lokaler Spezialregelungen (wie in der Stadt Hamburg) am strengsten sind. Dies zeigt ein Vergleich mit den Anforderungen in Deutschland, dem Land in Europa, das neben der Schweiz bis jetzt am meisten zur Verminderung der Umweltbelastung im Bereich Feuerungen unternommen hat *(Darstellung 4.2)*. Der Blaue Engel und das Hamburger

Förderprogramm beruhen auf freiwilligen Abgasbeschränkungen, mit denen Unternehmen einen werbeträchtigen Aufkleber, bzw. eine finanzielle Unterstützung für ihre Kundschaft durch die Stadt Hamburg erreichen können. Entsprechend streng, ja strenger als die Züri-Norm, sind darum auch hier die Grenzwerte, während die staatlich festgelegten Anforderungen an die Heizungsfirmen im Rahmen der TA Luft und der DIN-Normen noch sehr weit von den schweizerischen Werten entfernt sind.

Schliesslich sei noch angemerkt, dass nicht alles, was in der Typenprüfung getestet wird, später auch im Rahmen der Feuerungskontrolle überprüft wird. Insbesondere die strengen NOx-Werte werden nur in einzelnen Kantonen und stichprobeweise gemessen. In der revidierten LRV verzichtete man auf diese Kontrollvorschrift, weil zum Zeitpunkt des Erlasses noch keine anerkannte Messtechnik und entsprechende Geräte auf dem Markt waren, die eine Ölanalyse zur Feststellung des Stickstoffgehalts im Heizöl erlaubt hätten. Und dies, obwohl hinlänglich bekannt ist, dass der Betrieb einer Anlage auf dem Prüfstand das eine, der Betrieb im Feld das andere ist. Eine Untersuchung von Hans Ruedi Gabathuler im Rahmen des Impulsprogramms Haustechnik hat dies eindrücklich aufgezeigt (→ Kapitel Feuerungskontrolle)[50].

b) Das administrative Verfahren

Soll ein Brenner oder Heizkessel in der Schweiz erstmals in Verkehr gebracht werden, so hat sich der Hersteller, Importeur oder Händler um eine Typenprüfung seines Gerätes zu bemühen. Die Durchführung obliegt dem Bund. Prüfstelle ist die Eidgenössische Materialprüfungs- und Forschungsanstalt in Dübendorf (EMPA). Die Prüfung umfasst die Kontrolle der technischen Angaben und der Dokumentation, die Sicherheitsprüfung zu Handen der Vereinigung Kantonaler Feuerversicherungen (VKF) sowie die lufthygienische und energetische Prüfung im Auftrag des BUWAL und des Bundesamtes für Energiewirtschaft (BEW). Das ganze Verfahren zieht sich in der Regel über eine Woche hin und ist gebührenpflichtig. Es wird in Anwesenheit von Firmenvertretern durchgeführt, denen es zugestanden wird, letzte technische Anpassungen und Einstellungen noch während des laufenden Prüfverfahrens vorzunehmen. Der effektive Testlauf eines Gerätes auf dem Prüfstand dauert nur rund einen halben Tag. Der Rest der Zeit wird für die Einstellungsarbeiten sowie die Kontrolle der technischen Unterlagen und das Erstellen des Prüfprotokolls benötigt. Die Reihenfolge der zu prüfenden Geräte wird bei der EMPA – auch in Bezug auf ausländische Hersteller oder Importeure – nach dem Prinzip "first in, first served" bestimmt[51].

Die Kosten für die Typenprüfung werden nach Aufwand berechnet. Im Durchschnitt belaufen sie sich für einen Brenner auf 3 000 Franken und für einen Kessel auf 4 000 Franken. Allerdings schwanken diese Mittelwerte in einem Streubereich von +/- 50 Prozent. Da die Firmen in der Regel eine ganze Serie von neuen Geräten prüfen lassen, summieren sich die Kosten eines Prüfdurchgangs aus der Sicht der Betriebe zu einem etwa zehnmal höheren Wert.

Je nach dem Ergebnis der Untersuchung verfügt auf Antrag der EMPA das BUWAL die Zulassung (oder Nichtzulassung) sämtlicher mit dem Prüfexemplar übereinstimmenden Anlagen. Erst mit diesem Konformitätsausweis können die Feuerungsgeräte auf dem schweizerischen Markt angeboten werden. Den Vertreibern von Heizkomponenten obliegt es, Empfehlungen über optimale Brenner-Kessel-Kombinationen abzugeben. Die Vertriebserlaubnis (Konformitätserklärung) verpflichtet den Bewilligungsinhaber, nur Anlagen in Verkehr zu bringen, die bezüglich Emissionen dem geprüften Muster entsprechen. Der Handel mit nichttypengeprüften Produkten ist untersagt. Beabsichtigte Änderungen in der Produktion einer typengeprüften Anlage sind wiederum bewilligungspflichtig. Das heisst nicht, dass in jedem Fall eine neue Prüfung durchzuführen ist. Denkbar ist auch, dass das BUWAL im Rahmen eines schriftlichen Verfahrens nach Prüfung eines dokumentierten Antrags des Herstellers durch die EMPA die Zulassungsbewilligung auf den geänderten Typ überträgt, wenn die rechtlichen Anforderungen noch immer klar erfüllt sind. Allerdings muss umgekehrt auch ein Minimum an Innovation vorliegen, damit ein Produkt als "neu" gelten kann und zur Typenprüfung zugelassen wird. Diese Neuerung kann konstruktiver Art sein oder auch einen veränderten Leistungsbereich beinhalten. So soll verhindert werden, dass an sich "alte" Produkte unter neuem Namen als Neuheiten vertrieben werden können. Die Ergebnisse der Typenprüfung werden öffentlich bekanntgegeben; die Geräte, die die Typenprüfung erfolgreich durchlaufen haben, werden in einer Publikation des BUWAL (Typengeprüfte Gebläsebrenner, Heizkessel und Wassererwärmer) aufgelistet[52].

Überblicken wir die Ausgestaltung der Typenprüfung, so fällt auf, dass sich sowohl innovationsfördernde wie -hemmende Elemente finden lassen. Von der alten Typenprüfung gingen kaum Anreize zur Entwicklung und Vermarktung neuer Heizungen aus, schrieb sie doch nur den längst erreichten Stand der Technik fest. Ob allein durch das Obligatorium eine Erhöhung der Markteintrittsbarriere erreicht wurde, wird zu prüfen sein. Einen besonderen Einschnitt stellt hingegen die aktuelle Typenprüfung mit den verschärften und neu eingefügten Grenzwerten dar. Wir werden sehen, wieweit ihre Auswirkungen auf den schweizerischen Heizungsmarkt bereits zu erkennen sind.

4.2.2 Marktstruktur

In diesem Abschnitt diskutieren wir Aspekte der Marktabgrenzung, des Marktpotentials und der Angebots- und Nachfragestruktur. Damit können wir einen ersten, noch eher statischen Blick auf den Markt für Feuerungsanlagen in der Schweiz werfen.

a) Marktabgrenzung

Die Hersteller (und Händler) von Ölbrennern und Heizkesseln werden in amtlichen Statistiken zur Branche der Heizungs-, Lüftungs- und Klimatechnikindustrie gezählt. Hier sind die in- und ausländischen Produzenten (Komponentenbauer) und Vertreiber von Feuerungen, Heizungen, Wärmepumpen, Lüftungsanlagen, Klimageräten, Ventilatoren und weiteres mehr sowie die Haustechnikplaner und Installateure der Anlagen zusammengefasst. Es wird geschätzt, dass rund 25'000 Arbeitsplätze in dieser Branche vorhanden sind. Die drei Ebenen des Marktes: die Hersteller- (bzw. Händler-) Ebene, die Ebene der Installateure und die der beratenden Ingenieure spiegeln sich auch in der verbandsmässigen Organisation. So sind die Brennerfirmen im VSO (Vereinigung schweizerischer Öl- und Gasbrennerunternehmen) zu finden, während die Kesselunternehmen sich der KRW (Vereinigung der Kessel und Radiatorenwerke) angeschlossen haben. Die Installationsfirmen mit dem Schwerpunkt Heizung und Lüftung finden sich im VSHL (Verband Schweizer Heizungs- und Lüftungsfirmen), diejenigen mit dem Schwerpunkt Spenglerei und Sanitär im SSIV (Schweizerischer Spengler- und Installateur-Verband). Schliesslich gibt es auf der dritten Ebene als Unterverband des SIA (Schweizerischer Ingenieur- und Architektenverein) auch noch den SWKI (Schweizerischer Verband der Wärme- und Klimaingenieure), in dem die Haustechnikplaner organisiert sind.

Die Heizungs-, Lüftungs- und Klimatechnikbranche (HLK) ist eng mit der Bauwirtschaft verbunden. Sie ist stark, wenn auch nicht ausschliesslich, von den Vorgängen auf dem Baumarkt abhängig. Das gilt nicht nur für den Verkauf von Neuanlagen, sondern auch in Bezug auf das Volumen an Sanierungsaufträgen. Eine Rezession auf dem Baumarkt, wie sie seit Anfang der neunziger Jahre zu beobachten ist, beeinflusst daher die wirtschaftliche Lage der Heizungsbranche deutlich.

Eine besondere Stellung nimmt das Installationsgewerbe im Heizungsmarkt ein. Es steht als vermittelnder und vollziehender Akteur zwischen den Anbietern und den Endnachfragern. Meistens konzentrieren sich die Installateure auf die Vertretung von drei bis fünf Firmen, zu denen sie einen besonderen Kontakt pflegen. Damit vermeiden sie die Gefahr einer allzu grossen Abhängigkeit von einem Unternehmen, bewahren sich aber zugleich einen (wenn auch begrenzten) Überblick über die Angebotsentwicklung. Trotz dieser Zwischenstellung ist der Service der installierten Anlagen eine Domäne der Brenner- und Kesselanbieter geblieben. Die Kleinheit der Schweiz erlaubt es, dass insbesondere die Brenner-Firmen bis heute firmeneigene Rund-um-die-Uhr-Servicenetze unterhalten können.

Noch immer werden in der Schweiz vorwiegend Ölheizungen installiert. So deckten 1985 die Schweizer Haushalte ihren Wärmebedarf zu 70 Prozent mit Heizöl, zu rund 9 Prozent mit Erdgas, zu 14 Prozent mit Elektrizität sowie den Rest mit Kohle (1 %), Holz (3.5 %) und Fernwärme (1.5 %). Obwohl also das Heizöl noch dominiert, sinkt sein Anteil seit Mitte der siebziger Jahre als Echo auf die beiden sogenannten Erdölkrisen. In den letzten Jahren ist ein deutlicher Trend hin zum Gas zu beobachten. 1990 war sein Anteil als Energieträger bei stationären Feuerungsanlagen bereits bei 19 Prozent angelangt; dies bedeutete eine Verdoppelung innert zehn Jahren[53]. Der Umstieg von Öl auf Gas findet vor allem bei Sanierungen statt. Die Schätzungen der Heizungsbranche liegen bei 50 bis 65 Prozent Umsteigern.

b) *Marktpotential*

Der schweizerische Bestand an Feuerungsanlagen mit Öl- und Gas-Gebläsebrennern umfasst über 850 000 Einheiten. Er hat in den letzten Jahren – absolut betrachtet – eine stufenweise Ausdehnung erfahren, erlebte aber zwischen 1989 und 1991 eine eigentliche Stagnationsphase, die zu einem Teil auf die Baurezession, zum anderen Teil auf das, die Revision der LRV abwartende Nachfrageverhalten zurückgeführt wird (vgl. *Darstellung 4.3*).

Dieser Bestand nimmt nicht nur durch neuerstellte Anlagen zu, sondern erfährt auch eine regelmässige Erneuerung durch die Sanierung alter Anlagen. Gegenwärtig werden in der Schweiz jährlich rund 43 000 Feuerungsanlagen saniert oder neu gebaut. Davon sind ein Drittel tatsächliche Neuanlagen, der Rest teilt sich hälftig auf sanierte Wäremeerzeugungsanlagen (unter Auswechslung von Brennern und Kesseln) und reine Brennerauswechslungen auf. Die Erneuerung von Brennern mit einer durchschnittlichen Lebensdauer von 10 bis 15 Jahren erfolgt in einer höheren Kadenz als die der Heizkessel, bei denen von einer Lebensdauer von 20 bis 25 Jahre ausgegangen werden darf. Es gilt denn auch die Faustregel, dass ein Heizkessel zwei Brenner “erlebt”.

Darstellung 4.3: Feuerungsanlagen mit Öl- und Gasgebläsebrennern im Betrieb in der Schweiz (jeweils Ende März erfasst)

Jahr	Anzahl Anlagen	Veränderung absolut	in Prozent des Vorjahres
1987	791 865		
1988	814 229	22 364	3
1989	841 943	27 714	3
1990	848 671	6 728	1
1991	840 394	- 8 277	-1
1992	854 128	13 734	2

Quelle: VSO-Statistik (verschiedene Jahrgänge)

Der gesamte Anlagepark kann weiter in drei Alterskategorien unterteilt werden. Zur Erfassung der Altersstruktur werden die Jahrgänge der Kessel stellvertretend für die ganze Heizung genommen[54].

Der Anteil der Anlagen mit einem Alter von 0 bis 5 Jahren beträgt 16 Prozent des Gesamtbestandes. Diese Anlagen fallen in den juristischen Bereich der LRV 86, sind also (bis zur Leistungsgrenze von 70 kW) typengeprüft und erfüllen grösstenteils die darin vorgeschriebenen Grenzwerte. Der Anteil der Alterskategorie 5 bis 15 Jahre am Anlagepark liegt bei 40 Prozent. Diese Anlagen fallen in den Geltungsbereich vor Inkrafttreten der LRV 86 und mussten daher keine Typenprüfung bestehen. Anlagen, die älter als 15 Jahre sind, stellen mit 43 Prozent den grössten Teilbestand dar. Nach den Sanierungsfristen der kantonalen Massnahmenpläne müssen diese Einheiten auf den neuesten Stand der Gesetzgebung gebracht werden. Die Altersgrenze von +/- 15 Jahren liegt ausserdem bereits im Bereich des "natürlichen" Ersatzes von Feuerungsanlagen. Diese landesweiten Angaben decken sich nur in etwa mit den Daten, die durch die Auswertung der Feuerungsprotokolle einzelner Städte (→ Kapitel Feuerungskontrolle) gewonnen werden konnten. Die Stadt Luzern weist einen überdurchschnittlich jungen, Bern hingegen einen vergleichsweise alten Bestand an Anlagen aus. Zürich repräsentiert hingegen den schweizerischen Durchschnitt *(Darstellung 4.4)*.

Darstellung 4.4: Bestand an Heizanlagen in ausgewählten Städten, nach Alter

Stadt	Alterskategorie (nach Jahren)		
	0–5	5–15	15 und älter
Zürich	15	43	42
Luzern	21	30	49
Bern	18	29	53
Schweiz	16	40	43

Interessanterweise ist nun diese Ersatzquote für Feuerungsanlagen in den verschiedenen Leistungskategorien unterschiedlich hoch. In der Studie von Wüest & Partner wurde berechnet, dass die Ersatzquote bei Anlagen mit einer Leistung unter 70 kW am höchsten ist[55]. 4.75 Prozent des Bestandes werden jährlich erneuert, das heisst, dass bei gleichbleibender Quote in ungefähr 21 Jahren der ganze heutige Anlagenbestand ersetzt wird. Die Autoren vermuten, dass die Höhe dieser Kennzahl mit der grösseren Bereitschaft vor allem der privaten Hauseigentümer, ihre Feuerungsanlagen auszuwechseln, beziehungsweise dem neuesten Stand der Technik anzupassen, erklärt werden kann. Es kann allerdings auch vermutet werden, dass bei diesen Nachfragern der Informationsaufwand am grössten und damit der Einfluss der Service-Leute auf das Verhalten am stärksten ist. Im Installationsgewerbe geht man davon aus, dass rund ein Drittel der Erneuerungen durch Beanstandungen und nochmals 50 Prozent durch Hinweise des Brenner-Servicemonteurs, er könne die geforderten Werte nicht mehr erreichen, zustande kommen. Denn immerhin kommt heute die Sanierung einer kleinen bis mittleren Heizungsanlage auf 20 000 bis 30 000 Schweizer Franken zu stehen. Diese Ausgaben können mit Klein-Anlagen in überschaubarer Zeit kaum durch eingesparte Energiekosten amortisiert werden.

Die zweitgrösste Ersatzquote weist die Leistungsklasse mit Anlagen über 1000 kW auf. Bei rund 3 Prozent erneuerten Anlagen pro Jahr dauert es hier etwa 33 Jahre, bis der Gesamtbestand völlig revidiert ist. Als Grund für diese vergleichsweise hohe Ersatzquote wird erwähnt, dass sich in diesem Hochleistungsbereich Anlagen, die nicht auf dem neuesten Stand sind, finanziell stark auf das Betriebsergebnis auswirken können und somit die Ersatzbereitschaft relativ gross ist.

Die beiden mittleren Leistungsklassen weisen deutlich tiefere Ersatzquoten (70–350 kW: 2 Prozent; 350–1000 kW: 1 Prozent) auf. Hier führen die Autoren das besonders hohe Kostenbewusstsein der institutionellen Eigentümer, die mit ihrem Immobilienbesitz in dieser Kategorie sehr oft vertreten sind, als Grund für das Verhalten an.

c) Angebotsstruktur und Marktanteile

Auf dem schweizerischen Heizungsmarkt hat sich bis heute eine deutliche Trennung zwischen den Brenner- und den Kesselfabrikanten erhalten. Es handelt sich um eine typische Klein- und Mittelbetriebs-Branche, in der die kleinen Betriebe dominieren und nur wenige als grössere Firmen angesprochen werden dürfen. Kein Unternehmen kommt in der Schweiz auf mehr als 1 000 Arbeitsplätze. Insgesamt gibt es nur noch rund zehn namhafte Firmen, die in der Schweiz Heizkessel oder Brenner produzieren oder zumindest montieren, und auch das nur noch im Bereich der kleinen und mittleren Heizanlagen. Die grossen und die Prozesswärmeanlagen werden fast ausschliesslich im Ausland gefertigt und in die Schweiz exportiert.

Der hohe Anteil an ausländischer Fertigung in der Produktion von Schweizer Firmen zwingt zu einer vorsichtigen Interpretation der Aussenhandelsdaten. Nicht alle Importe gehen auf das Konto ausländischer Firmen. Ihre Bedeutung auf dem schweizerischen Heizungsmarkt ist mit Hilfe der Zollstatistik entsprechend schwierig zu eruieren. Dennoch ist unbestritten, dass die schweizerische Kesselfabrikation von den beiden Firmen Strebelwerke und Hoval Herzog (die ihren Geschäftssitz zwar im Fürstentum Liechtenstein hat, den "Heimmarkt" aber in der Schweiz) dominiert wird. Sie erreichen einen Marktanteil von je fast 20 Prozent an den jährlich verkauften Geräten. Ygnis, Runtal, Cibag, Schmid und Stücklin teilen sich zusammen weitere rund 5 Prozent, während sich der Importanteil auf etwa 60 Prozent beläuft.

Klarer Marktleader unter den schweizerischen Brenner-Herstellern ist seit der Übernahme von Cuenod und Klöckner-Wärmetechnik die Firma Elco Looser. Sie erreicht heute einen Marktanteil von rund 40 Prozent, an zweiter und dritter Stelle folgen Oertli und Six-Madun. Der Importanteil wird auf rund ein Drittel geschätzt, wobei ein gewichtiger Teil schweizerischen Unternehmen zugeschrieben werden muss, die einen beachtlichen Teil ihrer Produktions- und Montagewerke im Ausland domiziliert haben.

In den letzten Jahren haben sich die starken Stellungen der grösseren schweizerischen Heizungsfirmen weiter verfestigt und wurden durch einzelne Aquisitionen abgerundet (so zum Beispiel die bereits erwähnte Übernahme von Cuenod und Brennwald durch Elco Looser und Busco durch Oertli). Trotz der schwierigen Interpretation der Importzahlen ist der Aussenhandelsstatistik aber auch zu entnehmen, dass die Präsenz ausländischer Firmen, insbesondere aus Deutschland, Frankreich und Italien – der Anteil der EG-Länder am Gesamtimport liegt bei 90 Prozent – in den letzten Jahren an Gewicht gewonnen hat. Die meisten wichtigen Heizungsfabrikanten bieten ihre Produkte inzwischen auch auf dem schweizerischen Markt an, der damit seiner ihm oft zugeschriebenen Rolle als europäischer "Testmarkt" immer gerechter wird. So soll etwa die deutsche Firma Viessmann – eine der ganz grossen in der europäischen Kesselfabrikation – das Ziel anstreben, die Nummer Eins auf dem Schweizer Markt zu werden.

Darstellung 4.5: Marktanteile beim Heizanlagenbestand (in Prozent)

	Bestand 1990/91	Prozent-anteile	Altersgruppen 1971–1979	1980–1985	1986–1991
Kessel					
Stadt Luzern					
Schweizer Firmen	1643	85	89	79	76
Ausl. Firmen	285	15	11	21	24
Kanton Bern					
Schweizer Firmen	72148	92	94	84	90
Ausl. Firmen	6284	8	6	16	10
Brenner					
Stadt Luzern					
Schweizer Firmen	2013	98	99	98	98
Ausl. Firmen	32	2	1	2	2

Quelle: Rapporte der Feuerungskontrolle

Einen interessanten Einblick in das Marktgeschehen eröffnet uns die Auswertung der Feuerungsprotokolle der Stadt Luzern und des Kantons Bern (→ Kapitel Feuerungskontrolle). Die Daten erlauben es uns, trotz einiger Zuteilungsschwierigkeiten, die Entwicklung der Marktanteile über die letzten rund zwanzig Jahre zu verfolgen. Die in den *Darstellungen 4.5* und *4.6* wiedergegebenen Resultate zeigen für diesen begrenzten Markt eine (noch) klare Dominanz der Schweizer Firmen. Dabei war der Kesselmarkt einer ungleich grösseren Dynamik ausgesetzt als der Brennermarkt. So mussten die heimischen Hersteller von Kesseln in den frühen achtziger Jahren einen erkennbaren "Einbruch" ausländischer Anbieter akzeptieren. Nach der Einführung der Typenprüfung hat sich diese Entwicklung allerdings deutlich verlangsamt.

Darstellung 4.6: Konzentration im Heizanlagenbestand (in Prozent)

	Altersgruppen		
	1971–1979	**1980–1985**	**1986–1991**
Kessel			
Stadt Luzern			
Anteil der 3 grössten Firmen	70	73	59
Anteil der 5 grössten Firmen	87	88	74
Kanton Bern			
Anteil der 3 grössten Firmen	60	59	52
Anteil der 5 grössten Firmen	73	70	61
Brenner			
Stadt Luzern			
Anteil der 3 grössten Firmen	79	72	77
Anteil der 5 grössten Firmen	94	91	93

Quelle: Rapporte der Feuerungskontrolle

Auch bei der Marktkonzentration, gemessen am Marktanteil der drei beziehungsweise fünf grössten Firmen, ist eine unterschiedliche Entwicklung zu beobachten. Über den ganzen Zeitraum hat sich das Gewicht der grossen Brennerunternehmen kaum verändert. Anders bei den Kesselfirmen. Hier hat sich nicht nur der Anteil der führenden Firmen vermindert, auch die Zusammensetzung der Gruppe der wichtigsten Kesselanbieter hat sich von Periode zu Periode verändert. In der letzten Phase 1986 bis 91 waren der viert- und der fünftgrösste Anbieter bereits ausländischer Provenienz.

Auch wenn diese Zahlen nicht als repräsentativ für die Schweiz betrachtet werden können, darf ihnen dennoch eine relativ hohe Aussagekraft zugestanden werden, decken sie doch rund 10 Prozent des hiesigen Anlageparks ab.

d) Nachfragestruktur

Schwenken wir nun den Blick von der Angebots- zur Nachfrageseite. Die Nachfrager setzen sich zum einen aus der Gruppe der Haushalte, des Gewerbes, der Dienstleistungsbetriebe und der Landwirtschaft, zum anderen aus der Industrie zusammen. Im Sektor der Industrie werden Feuerungsanlagen nicht primär zu Heizzwecken, sondern zur Produktion eingesetzt.

Der schweizerische Anlagepark verteilt sich, wie Berechnungen, die der Studie von Wüest & Partner zu entnehmen sind, folgendermassen auf die verschiedenen Nachfragesegmente und Leistungsklassen auf: Die Leistungsklasse bis 70 kW hat mit rund 70 Prozent den grössten Anteil am Gesamtbestand. Anlagen mit dieser Kapazität finden sich vor allem in Ein- bis Dreifamilienhäusern und beim Kleingewerbe. Mit rund einem Viertel aller Anlagen deckt die Leistungsklasse von 70 bis 350 kW den Mehrfamilienhausbau, Kleinsiedlungen und mittlere Gewerbe- und Dienstleistungsgebäude ab. Knapp 4 Prozent aller Anlagen fallen in die Kategorie von 350 bis 1 000 kW, in der vor allem Grossiedlungen, grosse Gewerbe- und Dienstleistungsgebäude sowie kleine Industrieanlagen anzutreffen sind. Mit 10 000 Einheiten umfasst die kleinste Kategorie mit Anlagen über 1 MW Industrieanlagen und grosse Gewerbebetriebe. Der schweizerische Heizungsbestand ist also durch kleine und mittelgrosse Feuerungen dominiert. Durch die Ausdehnung des Geltungsbereichs auf 350 kW kann mit der neuen Typenprüfung rund 95 Prozent der neu installierten Heizungen erfasst werden.

4.2.3 Marktverhalten

Nachdem wir uns mit den bestehenden Marktstrukturen nun vertraut gemacht haben, wollen wir uns im folgenden Abschnitt mit den Strategien der schweizerischen Anbieter sowie den Reaktionen der Nachfrager auseinandersetzen. Wir konzentrieren uns auf die aktuell zu beobachtenden Verhaltensweisen.

a) Strategien der Anbieter

Das Verhalten der schweizerischen Heizungsfirmen ist von drei "Philosophien" geprägt: Forcierung der technischen Entwicklung, Internationalisierung des Unternehmensprofils und verstärkte Kooperation zwischen Brenner- und Kesselfabrikanten.

Die Forcierung des technischen Fortschritts wurde in der Unterstützung der Behörden durch die grossen Firmen bei der Revision der LRV hin zu strengeren lufthygienischen und energetischen Anforderungen erkennbar (→ Kapitel Grenzwertsetzung). Es wird geschätzt, dass die Investitionen zur Erforschung und Entwicklung der Low-NOx-Technologie sich inzwischen auf 2 bis 3 Prozent des Umsatzes beziehungsweise rund 6 Prozent der Herstellkosten belaufen. Mit diesem hohen Forschungs- und Entwicklungsaufwand hat sich die Branche teilweise vom einstigen "Handwerker- und Gewerbe-Image" befreit und sich zum technikorientierten Industriezweig gewandelt. Im Laufe dieses Vorgangs hat sich "nebenbei" auch das Know-how von den Installateuren zu den Herstellern zurückverlagert. Die Beherrschung der Technik wurde zum "key factor" und "core skill" für die Branche. Enrico Tissi, Vorsitzender der Konzernleitung von Elco Looser, formuliert dies in einem Artikel der Zeitschrift Bilanz so: "Wir wollen erstens die Produkte in der Hand haben, das heisst Forschung und Entwicklung, Montage und Qualitätskontrolle. Wir wollen zweitens den Markt in der Hand haben, Verkauf und Service[56]." Selber produzieren soll Elco Looser hingegen nur noch die wichtigsten Komponenten.

Die Internationalisierung der grösseren Heizungsfirmen ist schon weit vorangetrieben worden. Bereits haben sich die schweizerischen Firmen im Europäischen Wirtschaftsraum gut etabliert und ihre Position soll in den nächsten Jahren weiter ausgebaut werden, wie eine Studie von Reto J. Doppmann et al. (1991) aufzeigt. Von 35 antwortenden Unternehmen, darunter praktisch alle wichtigen Firmen der Branche, hatten zum Zeitpunkt der Untersuchung bereits 31 Prozent ein Kooperationsabkommen mit Firmen aus dem EWR, 34 Prozent produzierten hier, gar 51 Prozent unterhielten eine Verkaufsabteilung in diesem Wirtschaftsraum und immerhin 17 Prozent hatten auch bereits Forschungs- und Entwicklungsabteilungen in den EWR verlagert. Das Internationalisierungsprofil der Firmen wird dabei durch die von Land zu Land verschiedene Versorgung mit Energieträgern und die Standortpolitik stark beeinflusst. War früher Frankreich der bevorzugte Kandidat für die Auslagerung der Produktion in den EG-Raum, so stehen wenig überraschend heute Spanien und Portugal als bevorzugte Standorte an erster Stelle. Dabei droht der Produktionsstandort Schweiz weiter an Bedeutung zu verlieren. Der Export aus der Schweiz ist entsprechend gering. Für etwa 60 Millionen Schweizer Franken werden Heizungen ins Ausland verkauft. Dabei werden kaum Serienprodukte, welche im europäischen Vergleich meist teurer sind, als vielmehr Spezialprodukte wie Grossbrenner oder seltener Kompaktanlagen ausgeführt, wie eine Untersuchung von Andreas Balthasar und Ueli Müller (1991) gezeigt hat. Exportdestinationen sind vorwiegend die Staaten der Europäischen Gemeinschaft, insbesondere Deutschland.

Der tendenzielle Bedeutungsverlust des Produktionsstandorts Schweiz hat sich noch nicht auf den Forschungs- und Entwicklungsstandort ausgewirkt. Bis heute haben alle grossen Heizungsfirmen ihre wichtigsten Forschungs- und Entwicklungs-Abteilungen noch immer in der Schweiz. Auffallend sind die zunehmenden Kontakte zwischen den Brenner- und den Kesselfabrikanten, provoziert durch die Entwicklung sogenannter Kompaktanlagen oder Units. Der Anstoss kam von der Firma Oertli, die mit ihrem "Oertli-bloc" 1985 als erste eine Feuerungsanlage anbot, die einen Brenner, einen Kessel und die Steuerung in einem Gerät vereint. Waren Mitte der achtziger Jahre 15 Prozent aller verkauften Brenner Teil einer solchen Unit-Lösung, so betrug dieser Anteil in den niedrigen Leistungsklassen (bis 70 kW) 1991 bereits über 50 Prozent. Und die Tendenz ist weiter steigend. Dazu trägt auch die neue Typenprüfung bei. Die neuen und verschärften Grenzwerte sowie die energetischen Vorschriften können vor allem in den tieferen Leistungsklassen am besten mit Unit-Lösungen erreicht werden. In den höheren Leistungsklassen (ab etwa 100 kW) müssen zudem die Komponenten deutlich genauer aufeinander abgestimmt werden als früher. Auch dies zwingt zu einer vermehrten Zusammenarbeit.

Diese Entwicklung hat Einfluss auf das traditionell eher distanzierte Verhältnis zwischen den Brenner- und den Kesselfabrikanten. Erste Fusionen zeichnen sich ab. Dabei ist dreierlei festzustellen: Erstens gehen zur Entwicklung von Units Kesselhersteller öfters auf Brenner-Fabrikanten zu als umgekehrt; zweitens sind erst wenige Schweizer Firmen dazu übergegangen, beide Komponenten selber zu entwickeln und zu produzieren; und drittens ist es nicht nur zu einem schweizerisch-schweizerischen Zusammengehen gekommen. Man sucht sich seine Partner auch im umliegenden Ausland, um damit eine bessere Verankerung im Europäischen Wirtschaftsraum und insbesondere in der EG zu erreichen.

b) Reaktionen der Nachfrager

Den schweizerischen Nachfragern nach Heizanlagen wird eine grosse Kundentreue nachgesagt. Das Vordringen der Kompaktanlagen führt nun aber zu gewissen Verschiebungen. Unit-Lösungen werden vermehrt nachgefragt, weil sie den Kontakt zu den Lieferanten vereinfachen. Der Bauherr braucht nur noch mit einer Ansprechperson zu verhandeln. Allerdings muss er sich jetzt entscheiden, ob er bei der Brenner-Firma auch den Kessel bestellt oder umgekehrt beim Kesselfabrikanten auch den Brenner. Nun ist in aller Regel der Kontakt zum Brenner-Servicemann, der im Normalfall – oft im Rahmen eines Service-Abos – einmal im Jahr vorbeikommt, deutlich intensiver als derjenige zum Kessel-Servicemonteur, der nur bei Betriebsstörungen, und darum eher selten, herbeigerufen wird. Wenig überraschend ist daher ein Trend zu den von den Brenner-Firmen angebotenen Units zu beobachten. Allerdings neigen die Bauherren dann doch dazu, eine Kombination zu bestellen, in der ein Kessel der alten Firma enthalten ist.

4.2.4 Marktergebnis

In der Schweiz wird mit dem Verkauf von Heizanlagen ein von der Branche selber geschätzter Umsatz von 300 bis 500 Millionen Franken jährlich verdient. Andreas Balthasar und Ueli Müller kommen unter Verwendung von Aussenhandelsdaten auf einen ungefähren Wert von 265 Millionen Franken[57]. Sie liegen am unteren Ende der Branchenschätzung. Dazu kommen die Einnahmen des Installationsgewerbes und der Haustechnikplaner. Damit bewegt sich, unter Berücksichtigung der entsprechenden Umsatzanteile, die einer Schätzung von Reto J. Doppmann et al. entnommen sind, der gesamte Branchenumsatz zwischen 2 und 3.5 Milliarden Franken[58]. Auf die gleiche Grössenordnung kommt man, wenn man von der branchenüblichen Faustregel ausgeht, dass für Feuerungsanlagen rund ein Fünftel des schweizerischen Bauumsatzes im Wohnungsbau ausgegeben wird. Dieser Betrag bewegt sich im Bereich von 3–3.5 Milliarden Franken. Überraschend realisiert dabei das Installationsgewerbe mit rund 65 Prozent den grössten Anteil des Branchenumsatzes, während die Hersteller und Händler von Heizkomponenten auf etwa 15 Prozent kommen. Genauere Zahlen sind nicht zu haben, die Fachverbände hüllen sich in vornehmes Schweigen.

Bis heute hat sich auf dem Schweizer Markt ein im Vergleich zum umliegenden Ausland höheres Preisniveau gehalten, das bei den Heizkesseln um 5 bis 10 Prozent und bei den Brennern um 10 bis 15 Prozent differiert. Durch das Angebot an Feuerungsanlagen mit Low-NOx-Technologie akzentuiert sich der

Unterschied zusätzlich. Verschiedene Gründe werden dafür angeführt: die höheren Forschungsaufwendungen, die durch die verschärften staatlichen Anforderungen notwendig sind, die bessere Service-Leistung und die im Vergleich zu den gesamten Baukosten wenig ins Gewicht fallenden Anlagekosten für die Feuerung. Es besteht allerdings auch der Verdacht auf Preisabsprachen in den einzelnen Fachverbänden, die durch die relativ hohe Kundentreue der Bauherren und die langjährige regionale Dominanz einzelner Firmen gestützt werden. Die wachsende Konkurrenz aus dem Ausland und der aktuelle Einbruch in der Bauwirtschaft haben in der letzten Zeit den Spielraum für solches Gebaren allerdings sukzessive eingeschränkt. Im niedrigen Leistungsbereich bis 40 kW soll inzwischen ein eigentlicher Verdrängungswettbewerb in Gang gekommen sein.

4.2.5 Marktperspektive

Der Schweizer Markt bleibt aber auch in den nächsten Jahren ein interessanter Markt. Die schärferen Umweltschutzbestimmungen und ein dadurch ausgelöster enormer Sanierungsbedarf garantieren eine stetige Nachfrage nach Feuerungsanlagen auf Jahre hinaus. Dazu kommt ein "Echo-Effekt" auf den Bau-Boom der sechziger und siebziger Jahre, der ebenfalls ein hohes Sanierungspotential signalisiert. Schliesslich gehen auch Wirkungen von energiepolitischen Massnahmen aus. Der Einbau von Wärmezählern und die individuelle Heizkostenabrechnung können zu höherer Kostensensibilität beitragen und so weitere Sanierungsaufträge auslösen. Und inzwischen lässt das BUWAL sogar noch weitere Möglichkeiten prüfen, um die Erneuerungsphase zusätzlich zu verkürzen[59]. Bedeutsamster Faktor hingegen bleibt der Energiepreis. Sollte dieser deutlich steigen, würde dies das Geschäft mit sparsamen beziehungsweise alternativen Heizsystemen zusätzlich ankurbeln.

Überschattet wird die hier skizzierte potentielle Marktentwicklung durch die auch noch im Herbst 1993 andauernde Rezession. Entsprechend zurückhaltend geben sich die Nachfrager. Vieles deutet darauf hin, dass allgemein abgewartet wird, bis die kantonalen Massnahmenpläne mit den neuen Sanierungsvorschriften in Kraft treten und vollzogen werden. In der Branche spricht man von einem "Nachfrage-Stau", der sich in den nächsten Jahren mit deutlich ansteigenden Bestellungen bemerkbar machen wird. Die Rede ist von einer Sanierungswelle, die bereits am Horizont zu sehen sein soll. Mancherorts wird allerdings befürchtet, dass die begrenzten Kapazitäten des Installationsgewerbes sich als "Wellenbrecher" erweisen könnten. In den letzten Jahren bewegte sich der Installationsmarkt auf einem Niveau von 40 000 bis 50 000 Anlagen pro Jahr. Dieses Volumen könnte, so wird optimistisch angenommen, um jährlich rund 10 000 installierte Anlagen erweitert werden. Kaum aber darüber hinaus.

Und wie sieht es auf der Herstellerseite aus? Insbesondere stellt sich die Frage, ob die neue Typenprüfung zu einer weiteren Konzentration in der Branche führen wird. Ein Blick in die ersten beiden BUWAL-Büchlein, in denen die Geräte aufgelistet sind, die nach den Angaben der Hersteller die geforderten Werte erreichen beziehungsweise die neue Typenprüfung erfolgreich bestanden haben, zeigt, dass alle führenden Firmen aus dem In- und Ausland vertreten sind, auch wenn nicht immer die ganze Leistungspalette abgedeckt werden kann. Vor allem die ausländischen Firmen konzentrieren sich bisher auf Unit-Lösungen, bei denen nicht immer ganz ausgeschlossen werden kann, dass zumindest der Brenner schweizerischer Provenienz ist. Es ist also nicht zu erwarten, dass die verschärften Auflagen der Typenprüfung zu einem eigentlichen Schutz der hiesigen Unternehmen gegenüber dem Ausland führen.

Zwei Trends sind heute in Europa zu beobachten. Ein hoher Sättigungsgrad bei wachsenden Überkapazitäten und steigenden Forschungs- und Entwicklungsausgaben führen zu einem zunehmenden Konkurrenzdruck. Dieser provoziert tendenziell sinkende Preise und löst damit Konzentrationsprozesse auf der Anbieterseite aus. Gleichzeitig ist auch eine langsam zunehmende Sensibilisierung für strengere Umweltvorschriften im Feuerungsbereich erkennbar. Am weitesten ist man in Deutschland, wo die anstehende Novellierung der 1. Bundesimmissionschutzverordnung einen Grenzwert von 120 mg/m^3 vorsieht! Aber auch in Österreich, den nordischen Ländern und selbst in Frankreich sind entsprechende Bemühungen im Gange.

Auch dieser Prozess, der die Unternehmen mit steigenden Technikanforderungen konfrontiert, trägt zu vermehrten Firmenzusammenschlüssen und einer wachsenden Konzentration im Wärmetechnikmarkt bei. Es ist zu erwarten, dass in den nächsten Jahren die durchschnittliche Grösse der Firmen zunehmen wird.

4.3 Fazit

Wir haben im letzten Abschnitt zuerst die Typenprüfung als zentrale Rahmenbedingung für den schweizerischen Markt für Feuerungsanlagen in ihrer organisatorischen Ausgestaltung und mit ihren wichtigsten inhaltlichen Charakteristika dargestellt. In weiteren Schritten stellten wir all jene Fakten zusammen, die trotz grösstem Mangel an gesichertem Datenmaterial greifbar waren und Indizien beinhalten, die Rückschlüsse auf die Wirkungsweise der Typenprüfung in Bezug auf die Vermarktung neuer Techniken zulassen. Welches sind die wichtigsten Ergebnisse unserer Marktanalyse und wie lassen sie sich im Hinblick auf die Bedeutung der Typenprüfung beurteilen?

Noch immer dominieren schweizerische Brenner- und Kesselfirmen den hiesigen Wärmetechnikmarkt. Einige Indizien deuten darauf hin, dass anfangs der achtziger Jahre ausländische Firmen in der Schweiz Fuss zu fassen vermochten, dass diese Dynamik aber wenig später auch schon wieder etwas zum Erliegen kam. Die blosse Einführung der obligatorischen Typenprüfung, auch wenn sie nur den längst erreichten Stand der Technik von damals festschrieb, entfaltete offenbar eine gewisse protektionistische Wirkung. Doch nicht nur ausländische, auch einige inländische Firmen konnten den nun geforderten Mindeststandard nicht mehr erfüllen und verschwanden vom Markt. Trotz dieser Begrenzung der Zahl der Marktteilnehmer konnten keine Hinweise auf eine direkte innovationshemmende Wirkung der Typenprüfung gefunden werden. Die Einschränkung des Wettbewerbs führte allerdings auch nicht zu innovationsfördernden Momenten.

Dies änderte sich, als sich unter dem Eindruck der sich weiter verschlechternden Luftqualität die Diskussion um eine verbesserte Luftreinhaltepolitik in der Schweiz intensivierte. Die Heizungsbranche begann sich von einem Gewerbezweig zu einer technikorientierten Industrie zu wandeln. Die steigenden Anforderungen an die Heizgeräte zwangen die Firmen zu einer deutlichen Aufstockung ihrer Forschungs- und Entwicklungsinvestitionen. Ausgelöst wurde dieser Vorgang durch die Fixierung der Züri-Norm Mitte der achtziger Jahre. Durch die neue Typenprüfung von 1992 blieb den Heizungsfirmen keine Wahl in der Frage, ob sie den geforderten Techniksprung mitmachen wollten oder nicht, wenn sie nicht vom Markt verdrängt werden wollten. In diesem Sinne entfaltet die revidierte Typenprüfung ihre innovationsfördernde Wirkung. Die politischen Massnahmen hatten auch entwicklungslenkenden Charakter. Die Grenzwerte und weitere technische Vorgaben favorisierten ganz eindeutig bestimmte Lösungen, was das sprunghafte Vordringen der Kompaktanlagen auf dem schweizerischen Markt belegt. Manche beklagen die damit einhergehende Begrenzung der konstruktiven Freiheit. Immerhin führte diese Strategie dazu, dass schweizerische Firmen weiterhin zu den technisch führenden Anbietern moderner Heizanlagen in Europa gezählt werden können.

Allerdings konnten sich die schweizerischen Betriebe nur einen begrenzten technologischen Vorsprung erarbeiten. Die verschärfte Typenprüfung von

1992 wird nämlich inzwischen von fast allen führenden in- und ausländischen Unternehmen mit ihren Produkten bestanden. Offenbar widerspiegelt die Typenprüfung von 1992 also bereits wieder den allgemein erreichten Stand der Technik. Mit diesem Hinweis wird übrigens auch die geplante Verschärfung des NOx-Grenzwertes auf das schweizerische Niveau in Deutschland begründet. Die ungebrochene Präsenz ausländischer Anbieter auf dem schweizerischen Heizungsmarkt deutet ausserdem daraufhin, dass die auch bei der revidierten Typenprüfung vorhandenen Differenzen zu den europäischen und deutschen Vorgaben keine grosse protektionistische Wirkung entfaltet haben.

Doch nicht nur die Verschärfung der Typenprüfung – oder genauer: deren Ankündigung – beeinflusste die technische Entwicklung der Heizanlagen, auch ein umgekehrt gerichteter Wirkungspfad lässt sich beobachten. So erlaubte erst der Nachweis, dass die angestrebten Grenzwerte über den gesamten Leistungsbereich von Heizanlagen prinzipiell mit technischen Mitteln zu erreichen sind, die entsprechende Ausdehnung des Geltungsbereichs der Grenzwerte in der reviderten Luftreinhalteverordnung und der Typenprüfung. Darüber hinaus verlangte die provozierte technische Weiterentwicklung der Heizungen auch eine Erneuerung der Prüfstationen bei der EMPA, die nur mit etlicher Verzögerung realisiert werden konnte.

Wir kommen zum Schluss, dass die Einführung der obligatorischen Typenprüfung kaum innovationsfördernde Impulse auslöste, sondern eher eine zumindest vorübergehende protektionistische Wirkung entfaltete. Die Revision der Typenprüfung, ja schon der ganze Prozess davor seit die Züri-Norm Mitte der achtziger Jahre bekannt wurde, hat hingegen eine innovationsfördernde Wirkung gehabt. Durch die kurz bemessenen Übergangsfristen sahen sich die Unternehmen zu einer umfassenden technischen Erneuerung ihres Sortiments gezwungen, was sich auch in einer verbesserten internationalen Wettbewerbsfähigkeit der Firmen widerspiegelt.

5. FEUERUNGSKONTROLLE oder: Die Politik und die Ver breitung neuer Technologien – Eine quantitative Analyse

Seit den sechziger Jahren hat eine wachsende Zahl von Gemeinden Fachleuten den Auftrag erteilt, die Ölfeuerungen auf ihrem Gebiet zu kontrollieren. Zuerst wurden nur die lufthygienisch schädlichen Emissionen von Russ und Ölbestandteilen überprüft. Seit der "Ölkrise" der siebziger Jahre werden auch energetisch relevante Grössen erhoben und – falls bestimmte Grenzwerte überschritten werden – beanstandet. Diese sogenannte Ölfeuerungskontrolle wurde Mitte 1985 auf der Grundlage der eidgenössischen Verordnung über Luftreinhaltemassnahmen bei Feuerungen vom Dezember 1984 für alle Heizungen, welche mit Heizöl "extra-leicht" betrieben werden, obligatorisch erklärt[60].

Wie beeinflusst die Feuerungskontrolle die Diffusion neuer Heizungen? Dieser Frage gehen wir in diesem Kapitel in erster Linie nach. Ausgangspunkt der Ausführungen bildet eine kurze Darstellung der historischen Entwicklung der Feuerungskontrolle und ihrer rechtlichen Grundlagen in Abschnitt 5.1. Darauf baut ein Vergleich der Implementation dieser Massnahme in drei Kantonen auf (Abschnitt 5.2). Dabei werden wichtige vollzugsrelevante Faktoren herausgearbeitet. Diese bilden die Grundlage für die abschliessende quantitative Analyse der Wirkungen, welche unterschiedliche Vollzugsprioritäten auf die Diffusion neuer Heizungen auf kommunaler Ebene haben (Abschnitt 5.3).

5.1 Historische und rechtliche Basis

Die Verschlechterung der Luftqualität durch das Wachstum der Industrie, die Zunahme des Motorfahrzeugverkehrs sowie der stark angestiegene Wärmeverbrauch der einzelnen Haushaltungen wurden gegen Ende der fünfziger Jahre zunehmend als Problem empfunden. Wir haben in Abschnitt 1.2 kurz erwähnt, dass 1961 die Eidgenössische Kommission für Lufthygiene eingesetzt wurde, dass 1962 der Zürcher Gesundheitsinspektor die regelmässige Kontrolle von Feuerungsanlagen vorschlug und dass der Zürcher Stadtrat 1964 die periodische Feuerungskontrolle für obligatorisch erklärte. Bis dahin waren die Heizungen zwar durch die Kaminfeger regelmässig auf ihre Funktionstüchtigkeit hin überprüft und Aspekte des Feuerschutzes systematisch kontrolliert worden. Die Belange der Lufthygiene waren aber nicht berücksichtigt worden. Dazu hatten die bestehenden feuerpolizeilichen Vorschriften keine rechtliche Handhabe geboten.

Die Resultate der ersten Messungen in Zürich wurden daher mit Spannung erwartet. Sie wiesen auf einen sehr schlechten Zustand der Heizungen hin. Rund 40 Prozent der Anlagen arbeiteten nicht einwandfrei. Der Zürcher Gesundheitsinspektor zog daraus drei Schlussfolgerungen: Erstens gab es keine Gewähr dafür, dass Heizungen ohne Wartung über eine längere Zeitspanne hinweg einwandfrei arbeiteten. Eine periodische Kontrolle drängte sich daher auf. Zweitens liess die Qualität und die Zuverlässigkeit des Personals der Revisionsfirmen zu wünschen übrig. Und drittens folgerte er, dass eine Reihe von behördlichen Vorschriften veraltet seien und den damaligen Erkenntnissen angepasst werden mussten[61]. Seinem Antrag auf Einführung der periodischen Feuerungskontrolle stimmte der Stadtrat von Zürich darum relativ schnell zu. Die Massnahme zeigte auch rasch positive Resultate. Der Anteil der Heizungen, die einwandfrei arbeiteten, stieg kontinuierlich an (vgl. *Darstellung 6.2*). Dadurch konnten zahlreiche Vorbehalte gegenüber der Massnahme, wie sie vor allem von Installateuren geäussert wurden, abgebaut werden.

In den siebziger Jahren breitete sich die Ölfeuerungskontrolle über einen Grossteil der Schweiz aus. Als erster Kanton ordnete 1971 Appenzell-Ausserrhoden ein Obligatorium an. Im gleichen Jahr folgte noch Solothurn und ein Jahr später Zürich. Bis 1980 kamen noch Basel-Land, Aargau, Basel-Stadt, Luzern, Waadt und Bern sowie zahlreiche Gemeinden aus weiteren Kantonen dazu. 1983 verfügten 15 Kantone über gesetzliche Vorschriften zur Durchführung der Ölfeuerungskontrolle[62]. Die Kantone und die Gemeinden stützten sich bei ihrer Gesetzgebungsarbeit vorwiegend auf die Vorarbeiten der Eidgenössischen Kommission für Lufthygiene. 1969 publizierte diese Kommission erstmals "Richtlinien über die Kontrolle von Ölfeuerungen", welche ein einheitliches Messverfahren vorschlugen[63]. Dieses Dokument bildete die Grundlage für die 1978 vom Eidgenössischen Departement des Innern erlassenen "Richtlinien zur Prüfung der Abgase von Ölfeuerungen"[64]. Bereits 1972 hatte dasselbe Departement "Richtlinien über die Auswurfbegrenzung bei Haus- und Industriefeuerungen" erlassen, welche insbesondere für einheitliche Grenzwerte sorgen sollten[65].

Noch hatte der Bund aber keine Ermächtigung, um Kontrollvorschriften für alle Heizanlagen vorzuschreiben. Somit blieb es den Kantonen überlassen, ob sie die erwähnten Richtlinien in ihr Recht aufnehmen wollten. Basis für eine gesamtschweizerische Lösung bildete der Umweltschutzartikel der Bundesverfassung, welcher 1971 gutgeheissen wurde. Schon der erste Entwurf zum entsprechenden Bundesgesetz nahm die Einführung der obligatorischen Ölfeuerungskontrollen in der ganzen Schweiz in Aussicht. Mit dem Umweltschutzgesetz von 1983 bekam der Bund schliesslich die entsprechenden Kompetenzen. Diese nutzte er in der Verordnung über Luftreinhaltemassnahmen bei Feuerungen, welche auf Mitte 1985 in Kraft trat. Darin wurden die Behörden verpflichtet, Feuerungsanlagen mindestens alle zwei Jahre überprüfen zu lassen[66].

Bis zum Ende der siebziger Jahre bezog sich die Feuerungskontrolle nur auf lufthygienische Grenzwerte. 1974/75 wurden in der Stadt Zürich erstmals energetische Messungen vorgenommen. Es zeigte sich, dass mit entsprechenden Massnahmen ausweisbare Reduktionen des Heizölverbrauchs und erhebliche Verringerungen der Abgasbelastung erzielt werden konnten. 1978 wurde darum ein "Ausschuss Feuerungskontrolle" der Konferenz kantonaler und eidgenössischer Energiefachstellen geschaffen. Er hatte den Auftrag, Massnahmen zur Energieeinsparung bei Feuerungsanlagen vorzuschlagen. Der Ausschuss legte Mustervorschriften zur Kontrolle der Abgasverluste von Feuerungsanlagen vor, welche das Eidgenössische Verkehrs- und Energiewirtschaftsdepartement den Kantonen zur Inkraftsetzung vorschlug[67]. Bis 1984 leisteten dieser Bitte aber nur drei Kantone Folge. Eine Erhebung der Schweizerischen Vereinigung für Gesundheitstechnik ergab zudem, dass 1982 nur 20 Prozent der Gemeinden, welche Ölfeuerungskontrollen durchführten, auch die Energieverluste kontrollierten[68]. Dennoch ist die lufthygienische und energetische Kontrolle der Heizungen, welche mit Heizöl "extra-leicht" betrieben werden, seit 1985 obligatorisch[69].

Im Rahmen des Vernehmlassungsverfahrens betreffend die Verschärfung der Luftreinhalteverordnung anfangs der neunziger Jahre wurde die Hausfeuerungskontrolle von keiner Seite mehr in Frage gestellt. Die revidierte Verordnung, die der Bundesrat auf den 1. Februar 1992 in Kraft setzte, sieht insbesondere strengere energetische Vorschriften vor. Neu sollen zudem nur noch Heizungen installiert werden dürfen, welche wesentlich weniger Stickoxid (→ Kapitel Grenzwertsetzung) ausstossen[70].

5.2 Der Vollzug der Feuerungskontrolle in drei Kantonen

In den letzten Jahren wurden der Messvorgang und die geltenden Grenzwerte der Feuerungskontrolle gesamtschweizerisch weitgehend vereinheitlicht. Dies zeigt Abschnitt 5.2.1. Nach wie vor gibt es dagegen grosse Unterschiede in der Organisation der Kontrollen nicht nur zwischen den Kantonen, sondern auch zwischen den Gemeinden. Diese Unterschiede im Vollzug sind für unsere Fragestellung wichtig. Wir gehen davon aus, dass Vollzugsdifferenzen zu unterschiedlichen Vollzugswirkungen führen. Strengere Kontrollen haben häufigere Sanierungen und eine schnellere Verbreitung neuer Anlagen zur Folge, lautet die Hypothese.

Trotz der grossen kantonalen Vielfalt in der Organisation der Feuerungskontrolle lassen sich drei Hauptformen unterscheiden. In Abschnitt 5.2.2 werden wir die drei Modelle in Fallstudien kurz darstellen. In der vergleichenden Analyse werden wir anschliessend die wichtigsten Faktoren, welche die Qualität der Feuerungskontrolle beeinflussen, herausarbeiten. Diese Überlegungen werden als Grundlage für die quantitative Querschnittsanalyse von Gemeindedaten im nächsten Abschnitt dienen.

5.2.1 Der Messvorgang

Basis der Ölfeuerungskontrolle bildet nach wie vor der von Walter Hess entwickelte "Zürcher Ölfeuerungstest". Dieses Messverfahren hat die Eidgenössische Kommission für Lufthygiene 1969 und 1978 das Eidgenössische Departement des Innern den Kantonen und Gemeinden zur Nachahmung weiterempfohlen[71]. Es unterscheidet sich vor allem in zwei Punkten von der in der Branche verwendeten traditionellen "Bacharachmethode". Einmal verwendet der Zürcher Test ein grösseres Filterpapier für die Bestimmung der Russzahl. Nach Ansicht des Zürcher Gesundheitsinspektors hatte dies den Vorteil, dass die Messung der Russemissionen und vor allem das Erfassen der unverbrannten Ölrückstände zuverlässiger wurde. Allerdings blieb diese Meinung in der Schweiz nicht unwidersprochen. Speziell die Westschweizer Kantone setzten sich für das kleinere Filterpapier ein. Sie hielten einen schweizerischen Alleingang in dieser Frage für unzweckmässig.

Zweitens ersetzte Walter Hess die übliche Handpumpe durch ein eigenes, mechanisches Gerät. Dadurch wollte er "Fehlmanipulationen" vermeiden und dafür sorgen, dass die Qualität der Feuerung nicht systematisch überschätzt wurde. Das neue mechanische Gerät hatte Walter Hess zusammen mit seinem Mitarbeiter Ernst Koneth selbst entwickelt. Es wurde mit einem Staubsaugermotor angetrieben und war in der Lage, die Abgase kontinuierlich anzusaugen. Auch diese Neuerung bot Anlass zu Spannungen in der Branche. Der Ölfeuerungskontrolleur arbeitet mit dem Konethgerät, der Ölfeuerungsmonteur hingegen mit der Bacharachpumpe. Diskussionen darüber, welche Messung nun zuverlässiger war, waren unvermeidlich. Nicht ohne Polemik verwiesen die Branchenvertreter darauf, dass Ölfeuerungskontrolleure in nur zweitägigen Kursen ausgebildet wurden, während ihre Monteure sechs Monate Unterricht erhielten. Auch die Westschweizer Kantone setzten sich für die Handmessung ein, welche sie für zuverlässig genug hielten. In den Richtlinien über die Prüfung der Abgase von Ölfeuerungen von 1978 nahm der Bund weder zur Grösse des Filterpapiers noch zur Verwendung des Konethgeräts Stellung und liess jeweils beide Verfahren zu. Erst mit der Luftreinhalteverordnung 1992 wurde der Streit definitiv Geschichte. In Zukunft wird auf den Öltest verzichtet und damit die Frage der Grösse des Filterpapiers obsolet. An die Stelle des Öltests tritt die Messung des Kohlenmonoxids. Da dieses nur mit elektronischen Messgeräten erfasst werden kann, erübrigt sich auch die Auseinandersetzung um die Handmessung.

Für unsere Untersuchung, das heisst bis 1992, waren für den Ablauf der Feuerungskontrolle aber noch die Richtlinien von 1978 und die Bestimmungen der LRV 1986 massgeblich. Diese legen fest, dass mit der Probeentnahme frühestens eine Minute nach Brennerstart begonnen werden darf und dass zur Bestimmung der Russemissionen sowie der unverbrannten Ölanteile wenigstens zwei Proben mit identischen Resultaten zu erheben sind. Für Anlagen mit einer Feuerungswärmeleistung von bis zu 350 kW ist eine Russzahl von maximal 1 zugelassen. In den Richtlinien wird Russ als jener Feststoffanteil eines Feuerungsabgases definiert, der nach einem festgelegten Verfahren auf weissem Filterpapier zurückgehalten wird. Dazu wird aus den Abgasen ein bestimmtes Volumen abgesaugt und durch das Filterpapier geleitet. Je nach Russgehalt färbt sich dieses dabei mehr oder weniger stark. Die Schwärzung wird mit Hilfe einer Vergleichsskala des Bundesamts für Umweltschutz bewertet und als Russzahl angegeben. Die Skala richtet sich nach deutschen und amerikanischen Normen. Weiter verlangt die Richtlinie, dass der Nachweis bezüglich unverbrannter Ölanteile negativ verlaufe. Als unvollständig verbrannte Ölanteile gelten jene schwerflüchtigen Anteile der Feuerungsabgase, die bei der Vornahme der Russzahlbestimmung im Filterpapier zurückgehalten werden. Sie lassen sich mit einem geeigneten Fliessmittel aus dem Russfleck sichtbar herauslösen. Enthält der Russfleck Ölanteile, so äussert sich dies in einer gelb-braunen Färbung der Fliessmittelfront.

Das Verfahren zur Feststellung der energetischen Qualitäten der Heizungen ist in der Mustervorschrift zur Kontrolle der Abgasverluste des Eidgenössischen Verkehrs- und Energiewirtschaftsdepartements von 1980 und in der LRV 1986 geregelt. Bestimmt werden die Abgasverluste, welche die Differenz zwischen der Energie im Brennstoff und der an den Kessel abgegebenen Wärme (feuerungstechnischer Wirkungsgrad) beschreiben. Zur Berechnung sind die Abgastemperatur, der Sauerstoffgehalt der Abgase und die Verbrennungslufttemperatur zu messen. Für die Messung des Sauerstoffgehalts sind spezielle Handmessgeräte (Fyrite-Apparat) oder Messcomputer notwendig. Die gesamtschweizerisch verbindlichen Grenzwerte sind in der Luftreinhalteverordnung festgelegt.

5.2.2 Fallstudien kantonaler Vollzugsmodelle

Trotz gesamtschweizerisch weitgehend einheitlicher Messvorschriften haben sich im Vollzug Differenzen zwischen Kantonen und Gemeinden herausgebildet. Wir vermuten, dass diese die Wirksamkeit der Feuerungskontrolle beeinflussen. Auf kantonaler Ebene lassen sich vereinfachend drei Hauptformen unterscheiden. Im "Luzerner Modell" wird die Feuerungskontrolle von beamteten Personen im Auftrag der Gemeinden und unabhängig von der Arbeit der Kaminfeger und der Revisionsfirmen durchgeführt. Dieses Modell bildet eigentlich die Urform der Feuerungskontrolle und ist am weitesten verbreitet. Im "Modell Romandie" wird die Feuerungskontrolle von Kaminfegermeistern oftmals in einem Zug mit der Reinigung der Heizanlage vorgenommen. Im Falle von Beanstandungen führen Revisionsfirmen die Nachkontrolle durch. Die Kantone beschränken sich auf Stichprobenkontrollen. Im "Basler Modell" erfolgt die routinemässige Überprüfung der Anlagen durch die Revisionsfirmen im Rahmen des jährlich vorgeschriebenen Brennerservices. Die kantonalen Behörden kontrollieren nur stichprobenweise. In der folgenden *Darstellung 5.1* haben wir eine Zuordnung aller Kantone zu einem der Vollzugsmodelle versucht. Wichtig ist zu bedenken, dass auch innerhalb desselben Modells eine grosse Breite von Organisationsformen besteht. Darauf werden wir in Abschnitt 5.3 zurückkommen.

a) Das "Luzerner Modell" am Beispiel des Kantons Luzern

1972 wurden in der Stadt Luzern erstmals Ölfeuerungskontrollen durchgeführt. Die ersten Erfahrungen waren so positiv, dass 1974 mit dem sogenannten "Öfäligesetz" 54 der 107 Luzerner Gemeinden verpflichtet wurden, die Feuerungsanlagen in ihrem Gebiet kontrollieren zu lassen[72]. Beanstandet werden sollten jene Heizungen, deren Abgase unverbrannte Ölanteile enthielten oder deren Russzahl höher als zwei war. Im Zusammenhang mit den in Aussicht genommenen Vorschriften der Luftreinhalteverordnung wurde das Obligatorium im Januar 1985 auf alle Luzerner Gemeinden ausgedehnt. Gleichzeitig wurden die lufthygienischen Anforderungen verschärft sowie neu die Kontrolle der Abgasverluste vorgeschrieben und der Zweijahresturnus festgelegt[73].

Darstellung 5.1: Übersicht über die Verbreitung von Vollzugsmodellen der Feuerungskontrolle in den Kantonen

Luzerner Modell	Modell Romandie	Basler Modell
LU, ZH, BE, ZG, SO, BL, SG, GR, AG, TG, TI, UR, AR, AI	VD, NW, FR, VS, NE, GE, JU, GL	BS, SZ, OW, SH

Von Beginn weg lag die Verantwortung für die Feuerungskontrolle bei den Gemeinden. Diese wählten den Feuerungskontrolleur, setzen die Tarife fest und waren für die Sanierungsverfügungen zuständig. Der Vollzug wurde durch die kantonale Gebäudeversicherung überwacht. Die Vorschriften des eidgenössischen Umweltschutzgesetzes und der Luftreinhalteverordnung haben im Kanton Luzern zu einer Reorganisation der Kompetenzen im Bereich der Feuerungskontrolle geführt. Zwar blieben die Gemeinden nach wie vor für die Feuerungskontrolle zuständig. Ab Januar 1985 wurde aber dem kantonalen Amt für Umweltschutz die Oberaufsicht übertragen. Dieses Amt ist neu für die Organisation, die Ausbildung sowie für die Weiterbildung im Bereich der Feuerungskontrolle zuständig. Zudem kann es Weisungen über den Ablauf der Kontrollen erlassen und prüfen, ob die Kontrolleure den Anforderungen des Kantons entsprechen. Insbesondere wird darauf geachtet, dass ein Kontrolleur nicht die Interessen einer Servicefirma vertreten darf.

Der Verantwortliche im Amt für Umweltschutz legt grossen Wert auf die Aus- und Weiterbildung der Kontrolleure. Neben der Teilnahme an jährlichen kantonalen Kursen war bisher die dreitägige Grundausbildung durch die Schweizerische Vereinigung für Gesundheitstechnik obligatorisch. Ab 1996 sollen nur noch Kontrolleure eingesetzt werden, welche die vom BIGA anerkannte Berufsprüfung "Feuerungskontrolleur mit eidgenössischem Fachausweis" bestanden haben. Bis heute haben 11 Kontrolleure im Kanton Luzern diesen Fachausweis erlangt.

In den 1990 erlassenen Weisungen zur Feuerungskontrolle sind Organisation und Ablauf der Überprüfung ausführlich geregelt[74]. Der Kontrolleur kann selbst bestimmen, welche Anlagen er wann testen will. Auch ob er die Kontrolle ankündigen will, ist weitgehend ihm selbst überlassen. Vor allem dort, wo damit zu rechnen ist, dass Anlagen auch ohne Anmeldung zugänglich sind, wird meist auf eine Ankündigung verzichtet. Da im allgemeinen ein regelmässiger Turnus eingehalten wird, haben die Hausbesitzer aber auch ohne formelle Information die Möglichkeit, die Anlage vorgängig durch einen Installateur einregulieren zu lassen.

Muss eine Heizung beanstandet werden, so wird der Hauseigentümer verpflichtet, die Anlage revidieren zu lassen und innert 30 Tagen zur Nachkontrolle zu melden. Die Nachprüfung nimmt der Kontrolleur selbst vor. Genügt die Heizung den Anforderungen immer noch nicht, so findet gelegentlich auch eine zweite Nachkontrolle statt. Muss eine Anlage ersetzt werde, so erlässt der Gemeinderat eine Sanierungsverfügung. Die Verantwortlichen im Kanton Luzern haben den Freiraum der eidgenössischen Luftreinhalteverordnung genutzt und die längste Sanierungsfrist auf sechs Jahre angesetzt. Im Kontrollrapport ist zudem vorgesehen, dass sich ein Eigentümer schriftlich zu einer Erneuerung innerhalb einer selbst gesetzten kürzeren Frist verpflichten kann. Dadurch wird der Verfahrensweg vereinfacht und die Sanierung beschleunigt. Es ist dies ein Hauptgrund dafür, dass formelle Verfügungen relativ selten sind. In der Heizperiode 1990/91 wurden im Kanton Luzern 11 783 Anlagen kontrolliert. Die Beanstandungsquote lag bei 13.4 Prozent. In diesem Zeitraum mussten acht Sanierungsverfügungen gesprochen werden.

Seit 1988 setzen die Kontrolleure der Stadt Luzern und der Agglomerationsgemeinden Ebikon und Emmen Messcomputer ein. Bis 1994 soll in allen Gemeinden mit Messcomputern gearbeitet werden. Das kantonale Amt für Umweltschutz lässt die Computer monatlich auf ihre Zuverlässigkeit prüfen. Dabei zeigt sich, dass die Messwerte innerhalb der vom Eidgenössischen Amt für Messwesen festgelegten Abweichungen liegen. Alle mit den Messcomputern erfassten Daten werden heute summarisch ausgewertet. In der Stadt Luzern wird zudem die gesamte Organisation und die Abrechnung der Feuerungskontrolle mit elektronischer Datenverarbeitung erledigt. Die Kontrollergebnisse werden vom Messcomputer erfasst, von dessen Speicher direkt in einen zentralen Rechner eingelesen und dort zur Erstellung der Rapporte benutzt. Aufforderungen zur Nachkontrolle, Rechnungstellung und tägliche

Zusammenstellungen über die zu kontrollierenden Anlagen werden vom Rechner vorgenommen.

b) Das "Modell Romandie" am Beispiel des Kantons Waadt

In der Waadt wurden 1975 die Russmessung, 1978 der Öltest, 1982 auch die Abgasverlustmessung vorgeschrieben[75]. Die Verantwortung über die Feuerungskontrolle liegt bei der Sektion Emissionen des "Services de lutte contre les nuisances", einer Abteilung im Departement des Innern des Kantons. Den Gemeinden fallen im Rahmen der Feuerungskontrolle keine Aufgaben und Kompetenzen zu. Die Verantwortung über die Durchführung der Kontrollen liegt nämlich bei den Kaminfegermeistern des Kantons. Die regionale Aufteilung der Arbeitsgebiete entspricht den 32 Kaminfegerbezirken. Meist werden die Überprüfungen jedoch nicht von den Kaminfegermeistern selbst, sondern von deren Angestellten durchgeführt. Insgesamt teilen sich somit rund 120 Personen die Kontrolle von 46 000 Anlagen.

Die Feuerungskontrolle wird normalerweise im Anschluss an die Reinigung der Heizung vorgenommen. Der Kontrollrhythmus richtet sich nach der Grösse der Anlage. Feuerungen bis 70 kW Leistung werden jährlich auf Russ und Öl, jedes zweite Jahr auch energetisch kontrolliert. Grössere Anlagen werden doppelt so häufig geprüft, das heisst zwei Mal jährlich hinsichtlich Russ und Ölrückständen und ein Mal hinsichtlich Energieverlusten.

Muss eine Heizung beanstandet werden, so informiert der Kaminfeger den Hausbesitzer und die kantonale Dienststelle. Der Hausbesitzer hat dann vierzehn Tage Zeit, die Anlage einregulieren zu lassen. Dazu muss er eine der 130 im Kanton zugelassenen Revisionsfirmen beauftragen. Diese Firmen erhalten die entsprechende Berechtigung, wenn einer ihrer Mitarbeiter den zweitägigen Kurs der "Association romande pour la protection des eaux et de l'air" (ARPEA) besucht und die Abschlussprüfung bestanden hat. Die Revision der Heizung kann jedoch irgendein Monteur der zugelassenen Firma durchführen. Er reguliert die Anlage neu ein, misst sie und informiert die kantonale Dienststelle über das Ergebnis. Ist dieses negativ, verfügt der Kanton eine Sanierung. Dasselbe geschieht auch, wenn ein Hausbesitzer nach einer schriftlichen Mahnung keine Nachkontrolle seiner Anlage veranlasst. Im Kanton Waadt wurden 1990/91 rund 46 000 Anlagen kontrolliert. Davon mussten 15.3 Prozent beanstandet werden. Recht häufig – nämlich in rund 600 Fällen – mussten Sanierungsverfügungen gesprochen werden.

Seit Mitte der achtziger Jahre arbeiten die Westschweizer Kantone bei der Organisation der Feuerungskontrolle zusammen. So wurden die notwendigen

Formulare gemeinsam gestaltet, die Weiterbildung gemeinsam organisiert und einheitliche Sanierungsfristen festgelegt. Die längste Frist dauert acht Jahre und gilt für Anlagen mit geringen übermässigen Energieverlusten. Allerdings sind nicht alle Vollzugsdifferenzen zwischen den Westschweizer Kantonen beseitigt worden. So kontrollieren die Kaminfeger nur im Kanton Waadt in einem Zug mit der Reinigung der Anlage. In den übrigen Kantonen sind zwei Arbeitsgänge vorgeschrieben. In Genf, im Wallis und in Neuenburg gilt der Zweijahresturnus. Dort wird auch mit Messcomputern gearbeitet. In den Kantonen Waadt und Freiburg wird normalerweise jährlich geprüft. Messcomputer sind in diesen zwei Kantonen noch selten. Im Kanton Jura ist die Feuerungskontrolle momentan noch im Aufbau.

c) Das "Basler Modell" am Beispiel des Kantons Basel-Stadt

Die Grundlage des basel-städtischen Modells der Feuerungskontrolle bildet eine jährliche Revisionspflicht. Anlagebesitzer sind verpflichtet, ihre Feuerungen jährlich mindestens einmal überprüfen zu lassen. Diese Pflicht war bereits in einer Verordnung von 1933 festgehalten und wurde 1985 erneuert[76]. Seit 1985 wird die Feuerungskontrolle in der heutigen Form vollzogen, während vorher rund 15 Jahre lang zwei städtische Beamte mit der Überprüfung aller Heizungen betraut waren.

Heute wird die Kontrolle durch eine Revisionsaufforderung eingeleitet, welche das Maschinen- und Heizungsamt des Kantons an alle Heizungsbesitzer verschickt. Auf dem Talon sind die heizungsspezifischen Sollwerte vorgedruckt. Der Anlagebetreiber kann selbst eine Revisionsfirma auswählen. Zur Ölfeuerungskontrolle zugelassen sind heute 54 Betriebe, welche unter der Leitung eines Feuerungsfachmanns mit einem Ausweis des Fachverbandes stehen. Die Kontrollen selbst werden in der Regel durch Service-Monteure ohne speziellen Ausweis durchgeführt. Nach der Prüfung wird die ausgeführte Revisionsaufforderung ans Amt zurückgeschickt. Trifft der Rapport bis zum Jahresende nicht ein, wird in monatlichen Abständen drei Mal gemahnt. Schliesslich ist eine Verzeigung des Anlagebetreibers möglich. Diese Massnahme wird aber sehr selten ergriffen. Da die Heizungen kurz vor der Kontrolle revidiert werden, sind lufthygienische Beanstandungen selten. 1991 waren 7.8 Prozent der Anlagen betroffen. Häufiger (18.8 Prozent) ist es dagegen, dass die energetischen Anforderungen nicht erfüllt werden. Allfällige Nachkontrollen werden wiederum durch die Revisionsfirmen vorgenommen. Rund ein Viertel der Hausbesitzer kamen zudem 1991 der Revisionspflicht nicht fristgerecht nach. Den etwa 9 000 Revisionsaufforderungen, welche 1991 verschickt wurden, standen am Jahresende 2 000 ausstehende Revisionen gegenüber. 750 erste, 140 zweite, 40 dritte Mahnungen sowie eine Verzeigung wurden ausgesprochen.

Die heute im Kanton Basel-Stadt gültigen Grenzwerte entsprechen weitgehend der LRV 1992. Eine Ausnahme bildet die Abgastemperatur, welche bei Neuanlagen 140° C nicht überschreiten darf. Zudem sieht die Verordnung zum Energiespargesetz keine eigentlichen Sanierungsfristen für unzulänglich arbeitende Heizungen vor. Werden Russ oder Ölbestandteile beanstandet, muss der Fehler sofort behoben werden. Bei energetischen Mängeln wird unabhängig vom Zeitpunkt der Beanstandung eine Sanierung bis 1995 (CO_2), bzw. 1997 (CO_2, Wirkungsgrad) verlangt.

Die Arbeit der Revisionsfirmen wird stichprobenweise durch beauftragte Kaminfegermeister kontrolliert. Es handelt sich um die sieben Kaminfeger, welche auch für die Reinigung der basel-städtischen Feuerungen verantwortlich sind. Sie haben die Prüfung der Schweizerischen Vereinigung für Gesundheitstechnik und zum Teil bereits die BIGA-Prüfung absolviert. Jährlich unterstehen rund ein Fünftel der Anlagen der Stichprobenmessung.

Die Abteilung Feuerungskontrolle des Maschinen- und Heizungsamts hat vor allem administrative Funktionen. Sie verschickt Revisionsaufforderungen und Mahnungen und führt eine Datenbank mit Strukturdaten und Messwerten für jede Anlage. Da die Angaben seit 1985 erhoben werden, verfügt die Dienststelle heute zu den meisten Heizungen über die Ergebnisse aus sieben Revisions- und zwei Stichprobenmessungen. Diese Datenreihen geben einen gewissen Einblick in die Qualität der Messungen und in allfällige Problembereiche. Sie lassen zum Beispiel Rückschlüsse zu, ob eine Anlage ersetzt werden muss oder ob die Grenzwerte bei kompetenter Revision einzuhalten sind. Zeigt es sich, dass ein Service-Monteur unzuverlässig arbeitet, so nimmt der kantonal Verantwortliche mit der Firmenleitung Kontakt auf. Diese ist im allgemeinen froh über entsprechende Hinweise, weil sie selbst die Arbeit der Monteure im Feld kaum beaufsichtigen kann. Tritt trotz des Gespräches keine Verbesserung ein, so besteht theoretisch die Möglichkeit, eine Firma oder einen Monteur bis zu zwei Jahre lang von den Revisionsarbeiten auszuschliessen. Die Qualität der Feuerungskontrolle im basel-städtischen System ist somit stark von den Revisionsfirmen abhängig. Diese sind auch für die Weiterbildung ihrer Mitarbeiter verantwortlich. Die kantonale Dienststelle ist in diesem Zusammenhang bisher kaum aktiv geworden.

5.2.3 Wesentliche Elemente des kantonalen Vollzugs

Die Darstellungen zum Vollzug der Feuerungskontrolle in einzelnen Kantonen zeigen eine erhebliche Vielfalt an Vollzugsmustern. Die Unterschiede liegen sowohl im administrativen Ablauf der Kontrollen wie bei Faktoren, die eng mit der Person des Kontrolleurs zusammenhängen. Dahinter verbergen sich unterschiedliche Vorstellungen von den Zielen, die der Gesetzgeber mit der Feuerungskontrolle erreichen will.

a) Administrative Faktoren

Wenden wir uns zuerst den Unterschieden in der Verwaltung zu. Solche lassen sich erstens bei der organisatorischen Zuordnung der Feuerungskontrolle, zweitens beim Rhythmus, mit welchem die Kontrolle durchgeführt wird, drittens bei der Frage, ob die Kontrolle allein oder zusammen mit der Reinigung oder der Revision der Anlage erledigt wird, sowie viertens bei den Sanierungsfristen ausmachen.

Die administrative Zuordnung der Feuerungskontrolle ist in erster Linie historisch begründet. Sie hängt davon ab, ob sich die Feuerungskontrolle eher aus den feuerpolizeilichen Aufgaben (Bau- und Gesundheitsdirektion) oder aus der Überwachung von technischen Anlagen (Industrie- und Gewerbeamt) entwickelt hat[77]. Im allgemeinen steht die Feuerungskontrolle im Kontext lufthygienischer Aufgaben. Gelegentlich kommt es allerdings zwischen lufthygienischen und energetischen Dienststellen zu unterschiedlichen Standpunkten. Schliesslich spielt auch die Frage eine Rolle, wie das Thema Umweltschutz im Kanton bearbeitet wird. Gibt es eine zentrale Stelle wie im Kanton Luzern, welche sich damit beschäftigt, oder ist die Aufgabe wie im Kanton Basel-Stadt dezentral organisiert.

Die Luftreinhalteverordnung des Bundes schreibt einen zweijährlichen Kontrollrhythmus vor. Dieses gesetzliche Minimum scheint meist auch eingehalten zu werden. Verschiedene Gemeinden, aber auch ganze Kantone lassen die Kontrollen jedoch jährlich durchführen. Im Kanton Waadt werden bei kleinen Anlagen jährlich Russ und Öl überprüft. Die Ursache dafür liegt in der Kopplung der Kontrolle an die Arbeiten der Kaminfeger, die aus feuerpolizeilichen Gründen jährlich durchgeführt werden müssen. Ähnliches gilt für den Kanton Basel-Stadt, wo die Feuerungskontrolle an die jährliche Revisionspflicht gebunden ist. Häufig geht der einjährige Kontrollrhythmus auch darauf zurück, dass Gemeinden vor kantonalen Obligatorien mit der Feuerungskontrolle begonnen und den selbstgewählten Einjahresturnus beibehalten haben. Dies gilt etwa für die Gemeinde Zollikofen im Kanton Bern oder Arlesheim im Kanton Basel-Land.

Die Antwort auf die Frage, ob die Kontrolle allein oder zusammen mit der Reinigung oder der Revision der Anlage erledigt wird, entscheidet darüber, ob diese bei der Kontrolle im Vollbetrieb steht oder nicht. Überprüfungen zur Zeit des Vollbetriebs der Heizung im Winter betonen den Kontrollaspekt der Massnahme, vor allem wenn die Kontrolle vorher nicht angekündigt wird. Überprüfungen im Sommer anlässlich der Revision der Anlage oder ihrer Reinigung durch den Kaminfeger drücken in erster Linie den Willen des Gesetzgebers aus, die Anlagen regelmässig in Stand stellen zu lassen. Sowohl das Westschweizer wie auch das "Basler Modell" sehen Kontrollen insbesondere im Sommer vor. Anders ist es im "Luzerner Modell", wo die Feuerungskontrolle ausschliesslich im Winterhalbjahr angesetzt wird.

Wichtig für die Griffigkeit der Massnahme sind auch die Sanierungsfristen. Die untersuchten Kantone legen die Vorschriften der Luftreinhalteverordnung betreffend die Fristen für die Instandstellung der Anlagen wenig unterschiedlich aus. Interessant ist dagegen die unterschiedliche Handhabung von Sanierungsverfügungen. In Luzern wird mit Erfolg der Weg der Verständigung mit den Hauseigentümern beschritten. 1991 mussten nur bei 0.04 Prozent der kontrollierten Anlagen Sanierungsverfügungen gesprochen werden. Ähnlich selten sind Verzeigungen im Kanton Basel-Stadt. Anders im Kanton Waadt, wo Verfügungen wesentlich häufiger sind. Betroffen waren 1.3 Prozent der kontrollierten Anlagen. Bemerkenswert ist immmerhin, dass im Kanton Waadt bis heute noch nie gegen eine Verfügung rekuriert wurde.

b) Personelle Faktoren

Die personelle Ausstattung der kantonal verantwortlichen Dienststellen lässt nicht nur Rückschlüsse auf die Bedeutung zu, die der Aufgabe von politischer Seite beigemessen wird. Sie beeinflusst auch sehr direkt die Wirksamkeit der Massnahme. Im Kanton Waadt, wo die Verantwortlichkeiten relativ zentralisiert sind und die Verwaltung personell schwach dotiert ist, treten Vollzugsengpässe und erhebliche zeitliche Verzögerungen auf. Beispielsweise wäre vorgesehen, Nachkontrollen innert zwei Wochen durchführen zu lassen. Heute dauert es aber drei Monate, bis die Verwaltung ihre Mahnungen verschicken kann. Auch im Kanton Basel-Stadt wird ein Grossteil der Administration über die kantonale Verwaltung abgewickelt. Da sich diese aber auf das Führen der Datenbank beschränken kann und von Aufsichts- und Qualifizierungsaufgaben weitgehend entlastet ist, haben sich bis heute kaum personelle Engpässe ergeben. Dasselbe gilt auch für den Kanton Luzern. Indem Administration, Mahnungen und Sanierungsverfügungen durch die kommunalen Kontrolleure in Zusammenarbeit mit den Gemeinden erledigt werden, kann sich der Kanton auf die Oberaufsicht sowie auf Fragen der Aus- und Weiterbildung konzentrieren.

Die wichtigsten personellen Faktoren hängen mit den Kontrolleuren zusammen. Zwei Fragen stehen im Zentrum: Welche Ausbildung hat der Kontrolleur? Und wird die Kontrolle von Beamten oder von Privaten durchgeführt? Auf Initiative des Zürcher Gesundheitsinspektors nimmt sich die Schweizerische Vereinigung für Gesundheitstechnik seit 1971 der Aus- und Weiterbildung der Kontrolleure an. Einzelne Kantone haben darum das Thema ganz diesem Verband oder der Branche überlassen. Dazu gehört auch Basel-Stadt. Andere Kantone sind insbesondere in der Weiterbildung selbst aktiv geworden. Die Verantwortlichen der Kantone Luzern, Bern und St. Gallen haben sich Ende der achtziger Jahre zusammen mit Vertretern des BIGA an die Entwicklung einer berufsbegleitenden Ausbildung zum BIGA-anerkannten "Feuerungskontrolleur mit eidgenössischem Fähigkeitsausweis" gemacht. Der Kurs wurde 1990 erstmals abgeschlossen. Ziel dieser Prüfung ist es, die fachliche Kompetenz der Kontrolleure anzuheben und so eine qualifizierte produkteunabhängige Beratung sicherzustellen.

In der Westschweiz stösst die Berufsprüfung auf wenig Interesse. Dies hat vor allem zwei Gründe: Einerseits wird seit sieben Jahren interkantonal eine aufgabenspezifische Ausbildung für angehende Kontrolleure mit Abschlussprüfung organisiert. In der Zwischenzeit haben rund 300 Kaminfeger der Kantone Genf, Neuenburg und Freiburg die Prüfung bestanden. Andererseits wehren sich vor allem die Waadtländer und Walliser Kaminfeger gegen jegliche Art von Prüfung mit der Begründung, sie hätten die Kontrollen während zehn Jahren auch ohne Prüfung seriös durchgeführt. Zudem unterstreichen sie, dass es sich bei den Westschweizer Kontrolleuren generell um Kaminfeger mit Lehrabschluss handelt. Diese hätten einen Ausbildungs- und Erfahrungsvorsprung gegenüber ihren Deutschschweizer Kollegen, welche aus anderen Berufen stammten.

Die fachlichen Anforderungen, die an einen Kontrolleur gestellt werden sollen, sind auch in der Deutschschweiz umstritten. Insbesondere die Pioniere der Feuerungskontrolle sind der Ansicht, ein Kontrolleur müsse nur messen können. Er müsse von der Feuerungstechnik nichts verstehen und könne mit einem kurzen Einführungskurs genügend angeleitet werden. Vollzugsverantwortliche der zweiten Generation sehen das anders. Sie stellen sich den idealen Kontrolleur als unabhängigen Gesprächspartner des Hausbesitzers vor, der auch von den Servicefachleuten respektiert werden muss. Nachdem die Brenner- und Kesselhersteller die Ausbildung ihres Personals verbessert haben und der Lehrgang des Feuerungsservice-Fachmanns vom BIGA anerkannt wurde, war es ihrer Meinung nach Zeit, die Ausbildung der Feuerungskontrolleure anzupassen.

Neben der Ausbildung der Kontrolleure ist die Frage, ob die Feuerungskontrolle von Beamten oder von Privaten (Kaminfeger, Installateure) durchgeführt werden soll, momentan sicher das wichtigste Diskussionsthema. In der Regel stehen bei den Debatten finanzielle Überlegungen im Vordergrund. Die Befürworter privater Kontrolleure wollen den Staatshaushalt entlasten und die Bürokratie vermindern. Ihre Gegner glauben, dass private Lösungen für den Anlagebetreiber schlussendlich teurer zu stehen kommen. Es wird argumentiert, die Branche müsse Investitionen tätigen und Gewinne erwirtschaften. Zudem entstünden zusätzliche Kosten, weil neu amtliche Stichproben notwendig werden. Weiter wird darauf hingewiesen, dass qualifizierte Feuerungskontrolleure eine unabhängige Beratungsleistung erbringen, die von den Anlagebesitzern geschätzt wird.

Neben den finanziellen Erwägungen gibt es aber auch grundsätzliche Bedenken gegen die Privatisierung der Kontrollen. Am Westschweizer Kontrollmodell wird etwa bemängelt, dass die kantonal verantwortlichen Stellen kaum Eingriffsmöglichkeiten hätten, weil die Kaminfeger mit einem Mandat der Gebäudeversicherung ausgestattet sind. Im allgemeinen gelten Kaminfeger allerdings als geeignete Kontrolleure. Nicht nur in Kantonen, welche nach dem "Westschweizer Modell", sondern auch in jenen, die nach dem "Luzerner Modell" vollziehen, werden vielfach Kaminfeger mit der Feuerungskontrolle betraut. Dies kommt daher, dass sie traditionellerweise eine Kontrollfunktion ausüben und bereits während der Lehre auf die Feuerungskontrolle vorbereitet werden. Zudem hat der Kaminfeger kaum Grund, die Resultate zu beschönigen, weil er selbst keine Anlagen verkauft.

Dies ist bei den Brennermonteuren anders. Diese erhalten vielfach Provisionen pro verkauften Brenner. Wenn sie die Kontrollen durchführen, muss darum befürchtet werden, dass Anlagen gelegentlich ersetzt werden, obwohl sie noch reguliert werden könnten. Im Kanton Basel-Stadt hat dieser Umstand allerdings bis heute zu keinen Problemen geführt. Die Datenbank, welche in der Zwischenzeit für jede Anlage eine Geschichte abbildet, ermöglicht eine gewisse Kontrolle der Revisionsfirmen durch das Amt. Weiter werden in grossem Umfang Stichprobenmessungen durchgeführt. Jede Revision wird mindestens alle fünf Jahre von diesen unabhängigen Experten nachgeprüft.

Hinter all den kantonalen Vollzugsdifferenzen verbergen sich unterschiedliche Vorstellungen von der Aufgabe der Feuerungskontrolle. Im "Luzerner Modell" hat die Feuerungskontrolle eine unabhängige Kontrollfunktion nicht nur gegenüber den Hausbesitzern, sondern auch gegenüber dem Installationsgewerbe. Im "Modell Romandie", wie auch im "Basler Modell" werden in erster Linie die Hauseigentümer überwacht. Die Kontrolle der Tätigkeit der Kaminfeger und Installateure wird dagegen auf Stichproben beschränkt.

Fassen wir die Ergebnisse der qualitativen Analyse des kantonalen Vollzugs der Feuerungskontrolle zusammen, so erinnern wir uns an ein facettenreiches Bild der Realität. Während Bundesvorgaben eine hohe Einheitlichkeit der Umsetzung erwarten liessen, deckten die Fallstudien grosse kantonale Unterschiede auf, wie sie für den Vollzugsföderalismus typisch sind. Mit diesem Abschnitt haben wir also fundierte Kenntnisse sowie vielfältige Illustration der Vollzugspraxis gewonnen. Offen bleibt die Frage nach den Wirkungen der Massnahme. Wir gehen ihr mit einer quantitativen Zugangsweise auf kommunaler Ebene nach.

5.3 Der Einfluss von kommunalen Vollzugsdifferenzen auf die Wirksamkeit der Feuerungskontrolle

Die Analyse des Vollzugs der Feuerungskontrolle, ausgehend von Fallstudien im letzten Abschnitt, hat es erlaubt, voraussichtlich wichtige Wirkungszusammenhänge herauszukristallisieren. Über die Stärke und die statistische Relevanz der Verbindungen wissen wir jedoch noch nichts. Dazu sind quantitative Analysen notwendig, wie wir sie in diesem Abschnitt vornehmen werden. Wir gehen der Frage nach, ob ein Zusammenhang zwischen dem Vollzug und der Diffusion neuer Heizanlagen statistisch nachgewiesen werden kann. Unsere Untersuchungen beschränkt sich auf die Kantone Luzern, Bern und Basel-Land, welche die Feuerungskontrolle alle nach dem "Luzerner Modell" vollziehen. Die Beschränkung hat vor allem zwei Gründe. Einerseits gibt es auch innerhalb desselben Modells erhebliche Unterschiede. Sie betreffen insbesondere die Kompetenzverteilung zwischen Kanton und Gemeinde, die Vollzugsprioritäten und die Kriterien, welche die Auswahl der Feuerungskontrolleure bestimmen. Von der Konzentration auf ein Modell haben wir differenziertere Aussagen über die Wirkungszusammenhänge erwartet. Andererseits ermöglichte die administrative Organisation der Feuerungskontrolle nur in Kantonen, welche nach dem "Luzerner Modell" vollziehen, den Zugriff auf die für uns wichtigsten Daten in einer grossen Zahl von Gemeinden. Im "Modell Romandie" sind die relevanten Informationen nicht zentral, sondern höchstens durch die Konsultation der einzelnen Kaminfeger zu beschaffen. Und das "Basler Modell" wird in zu wenigen Gemeinden angewandt, als dass eine komparative Analyse von kommunalen Daten möglich wäre.

Zwei Fragen werden uns in diesem Abschnitt vor allem beschäftigen. Zuerst geht es darum abzuklären, ob sich neue Heizungen in allen Gemeinden gleich schnell verbreiten oder ob dies nicht der Fall ist. Danach fragen wir nach Gründen für allfällige Unterschiede. Gibt es Faktoren, welche die eventuellen Differenzen erklären können? Welche Rolle spielen in diesem Zusammenhang Grössen, die mit dem Vollzug der Feuerungskontrolle zu tun haben? Lassen sich vielleicht sogar besonders wichtige vollzugsrelevante Faktoren herauskristallisieren?

5.3.1 Untersuchungsdesign

Im Mittelpunkt unserer Abklärungen steht der Anteil "moderner Heizungen" am kommunalen Anlagebestand in den Kantonen Luzern, Bern und Basel-Land[78]. Darunter verstehen wir jene Heizungen, welche mit einem Kessel mit Jahrgang 1986 oder jünger bestückt sind. Das sind die Jahrgänge, welche gemäss den gesetzlichen Vorschriften typengeprüft sein müssen. Seit 1986 dürfen nämlich nur noch Brenner und Kessel installiert werden, welche eine Prüfung der Eidgenössischen Materialprüfungs- und Versuchsanstalt EMPA bestanden haben (→ Kapitel Typenprüfung)[79]. Wir betrachten den Anteil dieser Anlagen am Gesamtbestand als Indikator für die Verbreitung moderner Technologien. Nach Ansicht von Fachleuten bedeutet der Ersatz von Kesseln in der Regel einen grösseren technischen Sprung als das alleinige Auswechseln eines Brenners. Wir haben uns darum auf das Kesselalter konzentriert.

Der Anteil moderner Heizungen einer Gemeinde ist abhängig von einer ganzen Reihe von Faktoren. Einige davon sind vollzugsabhängig, viele haben hingegen mit dem Vollzug der Feuerungskontrolle nichts zu tun (z.B. Altersstruktur der Gebäude). Die Zusammenhänge sind so vielfältig, dass nicht alle möglichen Einflüsse in die quantitative Analyse einbezogen werden können. Unser Untersuchungsmodell haben wir daher auf die elf aufgrund von Vorabklärungen als am wichtigsten erachteten Variablen beschränkt. Betrachten wir die Variablen und die Hypothesen, die wir damit verbinden, etwas genauer. Fünf Einflussgrössen hängen mit den Kontrolleuren zusammen und die übrigen mit anderen kommunal relevanten Faktoren.

Eng mit dem Kontrolleur verbunden ist seine Anstellungsart. Übt er seine Tätigkeit im Voll- oder im Nebenamt aus? Es ist zu vermuten, dass die Qualität und die Professionalität der Kontrolle und damit der Anteil moderner Heizungen in den Gemeinden mit einem vollamtlich tätigen Kontrolleur überdurchschnittlich ist. Die zweite Grösse, die wir berücksichtigt haben, stellt der Beruf des Kontrolleurs dar. Wir unterscheiden zwischen Gemeindebeamten, Kaminfegern, Ölfeuerungsmonteuren und anderen Berufen. Die Hypothese lag nahe, dass Gemeinden mit einem hohen Anteil an modernen Heizungen von Kaminfegern und Ölfeuerungsmonteuren betreut werden, da diese über eine qualifiziertere Berufsausbildung verfügen. Weiter nehmen wir auch an, dass die Qualität der Kontrolleure einen Einfluss auf die Verbreitung neuer Heizungen hat. Bei den entsprechenden Daten handelt es sich um subjektive Einschätzungen durch die kantonal für die Feuerungskontrolle verantwortlichen Beamten. In allen drei Kantonen gibt es Dienststellen, welche nicht nur für die Überwachung des Vollzugs sondern auch für die Weiterbildung der Kontrolleure zuständig sind. Die Verantwortlichen haben regelmässigen Kontakt zu den Kontrolleuren und sind damit in der Lage, die Qualität der Arbeit zu beurteilen. Viertens haben wir die Amtsdauer des Kontrolleurs einbezogen. Mit dieser Grösse haben wir Rückschlüsse auf die Bedeutung der Erfahrung als erklärende Variable erwartet.

Schliesslich hängt auch die kommunale Beanstandungsquote von den Kontrolleuren ab. Es handelt sich dabei um den Anteil der Heizungen, welche bei der Routinekontrolle durchgefallen sind. Die Höhe der Beanstandungsquote liefert allerdings vielfältige Deutungsmöglichkeiten. Hohe Beanstandungsquoten können nämlich nicht nur auf einen schlechten Zustand der Heizungen, sondern auch auf einen besonders gewissenhaften Kontrolleur hinweisen. Tiefe Beanstandungsquoten andererseits können Indikator für einen laschen Kontrolleur oder auch für einen grossen Anteil einwandfrei arbeitender Anlagen sein.

Die Verbreitung moderner Heizungen wird aber nicht nur von den Kontrolleuren, sondern auch von Faktoren im Umfeld der Kontrollen beeinflusst. Die Variable "Kantonszugehörigkeit der Gemeinde" steht für unterschiedliche politische Rahmenbedingungen. Diese schlagen sich auf die administrative Organisation und auf die Prioritätensetzung im Vollzug der Feuerungskontrolle nieder. Wir gehen davon aus, dass dies für den Anteil moderner Heizungen in den Gemeinden wichtig ist. Weiter haben wir die Anzahl der kontrollierten Anlagen in die Untersuchung einbezogen. Mehr Kontrollen bedeutet mehr Professionalität und mehr Sanierungsverfügungen, was zur Folge hat, dass tendenziell ein höherer Anteil moderner Anlagen in der Gemeinde stehen. So lautete unsere diesbezügliche Hypothese.

Darstellung 5.2: Unabhängige Variable und vermutete Auswirkungen auf den Anteil moderner Heizungen in den Gemeinden

Unabhängige Variable	Richtung des Einflusses auf den Anteil moderner Heizungen
Vollamt	+
Beruf	
Kaminfeger	+
Beamter	-
Ölfeuerungsmonteur	+
anderer Berufe	-
Qualität des Kontrolleurs	+
Amtsdauer	+
Beanstandungsquote	?
Kantonszugehörigkeit	?
Anzahl Anlagen	+
Luftqualität	+
Gebäudezunahme	+
Zunahme Anteil Ölheizungen	+
Serviceabonnemente	?

+ = positiver Zusammenhang
- = negativer Zusammenhang
? = offener Zusammenhang

Auch die kommunale Luftqualität beeinflusst möglicherweise den Anteil moderner Heizungen. Wir gingen von der Annahme aus, dass die Feuerungskontrolle in lufthygienisch belasteten Gebieten besonders streng vollzogen wird und eine Tendenz dahingehend besteht, Sanierungen möglichst schnell realisieren zu lassen. Als Hinweis auf eine schlechte kommunale Luftqualität haben wir die Tatsache interpretiert, dass eine Gemeinde einem speziellen kantonalen Massnahmenplan zur Reinhaltung der Luft unterstellt ist. Der Anteil der Neuanlagen in einer Gemeinde hängt sicher auch mit der Neubautätigkeit und den neu installierten kontrollpflichtigen Heizungen zusammen. Darum haben wir einerseits die Veränderung des Gebäudebestandes zwischen 1980 und 1990 und andererseits die Veränderung des Anteils der Ölheizungen am Anlagebestand in unsere Untersuchung aufgenommen.

Schliesslich betrachten wir den Anteil der Anlagen, für welche ein Serviceabonnement besteht, als Indikator für die Wartung der Heizung. Allerdings kann eine gute Wartung einerseits zu einer Erhöhung der Lebensdauer der Anlagen führen. Andererseits ist es auch möglich, dass gerade dadurch die Erneuerung der Anlagen beschleunigt wird, weil die Servicefachleute an Neuinstallationen nicht uninteressiert sind. In *Darstellung 5.2* sind die unabhängigen Variablen und die vermuteten Auswirkungen auf den Anteil moderner Heizungen zusammengefasst.

Darstellung 5.3: Grundgesamtheit der Querschnittsanalyse

	Luzern	Bern	Basel-Land	Total
Anlagebestand	21 630	95 000	25 142	141 772
Anzahl einbezogene Kontrollen	14 471	43 824	23 405	81 700
Anzahl Gemeinden	107	412	73	592
davon einbezogen	100	247	72	419

Grundlage für unsere Untersuchung bildeten Daten von 419 der 592 Gemeinden der Kantone Luzern, Bern und Basel-Land. Wir haben zwei Bedingungen an die Datenqualität gestellt: Zum einen mussten in der Heizperiode 1990/91 mindestens zehn Prozent der Heizungen der betreffenden Gemeinde kontrolliert worden sein. Zweitens war es notwendig, dass Angaben über den Anteil der Kessel mit Jahrgang 1986 und jünger verfügbar waren. Unseren Ansprüchen genügten die Daten aus 247 der 412 Gemeinden des Kantons Bern. Es handelt sich um eine weitgehend repräsentative Auswahl. Im Kanton Basel-Land werden alle Anlagen jährlich lufthygienisch kontrolliert. Alle uns interessierende Angaben waren darum in aktueller Form für 72 der 73 Gemeinden dieses Kantons verfügbar. Aus dem Kanton Luzern gab es für

100 der 107 Gemeinden genügend Daten, so dass sie in die Untersuchung einbezogen werden konnten. Total stützt sich unsere Untersuchung auf die Ergebnisse von rund 81 700 Kontrollen, welche in 419 Gemeinden durchgeführt wurden. Es handelt sich ausschliesslich um Routinekontrollen an Öl- und Gasanlagen. Allerdings ist der Anteil der Gasanlagen vernachlässigbar gering.

5.3.2 Der Vollzug im statistischen Vergleich

In der Schweiz unterstehen zur Zeit rund 800 000 Heizanlagen der periodischen Kontrolle. Wie *Darstellung 5.3* zeigt, stehen rund 15 Prozent in einem der drei Untersuchungskantone. 10 Prozent aller Schweizer Heizungen konnten in die Auswertung einbezogen werden.

1990/91 haben in den 592 Gemeinden der Untersuchungskantone insgesamt 357 Kontrolleure gearbeitet. Im Durchschnitt hatte somit jeder Kontrolleur rund 400 Heizungen zu überwachen. Am meisten Anlagen traf es auf einen Kontrolleur im Kanton Bern, am wenigsten auf die Kollegen im Kanton Luzern.

Betrachten wir nun die Angaben zu den Kontrolleuren in den 419 Untersuchungsgemeinden in *Darstellung 5.4*. Bei den Berufen überwiegen in allen Kantonen die Kaminfeger. In rund sechs von zehn Gemeinden führen Personen, welche über eine Ausbildung als Kaminfeger verfügen, die Kontrollen durch. Am häufigsten prüfen die Kaminfeger tagsüber während ihrer Arbeitszeit. Meist üben sie die Überwachungsfunktion in einem fremden Kreis aus. Dies bedeutet, dass sie nicht gleichzeitig für das Russen und für die Feuerungskontrolle derselben Heizungen zuständig sind.

Gemeindeangestellte sind im Kanton Bern besonders häufig Kontrolleure. Vielfach sind es Polizisten, Wegmeister oder für das Abfuhrwesen Verantwortliche, die mit diesem Amt betraut worden sind. Überraschend selten sind es Ölfeuerungsmonteure, wenn man bedenkt, dass diese Berufsgruppe im Kanton Basel-Stadt die Durchführung der gesamten Feuerungskontrolle vornimmt. Im Kanton Luzern sind Ölfeuerungsmonteure, die für Revisionsfirmen arbeiten, als Kontrolleure gar nicht zugelassen. In allen drei Kantonen verfügt ein beträchtlicher Teil der Kontrolleure über einen beruflichen Hintergrund als Heizungsmonteur oder -zeichner, Sanitärmonteur oder -zeichner oder als Mitarbeiter eines spezialisierten Ingenieurbüros. Selten geworden sind Landwirte und Pensionierte. Rund zwei Drittel der Gemeinden werden von Kontrolleuren betreut, welche ihre Arbeit während der normalen Arbeitszeit durchführen. Kontrolleure, die in der Freizeit arbeiten, sind im Kanton Basel-Land überdurchschnittlich häufig.

Darstellung 5.4: Art und Qualität der Kontrolleure

	Luzern	Bern	Basel-Land	Total
Total Kontrolleure	71	221	65	357
Anlagen pro Kontrolleur	305	431	387	397
Beruf				
Kaminfeger	61%	62%	46%	58%
Beamter	7%	14%	15%	12%
Ölf.-Monteur	2%	0%	4%	1%
andere	30%	24%	35%	27%
Anstellungsart				
Vollamt	66%	70%	61%	67%
Nebenamt	34%	30%	39%	33%
Amtsdauer				
bis 5 Jahre	6%	9%	7%	8%
5–10 Jahre	1%	8%	11%	7%
mehr als 10 Jahre	93%	83%	82%	85%
Qualität				
sehr gut ("Note" 1)	35%	20%	18%	24%
gut (2)	26%	10%	7%	13%
durchschnittlich (3)	31%	36%	61%	39%
unterdurchschnittlich (4)	4%	26%	7%	17%
schlecht (5)	4%	8%	7%	7%
Durchschnitt	2.2	2.9	2.8	2.7

In der Regel verfügen die Gemeinden über Kontrolleure mit langjähriger Erfahrung. In 85 Prozent der Gemeinden ist derselbe Kontrolleur schon seit mehr als 10 Jahren im Amt. Im Kanton Luzern beträgt der entsprechende Anteil sogar 93 Prozent. Im allgemeinen haben die kantonal Verantwortlichen die Arbeit der Feuerungskontrolleure als durchschnittlich bis gut beurteilt. Am besten fiel die Bewertung im Kanton Luzern, am kritischsten im Kanton Bern aus.

Wenden wir uns nun der Beanstandungsquote, der Luftqualität, dem Wachstum des Gebäudebestandes und der Verbreitung von Serviceabonnementen in den Gemeinden zu. Auf die schwierige Interpretierbarkeit der Beanstandungsquote haben wir bereits hingewiesen. Im Durchschnitt liegt der Anteil der Anlagen, welche die Vorschriften bei der Routinekontrolle nicht erfüllten, bei 14.3 Prozent. Am tiefsten ist der Wert im Kanton Basel-Land, am höchsten im Kanton Bern. In allen Kantonen schwanken die Werte beträchtlich um den Mittelwert.

Darstellung 5.5: Beanstandungsquote, Luftqualität, Zunahme des Gebäudebestandes, Veränderung Anteil Ölheizungen, Serviceabonnemente

	Luzern	Bern	Basel-Land	Total
Beanstandungsquote				
Durchschnitt	13.2%	15.6%	11.4%	14.3%
Standardabweichung	7.1	7.5	4.8	7.0
Luftqualität				
Anteil Gemeinden in Massnahmenplangebiet	15%	15%	26%	17%
Zunahme des Gebäudebestandes				
Durchschnitt	24.2%	13.1%	22.7%	17.4%
Standardabweichung	17.7	11.0	15.1	13.6
Veränderung Anteil Ölheizungen				
Durchschnitt	-7.5%	-6.0%	-8.4%	-6.8%
Standardabweichung	5.4	6.6	5.8	6.2
Anteil Serviceabonnemente				
Durchschnitt	37.6%	33.3%	38.4%	35.2%
Standardabweichung	16.6	15.4	19.9	16.5

71 der 419 Untersuchungsgemeinden sind einem Massnahmenplan unterstellt. Wir gehen davon aus, dass die Luftqualität in diesen Gemeinden besonders schlecht ist. Am höchsten ist der Anteil belasteter Gemeinden im Kanton Basel-Land. Er liegt dort bei rund einem Viertel. Die Zunahme des Gebäudebestandes weist auf die Neubautätigkeit in der Gemeinde und damit auf den "natürlichen" Zugang neuer Heizungen hin. Zwischen 1980 und 1990

Darstellung 5.6: Anteil moderner Heizungen je Gemeinde

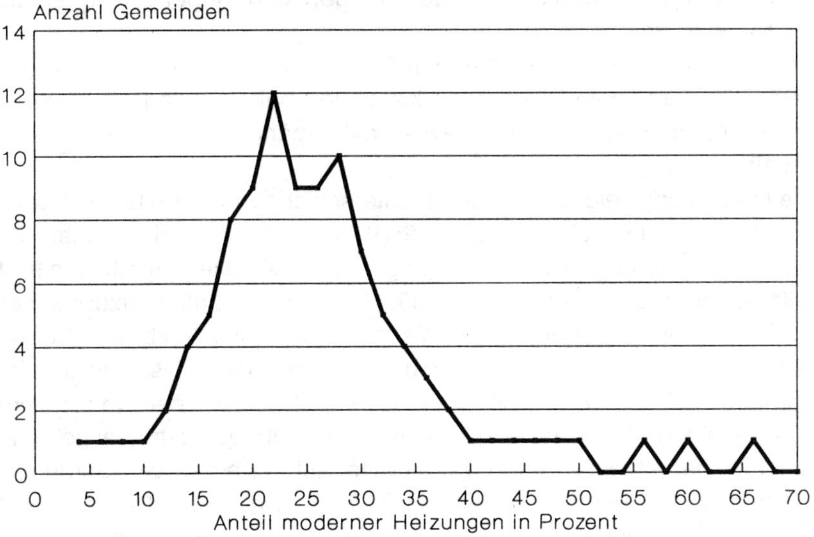

Anteil neuer Heizungen	Luzern	Bern	Basel-Land	Total
Durchschnitt	33.4 %	24.4 %	24.4 %	26.4 %
Standardabweichung	16.4	9.6	6.0	11.1

hat der Bestand in den untersuchten Gemeinden um durchschnittlich 8 Prozent zugenommen. Wachstumsgemeinden finden sich vor allem in den Kantonen Luzern und Basel-Land. Der Anteil der Ölheizungen hat in den letzten zehn Jahren in allen drei Kantonen abgenommen. Kantonal unterschiedlich sind jedoch die Zunahmen bei den anderen Energieträgern. Im Kanton Basel-Land hat insbesondere das Gas an Bedeutung gewonnen. Im Kanton Bern haben einerseits Gas und andererseits die "anderen Energieträger" wie Holz, Elektrizität, Fernwärme, Sonne u.ä. etwa zu gleichen Teilen zugelegt. Im Kanton Luzern sind die "anderen Energieträger" für den grössten Teil des Zuwachses verantwortlich. Serviceabonnemente haben in allen drei Untersuchungskantonen eine sehr ähnliche Verbreitung gefunden. Im Durchschnitt verfügen rund ein Drittel der Heizungen über ein Serviceabonnement. Allerdings ist die Streuung erheblich. In allen Kantonen gibt es Gemeinden, in welchen weniger als fünf Prozent der Anlagen im Abonnement regelmässig gewartet werden.

Nachdem wir nun die erklärenden Variablen beschrieben und zum Teil beträchtliche kantonale Differenzen konstatiert haben, wenden wir uns dem Anteil der Anlagen zu, die mit Heizkesseln Jahrgang 1986 oder jünger ausgerüstet sind.

Die Darstellung zeigt beträchtliche Unterschiede zwischen Gemeinden und Kantonen. Im Durchschnitt hatte 1990/91 rund ein Viertel der installierten Kessel den Jahrgang 1986 oder jünger. Die höchsten durchschnittlichen Anteile neuer Anlagen haben wir mit 33.4 Prozent im Kanton Luzern angetroffen. Allerdings ist die Streuung der Werte in diesem Kanton besonders hoch.

Sind die Unterschiede zwischen den Kantonen statistisch signifikant? Diese Frage kann auf der Basis einer Varianzanalyse positiv beantwortet werden. Die Wahrscheinlichkeit, dass die Differenzen zufällig zustande gekommen sind, ist kleiner als ein Promille. Dies deutet auf systematische Unterschiede der Grössen in den drei Kantonen hin ($F=25.67$; sig. $F=0.000$). Offen bleiben jedoch die Erklärungen für diese Differenzen. Wir gehen dieser Frage in folgendem Abschnitt mit einer multiplen Regressionsanalyse nach.

5.3.3 Die Auswirkungen der Feuerungskontrolle auf die Diffusion von Heizungen

Die multiple Regressionsanalyse ist ein statistisches Verfahren, um die Beziehung zwischen einer abhängigen und einer Anzahl unabhängiger Variablen zu untersuchen[80]. Mit einer derartigen Fragestellung sind wir konfrontiert. Wir wollen wissen, wie gross der Einfluss verschiedener Faktoren auf den Anteil moderner Heizungen in unseren Untersuchungsgemeinden ist. Interessant für die Interpretation sind vor allem die standardisierten Regressionskoeffizienten, welche die Bedeutung der einzelnen Variablen für die Erklärung des Anteils moderner Heizungen wiedergeben. Sie sind in *Darstellung 5.7* zusammengestellt.

Die Ergebnisse der Spalten 1 bis 5 sind jeweils aufgrund unterschiedlicher Arbeitsschritte zustande gekommen. Spalte 1 gibt die Regressionskoeffizienten an, wenn alle drei Kantone gleichzeitig in die Untersuchung einbezogen werden. Die grössten Werte finden sich bei den Variablen "Zugehörigkeit zum Kanton Luzern", "Zunahme Anteil Ölheizungen", "Gebäudezunahme", "Qualität des Kontrolleurs" und "Beruf Ölfeuerungsmonteur". Damit erhalten wir erste

Hinweise zur Beurteilung unserer Hypothesen. Die Erwartung, dass die kantonale Politik einen Einfluss auf den Anteil moderner Heizungen hat, wird bestätigt. Es zeigt sich, dass der Zusammenhang im Kanton Luzern signifikant positiv ist. Auch zwischen der Qualität des Kontrolleurs, der Zunahme des Gebäudebestandes sowie dem Wachstum des Anteils an Ölheizungen und dem Anteil moderner Heizungen finden wir die erwarteten positiven Zusammenhänge.

Anders bei der Variablen "Ölfeuerungsmonteur". Wir haben oben die Vermutung geäussert, dass dort, wo Ölfeuerungsmonteure im Amt sind, eher höhere Anteile moderner Heizungen auftreten dürften. Der standardisierte Regressionskoeffizient Beta indiziert nun, dass diese Variable tatsächlich wichtig ist. Überraschenderweise ist Beta aber negativ. Eine Ausbildung zum Ölfeuerungsmonteur geht somit eher mit einem tieferen Anteil moderner Heizungen einher. Allerdings zeigt die nähere Betrachtung, dass Ölfeuerungsmonteure nur in fünf der 419 Untersuchungsgemeinden im Amt sind, so dass der konstatierte Zusammenhang nicht breit abgestützt ist.

Aufgrund des Vergleichs der Werte in Spalte 1 kann geschlossen werden, dass die Kantonszugehörigkeit einen mehr als doppelt so wichtigen Einfluss ausübt als die Zunahme des Anteils der Ölheizungen. Gegenüber der Qualität der Kontrolleure, der Zunahme des Gebäudebestandes und dem Beruf Ölfeuerungsmonteur ist der Einfluss der Kantonszugehörigkeit sogar dreimal so stark. Alle erklärenden Variablen zusammen tragen jedoch nur rund 17 Prozent zur Erklärung der Streuung des Anteils moderner Heizungen bei. Das ist zwar wenig, der Wert liegt aber in einer für sozialwissenschaftliche Untersuchungen üblichen Grössenordnung. Bessere Werte wären nur mit detaillierten Angaben über die Altersverteilung der Gebäude, die genaue Entwicklung der verschiedenen Energieträger und ähnliche Grössen mehr zu erhalten. Solche Daten stehen jedoch nicht zur Verfügung.

Nach der Regressionsanalyse über alle Gemeinden gemeinsam, haben wir separate Berechnungen für die einzelnen Kantone angestellt. Diese Ergebnisse sind in den Spalten 3 bis 5 der *Darstellung 5.7* präsentiert. Wir erhalten den Hinweis, dass der Zusammenhang zwischen Anlagebestand und Qualität der Kontrolleure im Kanton Luzern stärker ist als in den anderen Kantonen. In Luzern liefert diese Grösse den einzigen signifikanten Beitrag zur Erklärung von Unterschieden zwischen den Gemeinden. Im Kanton Bern leistet die Beanstandungsquote einen signifikanten Erklärungsbeitrag. Höhere Beanstandungsquoten treten dort häufig mit höheren Anteilen an modernen Heizungen auf. Wie erwähnt gilt es allerdings zu beachten, dass die Höhe der Beanstandungsquote vielfältige Deutungsmöglichkeiten zulässt. Im Kanton

Basel-Land liefert die Zugehörigkeit zur Berufsgruppe der Ölfeuerungsmonteure einen relevanten Erklärungsbeitrag. Die Gemeinden, welche einen Ölfeuerungsmonteur mit den Kontrollen beauftragt haben, weisen verhältnismässig tiefe Anteile moderner Heizungen auf. Allerdings werden heute nur drei kleine Gemeinden von Ölfeuerungsmonteuren betreut.

Darstellung 5.7: Standardisierte Regressionskoeffizienten

Unabhängige Variable	alle Gemeinden		Luzern	Bern	Basel-Land
	(1)	(2)	(3)	(4)	(5)
Vollamt	-.11	-.07	-.05	-.11	-.07
Kaminfeger	.11	.07	.15	.08	
Beamter	.03	.01	-.04	.11	.03
Ölfeuerungsmonteur	-.09*	-.10*	.12		-.22*
Qualität Kontrolleur	.10*	-.04	.25*	.09	-.21
hochqual. Luzerner Kontrolleur		.23***			
Amtsdauer kurz	-.04	-.06	-.05	-.10	.10
Amtsdauer mittel	-.01	-.01	-.11	-.02	.04
Beanstandungsquote	.07	.06	-.01	.13*	-.04
Kanton Basel-Land	.06	.06			
Kanton Luzern	.32***	.17**			
Kontrollierte Anlagen	-.04	-.04	-.13	-.05	.06
Luftqualität	-.06	-.07	-.01	-.07	-.14
Gebäudezunahme	.11**	.12**	.11	.09	.19
Zunahme Anteil Ölheizungen	.14**	.12**	.15	.12	.01
Anteil Serviceabonnemente	.01	.01	.06	-.02	-.15
R^2 adjusted	.17	.19	.09	.02	.05

* signifikant auf dem 5 -%-Niveau
** signifikant auf dem 1 -%-Niveau
*** signifikant auf dem 0.1 -%-Niveau

Insgesamt, und zusätzlich auch in allen Kantonen einzeln, zeigt die Analyse, dass hohe Anteile moderner Heizungen sehr oft in Gemeinden auftreten, deren Kontrolleuren hohe Qualität attestiert wird, sowie in solchen, welche einen überdurchschnittlichen Zuwachs an Gebäuden oder des Anteils an Ölheizungen aufweisen. Wie der Vergleich mit *Darstellung 5.2* zeigt, entsprechen die Zusammenhänge betreffend die Qualität der Kontrolleure, den Gebäudezuwachs und den Anteil der Ölheizungen weitgehend unseren Erwartungen. Anders sieht es beim Einfluss der Ölfeuerungsmonteure aus. Weiter müssen wir konstatieren, dass die Analyse auf verschiedene Hypothesen keine eindeutige Antwort zulässt. Dies gilt etwa für den Zusammenhang zwischen Anlagebestand und Luftqualität. Wir gingen von der Annahme aus, dass die Feuerungskontrolle in Massnahmenplangebieten besonders streng vollzogen wird und sich somit dort überdurchschnittlich viele Neuanlagen finden. Die Regressionsanalyse liefert in dieser Hinsicht keine signifikanten Resultate. Tendenziell scheint eher ein umgekehrter Zusammenhang zu bestehen. Auch die Frage, wie die Gemeindegrösse – in Form der Anzahl kontrollierter Anlagen – und die Verbreitung von Serviceabonnementen wirken, kann nicht eindeutig beantwortet werden.

Darstellung 5.8: Mittlere Anteile moderner Anlagen in Abhängigkeit der Qualität der Kontrolleure

		Luzern	Bern	Basel-Land	alle
Qualität	hoch	38.4 %	26.1 %	23.6 %	32.7 %
	tief	28.4 %	23.2 %	24.7 %	25.0 %
	alle	34.2 %	24.1 %	24.5 %	27.9%

Es wurden nur die Gemeinden mit einem überdurchschnittlichen Zuwachs an Gebäuden in die Berechnung einbezogen.

Zusammenfassend stellen wir fest, dass die Untersuchung die Zugehörigkeit einer Gemeinde zum Kanton Luzern als wichtigsten Einzelfaktor zur Erklärung des Anteils moderner Heizungen identifiziert hat. Der Einfluss der Politik auf die zu erklärende Variable ist nicht nur gross, sondern auch statistisch nachweisbar. Offen bleibt allerdings noch, was diesen Einfluss konkret ausmacht. Aufgrund der Fallstudien vermuten wir, dass ein Zusammenhang mit der Qualität der Kontrolleure besteht. Ist es möglich, dass unsere Variable "Qualität der Kontrolleure" nicht in allen Kantonen dasselbe bedeutet? *Darstellung 5.8* geht nochmals näher auf diese Variable ein und fasst die mittleren Anteile moderner Anlagen in Abhängigkeit der Qualität der Kontrolleure zusammen. Dabei wurde der Gebäudezuwachs konstant gehalten.

Die Übersicht zeigt zweierlei. Zum einen weisen Luzerner Gemeinden, welche von qualifizierten Kontrolleuren betreut werden, gegenüber Gemeinden der anderen Kantone mit derselben Ausgangsbedingung überdurchschnittlich hohe Anteile moderner Heizungen aus. Und zum anderen sticht die Differenz der mittleren Anteile moderner Anlagen in Luzerner Gemeinden mit hochqualifizierten Kontrolleuren gegenüber den Luzerner Gemeinden mit Kontrolleuren unterdurchschnittlicher Qualität ins Auge. Es wird klar, dass der Effekt, welchen hochqualifizierte Kontrolleure ausüben, nicht in allen Kantonen derselbe ist.

Um dieser Tatsache noch vertieft nachgehen zu können, haben wir die Zugehörigkeit zur Gruppe der 61 bestqualifizierten Luzerner Kontrolleure als neue Variable in eine Regression über alle 419 Untersuchungsgemeinden eingeführt. Die Ergebnisse in *Darstellung 5.7*, Spalte 2 zeigen, dass die neue Variable einen hochsignifikanten Erklärungsbeitrag liefert und die Bedeutung der Faktoren "Qualität Kontrolleur" und "Kanton Luzern" reduziert. Das heisst, erstens, dass die Zugehörigkeit zur Gruppe der hochqualifizierten Luzerner Kontrolleure über alles gesehen den wichtigsten Erklärungsbeitrag für hohe Anteile moderner Heizungen liefert und dass, zweitens, "hochqualifiziert" nicht in allen Kantonen dasselbe bedeutet.

Die Ursachen für das zweite Ergebnis sind vielfältig. Einmal ist in Erinnerung zu rufen, dass es sich bei der Beurteilung der Qualität der Kontrolleure um subjektive Einschätzungen der kantonal verantwortlichen Beamten handelt. Es ist zu vermuten, dass diese drei Personen unter "Qualität" nicht unbedingt dasselbe verstanden haben. Der Verantwortliche des Kantons Luzern setzt den Massstab hoch an, denn seit bald zehn Jahren legt er grossen Wert auf die Qualifizierung der Kontrolleure und fördert systematisch deren Ausbildung. Er ist der Ansicht, dass gut ausgebildete Kontrolleure selbstbewusster auftreten und konsequenter beanstanden, weil sie über die Ursachen und die Folgen ungenügend arbeitender Heizungen Bescheid wissen. Bedingt durch die wachsenden Anforderungen an die Ausbildung, die neue Messtechnik im Zusammenhang mit der revidierten LRV sowie durch neue, schwieriger zu verstehende Heizungen werden im Kanton Luzern 1993 und 1994 zahlreiche

Kontrolleure zurücktreten. Von Seiten des Kantons wurde den Gemeinden empfohlen, bei der Wahl neuer Kontrolleure noch vermehrt auf deren Qualifikation zu achten. Die Verantwortlichen des Kantons Bern verfolgen eine ähnliche Strategie. Auch sie haben sich am Aufbau der BIGA-Berufsprüfung beteiligt. Allerdings haben sich ihre Qualifizierungsbemühungen verzögert. Dies geht auf anfängliche personelle Engpässe, auf die Zweisprachigkeit des Kantons und vor allem auf die wesentlich grössere Anzahl einzubeziehender Kontrolleure zurück. Die Verantwortlichen des Kantons Basel-Land dagegen haben bisher die Qualifizierungsbemühungen wenig pointiert gefördert.

Der Einfluss der kantonalen Politik auf den Anteil moderner Heizungen geht aber über den Qualifizierungsaspekt hinaus. Die Regressionsanalyse zeigt auch in Spalte 2 der *Darstellung 5.8* einen unabhängigen Beitrag der Variablen "Kanton Luzern". Die qualitative Analyse des Vollzugs der Feuerungskontrolle in den drei Kantonen lässt vermuten, dass klare Kompetenzstrukturen, Einheitlichkeit des Vollzugs sowie hohe Priorität der Betreuung der kommunalen Kontrolleure durch den kantonal Verantwortlichen in diesem Zusammenhang eine ausschlaggebende Rolle spielen.

Weiter ist es interessant festzustellen, dass der Zusammenhang zwischen dem Anteil moderner Anlagen einerseits sowie der Kantonszugehörigkeit und der Qualität der Kontrolleure andererseits stärker ist als verschiedene bei der Konzipierung der Untersuchung als wichtig erachtete Erklärungsvariablen. So haben zum Beispiel Beruf und Anstellungsdauer des Kontrolleurs sowie die Beanstandungsquote keinen statistisch nachweisbaren Einfluss auf die Anteile neuer Heizungen in einer Gemeinde. Indem wir das Vorzeichen des Regressionskoeffizienten interpretieren, können wir vermuten, dass dort, wo die Kontrolleure über eine Ausbildung als Kaminfeger verfügen, der Anteil neuer Heizungen eher höher ist als andernorts. Der Schluss dagegen, dass eine starke Luftbelastung zu strengeren Kontrollen und zu mehr Sanierung führt, ist nicht zulässig. Es zeigt sich auch, dass es falsch wäre, von einer Tätigkeit im Vollamt auf höhere Professionalität der Kontrolleure und häufigere Sanierungen zu schliessen.

Vor allem aber darf nicht vergessen werden, dass unser Modell insgesamt nur einen bescheidenen, in den Kantonen Bern und Basel-Land gar keinen relevanten Beitrag zur Erklärung der Streuung des Anteils moderner Anlagen liefern konnte. Dies zeigen die Anteile der erklärten Varianz (R^2) in *Darstellung 5.7*. Es gibt offensichtlich einflussreichere Faktoren, die sich nicht in die Untersuchung einbeziehen liessen (z.B. Altersstruktur der Gebäude, Baukonjunktur etc.). Fehlende statistische Grundlagen haben unsere Arbeit erschwert. Immerhin haben wir einerseits verschiedene plausibel erscheinende Hypothesen verwerfen oder deren Einfluss relativieren können. Andererseits hat die Regressionsanalyse in wichtigen Fragen zu statistisch signifikanten Ergebnissen geführt.

Kehren wir abschliessend zur Frage nach dem Zusammenhang zwischen der Feuerungskontrolle und der Diffusion neuer Technologien zurück. Mit Hilfe eines statistischen Untersuchungskonzepts haben wir im zweiten Teil dieses Kapitels klare Hinweise auf den Einfluss der Politik erhalten. Es hat sich gezeigt, dass die Verbreitung neuer Heizungen insbesondere von hochqualifizierten Kontrolleuren vorangetrieben wird. In Gemeinden mit "guten" Vollzugsbeamten finden sich signifikant höhere Anteile an modernen Heizungen. Im ersten Teil des Kapitels haben die vergleichenden Fallstudien auch auf den Wirkungszusammenhang von der Diffusion der neuen Anlagen auf die Ausgestaltung der Feuerungskontrolle aufmerksam gemacht: neue Gerätetypen verlangen nach differenzierteren Messmethoden, dadurch erhöhen sich die Anforderungen an die Kontrolleure. Vor diesem Hintergrund drängten sich Initiativen wie der Aufbau einer BIGA-Prüfung zur Qualifizierung der Kontrolleure auf. Auf die Tatsache, dass der Wirkungspfad keine Einbahnstrasse ist, kommen wir in *Kapitel 7* zurück.

6. Grenzwertsetzung, Typenprüfung und Feuerungskontrolle als POLITISCHES PROGRAMM

In den vorangehenden drei Kapiteln haben wir die Auswirkungen von Grenzwertsetzung, Typenprüfung und Feuerungskontrolle auf je eine spezifische Phase des Prozesses der technischen Entwicklung untersucht. In *diesem Kapitel* stehen nun die Wirkungen der drei Massnahmen insgesamt im Zentrum. Beim genannten Massnahmenbündel handelt es sich um den Kern des politischen Programmes zur Reinhaltung der Luft im Bereich der Heizungen. Als ergänzende Massnahme kommen seit kurzem noch kantonale und kommunale Sanierungsbestimmungen dazu. Diese werden aber erst in Zukunft ihre Wirkungen voll entfalten, so dass wir sie in diesem Zusammenhang vernachlässigen können.

Für unsere programmbezogene Betrachtung wählen wir zuerst einen quantitativen Zugang. Wir schauen uns in Abschnitt 6.1 Veränderungen in der Struktur des Anlagebestandes im Zeitablauf an und suchen nach Indikatoren, welche auf den Wirkungspfad von den staatlichen Massnahmen zu den technischen Entwicklungen hinweisen. Im zweiten Abschnitt interessieren wir uns auch für die Effekte in der Gegenrichtung. Wir wählen einen qualitativen Einstieg und analysieren, wie die Kommunikation zwischen verantwortlichen Behörden und der Wirtschaft beidseitig die Kompetenzen erhöht und Verwaltungshandeln in Richtung Beschleunigung der technischen Entwicklung begünstigt hat.

6.1 Indikatoren für die technische Entwicklung – eine Zeitreihenbetrachtung

Technische Entwicklungen im Bereich der Heizungen haben zur Folge, dass neuere Anlagen geringere Schadstoffemissionen aufweisen als ältere und dass sie weniger Energie verbrauchen. Mit den Daten der Feuerungskontrolle lässt sich abklären, ob solche Fortschritte in den letzten Jahren tatsächlich stattgefunden haben. Weiter ist es auch möglich zu untersuchen, ob die Veränderungen im Zusammenhang mit politischen Interventionen stehen. Die Messwerte der Feuerungskontrolle ermöglichen Aussagen über die Wirkungen des gesamten Programms. Dabei sind zwei Zugangsweisen möglich.

Einerseits können wir die Ergebnisse der periodischen Kontrolle über mehrere Jahre hinweg verfolgen und abklären, ob sich zum Beispiel die energetische Qualität der Heizungen verbessert hat. Andererseits können wir von einem einzelnen Messpunkt ausgehen, die Ergebnisse nach dem Alter der Heizungen sortieren und so Hinweise auf Unterschiede zwischen alten und neuen Anlagen gewinnen.

In diesem Abschnitt nutzen wir beide Zugangsweisen. Zuerst betrachten wir die Resultate der Feuerungskontrolle in der Stadt Zürich zwischen 1964 und 1991. Da zahlreiche wertvolle Daten nicht aufbewahrt wurden, können wir uns zum Teil nur noch auf summarische Ergebnisse stützen, welche in Zeitschriftenartikeln veröffentlicht worden sind[81]. Bei der Analyse der jahrgangspezifischen Messwerte einer einzigen Kontrollperiode im zweiten Teil des folgenden Abschnitts arbeiten wir mit Daten, welche 1991 in der Stadt Luzern erhoben wurden[82].

6.1.1 Dreissig Jahre Feuerungskontrolle in der Stadt Zürich

Die Feuerungskontrolle wurde in der Stadt Zürich schon vor dreissig Jahren zur Pflicht. In der Zwischenzeit haben sich die geltenden Vorschriften aber erheblich verändert. Während zuerst nur die Russemissionen und die unverbrannten Ölanteile überprüft wurden, so gehört heute auch die Messung der Energieverluste dazu. *Darstellung 6.1* zeigt, wie die Vorschriften schrittweise ausgedehnt und verschärft wurden.

1971 und 1984 traten neue Grenzwerte für die Russemissionen in Kraft. 1978 wurde mit den Messungen der Energieverluste begonnen. Ab Januar 1982 war die Kontrolle der Abgasverluste obligatorisch vorgeschrieben. 1985 wurden auch diese Grenzwerte verschärft. Damals begann zudem die Typenprüfungspflicht für alle Neuanlagen bis 70 kW Leistung. Die neuesten Veränderungen der Feuerungskontrolle in der Stadt Zürich wurden 1987 eingeläutet. Damals hat der Stadtrat einen ersten Massnahmenplan zur Minderung der NOx-Emissionen aus Feuerungen erlassen und auf den 1. Juli 1990 in Kraft gesetzt. Im Oktober 1989 wurde der Plan, der bis dahin nur für grosse Anlagen galt, auch für kleine Feuerungen verbindlich. Er enthält strenge Sanierungsbestimmungen[83].

Neue Grenzwerte, Typenprüfung und Feuerungskontrolle kamen einer schrittweisen Verschärfung des Programms zur Reduktion der Umweltbelastungen durch Heizungen gleich. Wie haben sich nun diese politischen Impulse auf den Heizungsbestand ausgewirkt? Ergeben sich daraus Hinweise auf die technische Entwicklung? Diesen Fragen wollen wir nun nachgehen.

Darstellung 6.1: Geschichte der Feuerungskontrolle in der Stadt Zürich

1964/65	Erste Feuerungskontrolle Beanstandung ab Russzahl 4
1971	Verschärfung: Beanstandung ab Russzahl 3 Verfeinerter Öltest
1974/75	Erste Wirkungsgradermittlungen
1978	Ausdehnung der Wirkungsgradkontrollen
1982	Obligatorische Wirkungsgradkontrollen Grenzwert Kleinanlagen: Wirkungsgrad mindestens 89 %
1984	Beanstandung ab Russzahl 2
1985	Wirkungsgrad minimal: 90 %
1985	Verordnung über Luftreinhaltemassnahmen bei Feuerungen tritt in Kraft
1986	LRV 1986 tritt in Kraft
1989	Massnahmenplan auch für Kleinanlagen; neu: Low-NOx-Vorschriften für Neuanlagen; Sanierungsplan
1990	Erste 668 Sanierungsaufforderungen
1992	LRV 1992 tritt in Kraft

Betrachten wir dazu als erstes den Verlauf der Beanstandungsquote zwischen 1964 und 1990 *(Darstellung 6.2)*. Es lassen sich drei Phasen der Anpassung an die verschärften Vorschriften ausmachen. Zuerst brauchte es rund sechs Jahre (1964 bis 1971) bis die ersten lufthygienischen Anforderungen durchgesetzt waren. Da die Anlagen damals nur alle drei Jahre kontrolliert wurden, ist jede Heizung in diesem Zeitraum zwei Mal erfasst worden. Zwischen 1972 und 1980 wurden die verschärften lufthygienischen Vorschriften bewältigt. Die dritte Phase begann 1981 und spiegelt die Umsetzung der ersten energetischen Anforderungen. Weiter sieht man, wie mit der Einführung der LRV 1986 die Beanstandungen aus energetischen Gründen stark zugenommen haben. Die Sanierungsbestimmungen von 1990 lassen sich in der Darstellung noch nicht erkennen. Die Klarheit, mit welcher die Hauptetappen der Entwicklung abgegrenzt werden können, wird durch die starke Zunahme der Anzahl der geprüften Anlagen nicht beeinträchtigt. Während in den sechziger Jahren jeweils rund 2 000 Anlagen kontrolliert wurden, sind es seit den siebziger Jahren rund 12 000. Die Ursache für die Zunahme liegt einerseits im Übergang

Darstellung 6.2: Beanstandungsquote in der Stadt Zürich 1964 bis 1992

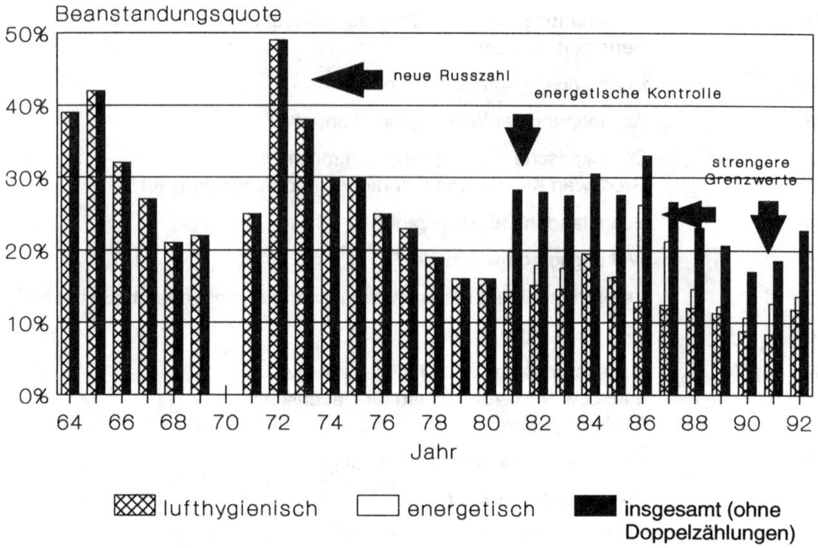

vom Dreijahres- zum Zweijahresrhythmus der Kontrollen und andererseits darin, dass bis in die Mitte der achtziger Jahre immer mehr Ölheizungen installiert wurden.

Wenn wir die Ursachen für die Beanstandungen betrachten, stellen wir fest, dass vor allem unverbrannte Ölanteile seltener geworden sind. Dies kann als Hinweis auf technische Verbesserungen gedeutet werden. Während in Zürich 1980 noch über 10 Prozent der Anlagen aus diesem Grund beanstandet werden mussten, sind es heute noch rund zwei Prozent. Weniger offensichtlich sind die Fortschritte bezüglich der Russentwicklung. Obwohl die letzte Verschärfung bereits sechs Jahre zurückliegt, gehen auch heute noch rund die Hälfte der Beanstandungen auf eine zu hohe Russzahl zurück.

Wir haben darauf hingewiesen, dass die energetischen Beanstandungen 1986 sprunghaft zugenommen haben. Danach hat ein kontinuierlicher Rückgang eingesetzt. Die erhobenen Messwerte erlauben noch weitere verfeinerte Angaben über die Entwicklung des energetischen Zustands der Heizungen. *Darstellung 6.3* bildet die mittleren Abgasverluste aller kontrollierten Heizungen

Darstellung 6.3: Mittlere Abgasverluste in der Stadt Zürich 1975 bis 1991

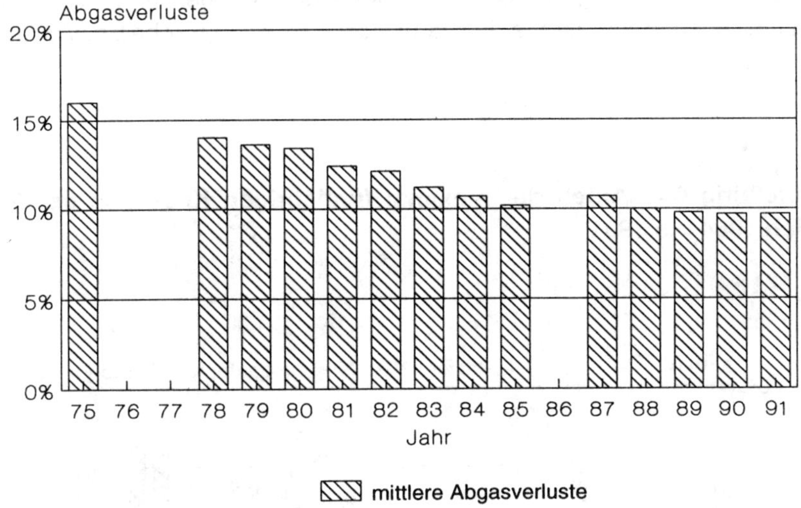

seit 1975 ab. Insgesamt ist ein klarer und kontinuierlicher Abwärtstrend auszumachen, der nicht erst mit der obligatorischen Kontrolle 1981 einsetzte. Die mittleren Abgasverluste haben in den letzten 15 Jahren um rund vier Prozentpunkte abgenommen.

Darstellung 6.3 ermöglicht auch Aussagen darüber, wie streng die energetischen Vorschriften der Luftreinhalteverordnung 1986 und 1992 formuliert worden sind. Auf den 1. Januar 1986 wurde für Altanlagen 14 bis 16 Prozent Abgasverluste als Grenzwert festgeschrieben. Zu diesem Zeitpunkt lag der mittlere Wert in der Stadt Zürich aber bereits bei 10.2 Prozent, also rund 50 Prozent tiefer. Die Grenzwerte der verschärften Luftreinhalteverordnung 1992 von 10 Prozent für Altanlagen mit einer Leistung von unter 70 kW entsprechen dagegen ungefähr den Anforderungen, die im Mittel in der Stadt Zürich 1991 erreicht wurden. Von 9 163 Anlagen, die zwischen Juli 1990 und Juni 1991 in Zürich kontrolliert wurden, wiesen rund 35 Prozent Abgasverluste von mehr als 10 Prozent auf. Während die Vorschriften von 1986 also erheblich hinter dem technisch Machbaren zurücklagen, ist die LRV 1992 als wesentlich strenger einzuschätzen.

Sinkende Beanstandungsquoten trotz wachsender Anforderungen sowie kontinuierlich abnehmende Abgasverluste im Verlauf der letzten 15 Jahre sind klare Anzeichen für Verbesserungen der lufthygienischen und energetischen Qualitäten der Heizungen. Dies kann einerseits an der besseren Wartung der Anlagen liegen. Andererseits sind dafür sicher auch technische Entwicklungen verantwortlich.

Darstellung 6.4: Anteil der maximal fünfjährigen Kessel in der Stadt Zürich 1964 bis 1991

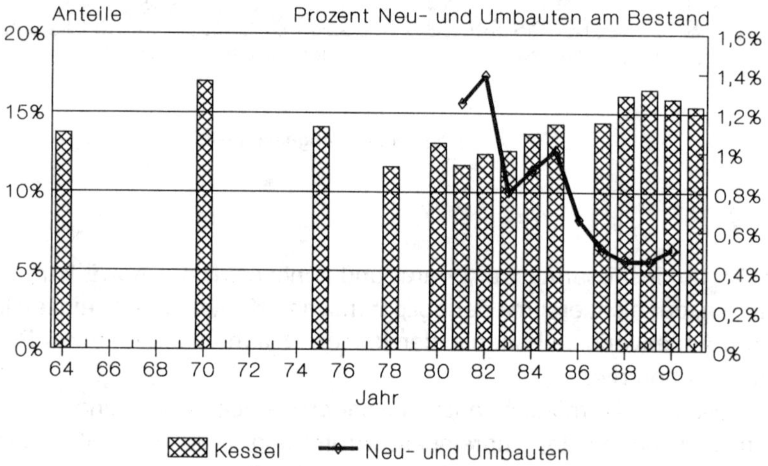

Einen weiteren Indikator für die Wirkung des untersuchten politischen Programms stellt der Anteil der modernen Kessel im Zeitverlauf dar. Wir gehen von der Hypothese aus, dass eine Massnahme, welche besonders restriktiv wirkt, einen Erneuerungsschub auslöst. Als "moderne Heizungen" betrachten wir wie im vorangehenden Kapitel solche, die mit einem Kessel mit Jahrgang 1986 oder jünger ausgerüstet sind. Wir haben die entsprechenden Anteile im Zeitverlauf in *Darstellung 6.4* zusammengestellt.

Welche Schlüsse lassen sich aus dieser Darstellung ziehen? Über den ganzen Zeitraum hinweg, hat sich der Anteil der neuen Anlagen nur wenig verändert. Lag er 1964 bei 13.7 Prozent, war er 1991 bei 15.4 Prozent. Die Erneuerungsrate hat bei den Heizungen in den letzten dreissig Jahren also nicht wesentlich zugenommen. Betrachten wir allerdings nur die kontinuierliche Datenreihe der letzten zehn Jahre, ist ein langsamer Anstieg des Anteils moderner Kessel bis 1989 von 11.7 (1981) auf 16.5 Prozent (1989) auszumachen. Dass diese Grösse seit 1989 wieder rückläufig ist, steht für uns im Zusammenhang mit den Debatten über die Einführung der LRV 1992 und des Teilmassnahmenplans Feuerungen der Stadt Zürich. Beide Diskussionen haben wahrscheinlich Sanierungsentscheide von Hausbesitzern verzögert, so dass die Erneuerungsrate abnahm (→ Kapitel Grenzwertsetzung).

In *Darstellung 6.4* ist auch der Anteil der Neu- und Umbauten am Gesamtbestand abgebildet. Diese Grösse gibt einen Hinweis auf die Entwicklung der Baukonjunktur. Eindeutigere Indikatoren (z.B. Altersstruktur der Gebäude) sowie längere Zeitreihen standen bedauerlicherweise nicht zur Verfügung. Es zeigt sich, dass der Anteil der modernen Heizungen zwischen 1986 und 1990 trotz Rückgang der Bautätigkeit zugenommen hat. Zudem wird ersichtlich, dass Heizungssanierungen, welche nicht im Zusammenhang mit Umbauten stehen, 1989/90 seltener waren als in den Vorjahren. Sicher ist weiter, dass sich der Teilmassnahmenplan Feuerungen von 1990 noch nicht in einer zunehmenden Anzahl Neuinstallationen manifestiert.

Betrachten wir nun *Darstellung 6.5*, welche die Entwicklung des Durchschnittsalters der Heizkessel abbildet. Bis 1987 lag dieses in der Stadt Zürich bei 15.5 bis 16 Jahren. Seitdem nahm es regelmässig ab. Dieser Rückgang setzte ein, nachdem 1986 die Luftreinhalteverordnung eingeführt und der Vollzug der Vorschriften vor dem Hintergrund der umwelt- und energiepolitischen Diskussion verschärft worden war. Wir erkennen hier einen weiteren klaren Zusammenhang zwischen politischer Massnahme einerseits und der Verbreitung neuer Anlagen andererseits.

Fassen wir die Ergebnisse zusammen: Indem wir die Entwicklung der Beanstandungsquote, der Abgasverluste sowie des Alters der Heizungen im Zeitverlauf verfolgten, wurden erste Hinweise auf Wirkungen des politischen Programms gewonnen. Der Verlauf der Beanstandungsquote zeigte, dass neue gesetzliche Vorschriften in den Jahren nach ihrer Einführung regelmässig zu mehr Klagen führten. Nach einer gewissen Zeit passten sich die Anlagebesitzer und das Gewerbe den neuen Verhältnissen an. Der Anteil der Beanstandungen nahm ab. Oft konnten die neuen Grenzwerte erreicht werden, indem die Heizung optimal eingestellt wurde. Die Darstellungen zeigen auch, dass

Darstellung 6.5: Durchschnittsalter der Heizkessel in der Stadt Zürich und im Kanton Basel-Land

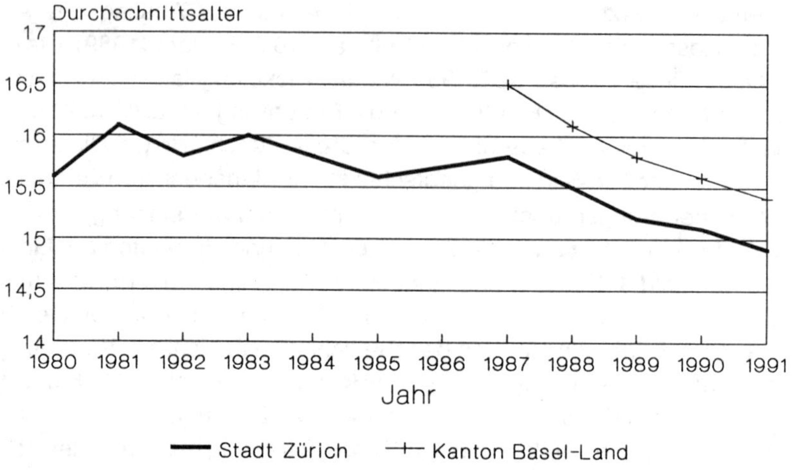

mit der Verschärfung der Vorschriften auch der Anteil neuer, mit moderner Technik ausgestatteten Heizungen zugenommen hat. Diese Ergebnisse, welche auf Angaben aus der Stadt Zürich beruhen, werden auch durch Resultate aus anderen Gegenden bestätigt. In *Darstellung 6.5* haben wir zum Beispiel die Entwicklung des Durchschnittsalters der Heizungen im Kanton Basel-Land abgebildet[84]. Sie verläuft parallel zu den Zürcher Daten. Dasselbe gilt für Hinweise aus dem Kanton Basel-Stadt. Überall lässt sich ein Erneuerungsschub im Anschluss an die Inkraftsetzung der Luftreinhalteverordnung 1986 ausmachen.

6.1.2 Die Altersverteilung der Heizkessel in der Stadt Luzern 1991

In diesem Abschnitt nehmen wir die Resultate einer einzigen Kontrollperiode vertieft unter die Lupe. Wir untersuchen Messwerte des Jahres 1991 aus der Stadt Luzern und unterteilen sie nach den Jahrgängen der Kessel und der Brenner. Als Grundlage standen 2298 Routinemessungen zur Verfügung.

Darstellung 6.6: Altersstruktur von Kesseln und Brennern in der Stadt Luzern im Jahr 1991

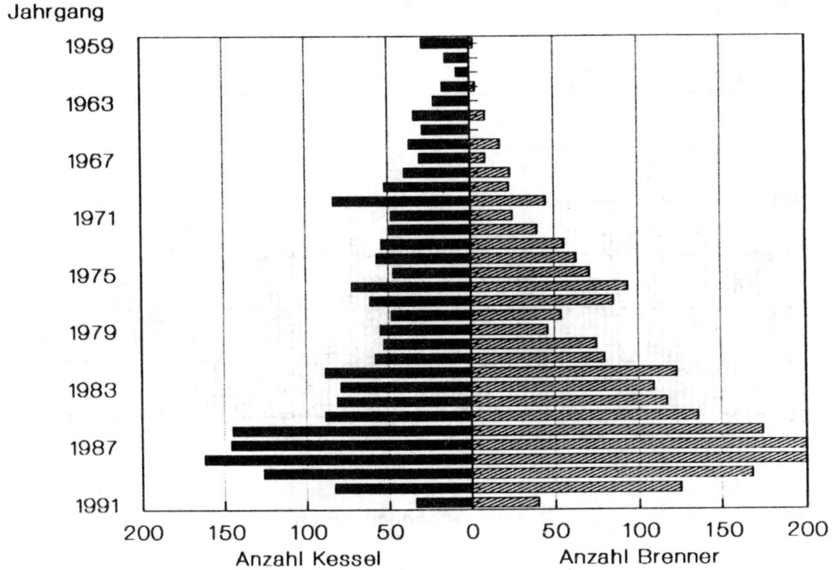

Welche Hinweise auf die Wirkungen der Politik im allgemeinen und auf die technische Entwicklung im speziellen lassen sich aus diesen Daten gewinnen?

Wenden wir uns zuerst der Altersverteilung von Kesseln und Brennern zu, wie sie in *Darstellung 6.6* abgebildet ist. Die Pyramide zeigt, dass Kessel im allgemeinen älter sind als Brenner. Diese Tatsache hat Walter Hess für die Stadt Zürich bereits in den sechziger Jahren festgestellt und kommentiert. Er wies darauf hin, dass dies lufthygienisch nicht unbedenklich sei. Weiter bildet die Alterspyramide die Wellen der Bautätigkeit und die wichtigsten Etappen der Entwicklung der Hausfeuerungskontrolle ab. Einzelne Jahrgänge sind überdurchschnittlich stark vertreten. Für die Jahre 1976/77 (Einführung der periodischen Kontrolle) sowie 1985 bis 1988 (Einführung der energetischen Kontrolle und der Typenprüfung für Neuanlagen, Verschärfung der lufthygienischen Grenzwerte) ist es naheliegend, die "Ausreisser" als Effekte politischer Interventionen zu interpretieren.

Gehen wir in unserer Betrachtung einen Schritt weiter und stellen die Frage, ob ältere Anlagen generell häufiger zu Beanstandungen Anlass geben als

Darstellung 6.7: Kesselbaujahr und Beanstandungsquote in der Stadt Luzern im Jahr 1991

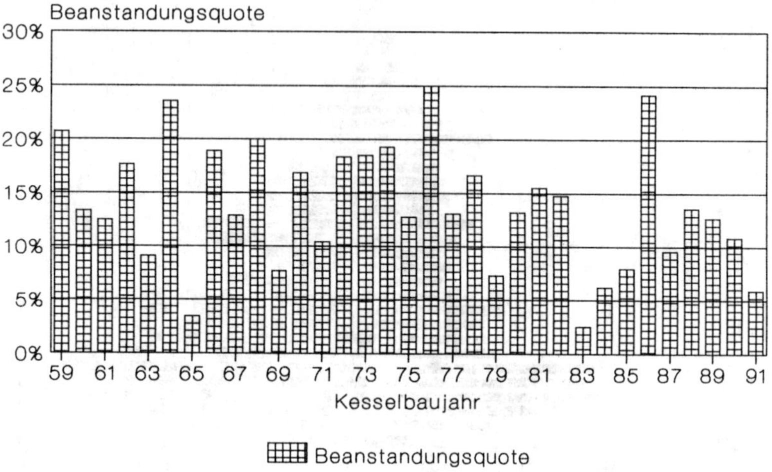

neuere. Daraus könnte die Vermutung abgeleitet werden, dass die heutigen Vorschriften nur mit moderner Technik erfüllt werden können. *Darstellung 6.7* legt dar, dass Kessel und Brenner, die während der letzten zehn Jahre installiert wurden, im allgemeinen seltener beanstandet werden mussten als ältere Anlagen. Es ist aber bemerkenswert, dass der Zusammenhang zwischen Kesseljahrgang und Beanstandungsquote in unseren Daten nur sehr schwach ausgeprägt ist. Dies kann darauf zurückgeführt werden, dass ältere Heizungen, die zu Problemen Anlass gaben, bereits ersetzt wurden. Wichtiger scheint aber zu sein, dass die heute gültigen Grenzwerte die Schwachstellen alter, überdimensionierter Anlagen kaum einzufangen vermögen.

Gehen wir nun zur Analyse einzelner Schadstoffemissionen in Abhängigkeit des Kesselalters über. Wir erhoffen uns davon Antworten auf die Frage, ob sich technische Entwicklungen in Form systematisch tieferer Schadstoffwerte bei neueren Anlagen nachweisen lassen. *Darstellung 6.8* gibt die Stickoxidemissionen in Abhängigkeit des Kesseljahrganges wider. Der Mittelwert in der Stadt Luzern liegt bei 178 mg Stickoxid pro Kubikmeter Luft, also um rund

Darstellung 6.8: Mittlere Stickoxid-Emissionen je Kesseljahrgang in der Stadt Luzern im Jahr 1991

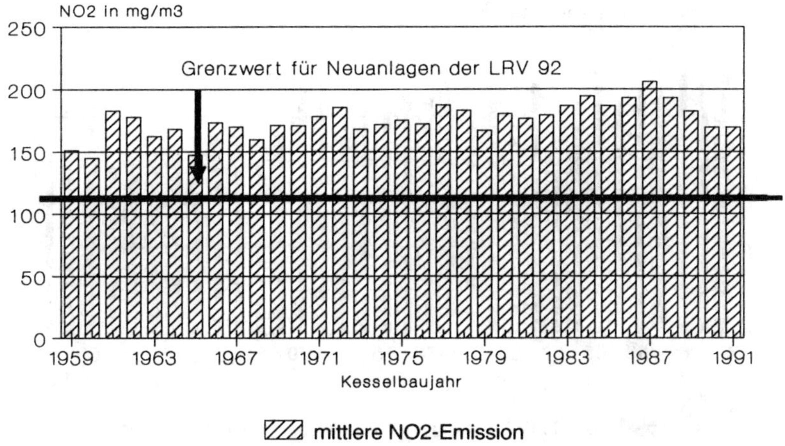

50 Prozent über dem Grenzwert der Luftreinhalteverordnung 1992. In Abhängigkeit vom Kesseljahrgang lässt sich bei den NOx-Emissionen zwischen 1981 und 1987 ein leichter Aufwärtstrend beobachten. Seither geht der mittlere Schadstoffausstoss mit jedem neuen Kesseljahrgang leicht zurück. Die Ursache für diesen Verlauf liegt darin, dass sich die Heizungsindustrie in den siebziger und in der ersten Hälfte der achtziger Jahre auf die Verbesserung der energetischen Qualitäten der Anlagen konzentrierte. Insbesondere der Einbau von sogenannten “Feuerraum-Büchsen” wirkte sich auf die NOx-Emissionen negativ aus, d.h. sie stiegen an. Diese Entwicklung wird in der *Darstellung* deutlich nachgezeichnet.

Wenn von der Zielgrösse von 120 mg NOx/m^3 ausgegangen wird, wie sie in der Luftreinhalteverordnung 1992 festgehalten ist, so war 1991 ein grosser Teil der Anlagen sanierungsbedürftig. Nur bei rund 8 Prozent der Heizungen wurde ein Wert von unter 120 mg NOx/m^3 und bei 23 Prozent ein Wert von unter 150 mg NOx/m^3 gemessen. Noch gab es also nur wenige Anlagen, welche die Zielgrösse erreichten. Dies hat sich bis heute nicht geändert.

Darstellung 6.9: Abgasverluste von Heizungen in der Stadt Luzern im Jahr 1991

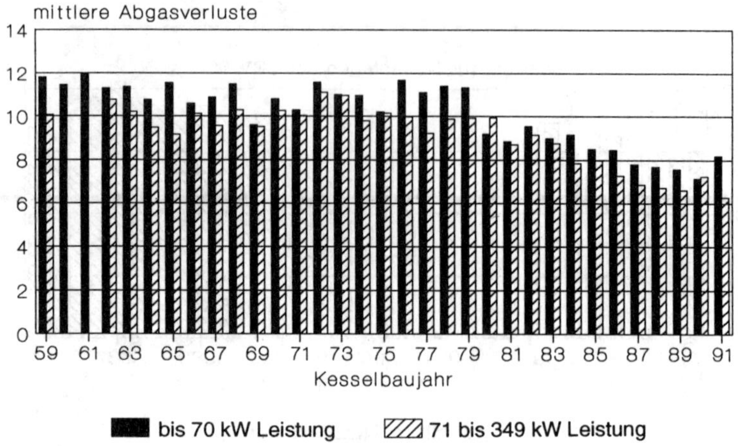

Vorderhand werden die Stickoxid-Emissionen im Rahmen der Feuerungskontrolle auch nicht obligatorisch kontrolliert. Allerdings stellt es die Luftreinhalteverordnung den Kantonen frei, solche Kontrollen vorzunehmen. Der Kanton Luzern macht von diesem Recht Gebrauch, verzichtet aber im Moment noch auf Beanstandungen.

Wenden wir uns nun den energetischen Massnahmen zu. *Darstellung 6.9* zeigt die Abgasverluste in Abhängigkeit der Alters der Kessel. Es wird erkennbar, dass die Einbussen seit Beginn der achtziger Jahre ständig abnehmen. Dies gilt, obwohl sie in Luzern erst seit 1986 obligatorisch begrenzt sind. Die mittleren Abgasverluste sind von 10 Prozent bei Kesseln mit Jahrgang 1975 auf rund 7 Prozent bei 1990er Kesseln zurückgegangen. Diese Reduktion um drei Prozentpunkte während den letzten 15 Jahren wird von Fachleuten als erheblich beurteilt. Eine etwas nähere Betrachtung der Daten zeigt, dass dieser Rückgang in erster Linie auf tiefere Abgastemperaturen zurückgeführt werden kann. Dies erklärt sich wie folgt: Der Mittelwert der Abgastemperatur für Kessel mit Jahrgang 1990 in unserem Sample liegt bei 153 Grad. 15 Jahre ältere

Geräte haben im Schnitt 58 Grad heissere Abgase. Da in der Regel eine Temperaturabsenkung von 20 Grad einem Prozentpunkt weniger Abgasverlusten entspricht, können wir schliessen, dass der Rückgang der Energieverluste in erster Linie auf die Absenkung der Abgastemperatur zurückgeht.

Direkte Impulse der Politik auf die Entwicklung der Abgasverluste lassen sich bisher kaum beobachten. Der Grenzwert der Luftreinhalteverordnung 1986 für Altanlagen von 16 Prozent lag über dem damaligen technischen Stand. Die energetischen Qualitäten haben sich dennoch kontinuierlich verbessert. Es ist zu vermuten, dass die Diskussion um weitere, strengere Grenzwerte zu einer Art Vorwegnahmeeffekt geführt hat. Die Grenzwerte der Luftreinhalteverordnung 1992 sind denn auch erheblich schärfer. Sie liegen bei 9 Prozent für Altanlagen mit 71 bis 349 kW sowie bei 10 Prozent für kleinere Altanlagen und werden heute vielfach noch nicht erreicht. Vor allem bei Anlagen mit Jahrgang 1980 und älteren sind Probleme zu erwarten. Im Vorfeld der Inkraftsetzung der neuen Luftreinhalteverordnung wurde darauf hingewiesen, dass heute im Durchschnitt nur etwa die Hälfte der Anlagen die neuen Grenzwerte bereits einhalten. Aufgrund von Untersuchungen des Bundesamts für Energiewirtschaft nahm man allerdings an, dass die Vorschriften bei rund vier Fünfteln aller Heizungen durch richtige Einstellung der Brenner erreicht werden könnten. Ein Fünftel dürfte nach diesen Berechnungen somit sanierungsbedürftig sein[85].

Lassen sich aus diesen Daten nun Indikatoren auf Wirkungen von Grenzwertsetzung, Typenprüfung und Feuerungskontrolle auf die technische Entwicklung gewinnen? Die Alterspyramiden von Brennern und Kesseln geben Hinweise darauf, dass die Politik die Diffusion neuer Technologien gefördert hat. Es ist nämlich erkennbar, dass in gewissen Jahren mehr neue Anlagen installiert wurden, als die zur Verfügung stehenden Indikatoren betreffend die Bautätigkeit vermuten lassen. Auch die Auswertungen der verschiedenen Schadstoffemissionen nach Kesseljahrgängen weisen auf Wirkungen politischer Massnahmen hin. Beim Stickoxid zeigt sich, dass mit der Debatte um die Züri-Norm seit 1987 die mittleren Emissionen je Kesseljahrgang abzunehmen begonnen haben. Auch die energetischen Qualitäten der Heizungen wurden in den letzten Jahren erheblich verbessert. Allerdings zeigen die Darstellungen, dass diese Verbesserungen zum Teil bereits vor der Festlegung von gesetzlichen Grenzwerten eingesetzt haben.

Es ist unbestritten, dass die heute vorgeschriebenen lufthygienischen und energetischen Werte ohne gesetzlichen Druck nicht erreicht worden wären. Mit unseren Daten lässt sich nun zeigen, wie die Grenzwertsetzung und die Typenprüfung die Durchsetzung von Standards bezüglich einzelner Schadstoffkomponenten beschleunigt haben. Die Entfaltung der Wirkungen des

Programms beginnt regelmässig mit der Ankündigung von Massnahmen oder von Verschärfungen und findet ihren Abschluss mehrere Jahre später im Ersatz von Heizungen, die in der Feuerungskontrolle durchfallen, weil sie sich den Vorschriften nicht mehr anpassen lassen.

6.2 Das Programm als Kommunikationsprozess

Der vorangehende Abschnitt belegt, dass es den Behörden gelungen ist, die Instrumente Grenzwertsetzung, Typenprüfung und Feuerungskontrolle zielgerichtet einzusetzen, um die Umweltbelastung durch Heizungen zu reduzieren. Es stellt sich nun die Frage, wie dieser Erfolg realisiert werden konnte. Entscheidende Bedeutung kommt dabei dem Austausch von Informationen zwischen Verwaltungsstellen und wirtschaftlichen Akteuren zu. Dadurch ist eine Art Qualifizierungsspirale in Gang gekommen, welche den Prozess der technischen Entwicklung beschleunigt und die Wirksamkeit staatlichen Handelns verbessert hat.

Historischer Ausgangspunkt des Prozesses bildete die Feuerungskontrolle. Als breit angelegter "Feldversuch" verschaffte sie den Behörden zuverlässige Daten zur Funktionsweise der Heizungen nicht auf dem Prüfstand, sondern in der Praxis. Auf die Meldungen über den bedenklichen Zustand der Anlagen reagierte die Branche zuerst mit Skepsis, dann offensiv. Zum einen machten sie sich an die Entwicklung verbesserter Geräte. Zum anderen begann sie, die Ausbildung der Installateure voranzutreiben. Diese sollten fähig sein, die Heizungen optimal zu warten und so einzustellen, dass der Schadstoffausstoss möglichst gering war. Am Ende dieser Bemühungen stand der Ausbildungsgang eines "Feuerungsfachmanns mit eidgenössischem Ausweis". Die besseren Geräte liessen neue und verschärfte Grenzwerte zu. Um diese überhaupt durchsetzen zu können, mussten zuverlässige mobile Messgeräte entwickelt werden. Komplexere Heiztechnologien und raffiniertere Messgeräte zogen es nach sich, dass auch die Kontrolleure ihre fachlichen Kompetenzen ausbauen mussten. In Zusammenarbeit mit Branchenvertretern und dem BIGA wurde der berufsbegleitende Lehrgang "Feuerungskontrolleur mit eidgenössischem Fachausweis" aufgebaut und 1990 erstmals durchgeführt. Dadurch sollte das Qualifikationsniveau der Kontrolleure wieder demjenigen des Installationsgewerbes angeglichen werden.

Die Feuerungskontrolle ist aber aus der Sicht der Programmentwicklung nicht nur wichtig, weil sie eine Qualifizierungsspirale angestossen hat. Der

Datenfluss, den sie lieferte, liess die Verwaltung bei der Branche zu einem valablen Gesprächspartner werden. In den sechziger Jahren konnten die Behörden dank den Rapporten der Feuerungskontrolle nachweisen, dass die Messungen der Installateure sehr oft ungenau waren. In den achtziger Jahren, als sich die Debatte um den Ersatz der Feuerungskontrolle durch ein Attest des Branchenverbandes drehte, belegten die Behörden mit ihren Zahlen, dass diese Prüfung nicht genügte. Und heute wissen die Behörden, dass betreffend Stickoxidemissionen nicht allen Hochglanzbroschüren der Hersteller Glauben geschenkt werden darf. Denn in den Kontrollen zeigen sich zahlreiche Empfindlichkeiten der neuen Geräte. In den Gesprächen mit Branchenvertretern werden die Ergebnisse heute diskutiert und Erfahrungen ausgetauscht.

Schliesslich haben die Behörden von den Daten der Feuerungskontrolle auch lernen müssen, dass die Realisierung und Umsetzung technischer Neuerungen Zeit brauchten. Es hat sich gezeigt, dass Grenzwertverschärfungen acht bis zehn Jahre benötigen, bis sie wirklich durchgesetzt sind. *Darstellung 6.2* führt vor, dass die Beanstandungsquoten nach der Einführung neuer Grenzwerte jeweils nur langsam sinken. Dies ist mit ein Grund dafür, dass in der Luftreinhalteverordnung 1992 auf eine obligatorische Überprüfung der Stickoxidemissionen im Rahmen der Feuerungskontrolle vorläufig verzichtet wurde. Einzig im Kanton Luzern werden die Werte erfasst, mit dem Ziel, Erfahrungen zu sammeln. Diese werden die Weiterentwicklung der Technik und des politischen Programms sicher beeinflussen.

Neben den Kenntnissen über die technischen Zusammenhänge haben sich die Behörden, die Politiker, die Unternehmer und die Wissenschaft auch Wissen darüber erworben, wie Grenzwertsetzung, Typenprüfung und Feuerungskontrolle wirken und wie die Effektivität des Programms verbessert werden kann. Es wurde zum Beispiel erkannt, dass die Massnahmen eng zusammenhängen. Die Grenzwerte stellen eine Art technische Hürde dar, welche für die Inmarktsetzung (Typenprüfung) oder für die Weiterverwendung von bestehenden Anlagen (Feuerungskontrolle) übersprungen werden muss. Die Geschichte zeigte nun, dass Grenzwerte allein die Schadstoffemissionen nicht reduzieren können. Dazu braucht es immer Kontrollen, denn trotz frühzeitiger Ankündigungen und langer Fristsetzung haben die Beanstandungsquoten im Anschluss an die Einführung neuer Grenzwerte immer stark zugenommen. Die Erfahrung lehrt, dass der Grossteil der Anlagebesitzer erst auf behördlichen Druck hin reagiert.

Weiter zeigte sich, wie wichtig es ist, dass Grenzwerte auf der richtigen Höhe angesetzt werden. Sind sie zu hoch, sind sie wirkungslos. Werden sie zu streng definiert, lassen sie sich nicht umsetzen. Ein Beispiel bildet der Wert betreffend die Abgasverluste in der Luftreinhalteverordnung 1986. Er wurde derart hoch angesetzt, dass sich kaum energetische Verbesserungen einstellten. Mehr Effekte sind vom Grenzwert zu erwarten, der in der Luftreinhalteverordnung 1992 festgeschrieben ist und im Vorfeld der Revision zwischen Behörden und Teilen der Wirtschaft hart diskutiert wurde.

Insbesondere die mit der Aushandlung griffiger Grenzwerte verbundenen Kommunikationsprozesse bieten den Akteuren regelmässig Gelegenheit, ihr Wissen über die Wirkungszusammenhänge politischer Massnahmen zu vertiefen. Die Entstehung der Züri-Norm beispielsweise führte den Beteiligten vor allem zweierlei vor Augen (→ Kapitel Grenzwertsetzung). Erstens machte die Branche die Erfahrung, dass sich ihre Interessen dann gut vertreten lassen, wenn sie eng zusammenarbeitet. Durch die gemeinsame Zielrichtung von Brenner- und Kesselherstellern ist es der Branche nämlich gelungen, die Behörden den tiefen Stickoxidgrenzwert für alle neue Anlagen vorschreiben zu lassen. Dies schützt die Schweizer Hersteller vorerst vor billigen Importen. Kann die interessierte Wirtschaft gar wie in Zürich ein Sanierungsprogramm durchsetzen, so öffnet sich zudem ein grosses Marktvolumen. Dass Kooperation zum Erfolg führt, wird zwar im allgemeinen als Trivialität betrachtet, ist aber im Heizungsgewerbe durchaus noch immer keine Selbstverständlichkeit. So sind Brenner- und Kesselhersteller in den eigenen Verbänden organisiert und verfolgen traditionellerweise eine eigenständige Interessenpolitik. Auch gibt es noch immer zwei Verbände des Installationsgewerbes (Schweizerischer Spengler- und Installateureverband; Verband Schweizerischer Heizungs- und Lüftungsfirmen).

Zweitens haben die Akteure im Aushandlungsprozess um den Stickoxidgrenzwert gelernt, dass es sowohl möglich ist, die Politik sehr direkt zugunsten ökonomischer Ziele einzusetzen, als auch ökonomische Dynamiken zugunsten ökologischer Ziele zu nutzen. In der Diskussion mit den Behördenvertretern wurde der Wirtschaft schnell klar, dass die Realisierung der ökologischen Ziele des Staates nur mittels umfassender Erneuerung des Anlagebestandes erreicht werden konnten. Dies entsprach nun aber exakt den wirtschaftlichen Zielen der Branche. Die Behörden ihrerseits realisierten, wie sie die Ziele der Gegenseite in ihre Strategien einbeziehen konnten.

Wir haben auf den letzten Seiten Hinweise zusammengestellt, die aufzeigen, wie im Zusammenhang von Grenzwertsetzung, Typenprüfung und Feuerungskontrolle ein Kommunikationsprozess zwischen Behörden und Wirtschaft entstanden ist, der die zielgerichtete Nutzung dieser politischen Instrumente ermöglicht hat. Der Kommunikationsprozess war die Voraussetzung für eine technische und eine politökonomische Qualifikationsspirale, welche die Basis für die Dynamisierung der technischen Entwicklung durch ein politisches Programm bildete. Dadurch ist es in einem konkreten Fall gelungen, ökologische und ökonomische Ziele aufeinander abzustimmen.

DRITTER TEIL Interpretationen

In diesem dritten Teil unserer Untersuchung fassen wir die wichtigsten umweltpolitischen Erkenntnisse und Evaluationserfahrungen, die wir beim Erarbeiten dieser Studie machen konnten, zusammen. Gleichzeitig geht es auch darum, diese Resultate im Hinblick auf ihre Generalisierbarkeit kritisch zu reflektieren.

Kapitel 7 ist den wirtschaftspolitischen Schlussfolgerungen gewidmet. Zunächst tragen wir noch einmal die zentralen Ergebnisse über die Wirkungszusammenhänge zwischen den drei als umweltpolitisches Programm aufgefassten staatlichen Massnahmen zusammen. Anschliessend folgen als Verallgemeinerung unserer in der Studie gewonnenen Einsichten Anmerkungen zur politischen Ökonomie der Umweltpolitik. *Kapitel 8* dient der Reflexion unserer methodenorientierten Erfahrungen mit der vorliegenden Evaluation der Wirkung staatlicher Massnahmen im Umweltbereich. Zunächst werden die Erkenntnisse herausgearbeitet, die wir während der Erprobung der einzelnen Analysekonzepte sammeln konnten. Sie münden in das Modell einer konzeptionellen Triangulation aus; wir stellen es zum Schluss der Studie vor.

Beide Kapitel in diesem dritten Teil enden mit bedenkenswerten Anregungen, sei dies in wirtschaftspolitischer oder in evaluationswissenschaftlicher Hinsicht.

7. Wirtschaftspolitische Schlussfolgerungen: Die Wirkung umweltpolitischer Massnahmen auf die technische Entwicklung

Das Thema unseres Forschungsprojektes war eine (scheinbare) Nebenwirkung der schweizerischen Umweltpolitik im Bereich der Hausfeuerungsanlagen. Es ging um die Frage, ob und in welcher Weise der Einsatz verschiedener staatlicher Massnahmen zur Verbesserung der Luftqualität und zur Energieeinsparung auch Einfluss auf die technische Entwicklung von neuen Heizungen hat.

Von der Bearbeitung dieser Fragestellung haben wir uns tiefere Einblicke in das Verhältnis von Ökonomie und Ökologie versprochen: Kann mit einer technikorientierten Umweltpolitik die Wettbewerbsfähigkeit von Unternehmen (indirekt) gefördert werden? Wäre demzufolge eine so ausgestaltete Umweltpolitik als ein Element einer neuen wirtschaftspolitischen Strategie zu nutzen, die die Attraktivität des Industriestandorts Schweiz zu verbessern vermag? Kurz: Gibt die schweizerische Umweltpolitik im spezifischen Bereich der Feuerungsanlagen ein Beispiel für die fruchtbare Verknüpfung ökonomischer und ökologischer Interessenlagen ab?

In diesem Kapitel versuchen wir Antwort zu geben. Im ersten Abschnitt sammeln wir die wichtigsten Ergebnisse aus den verschiedenen Untersuchungsteilen, im nächsten übertragen wir unsere Erkenntnisse zu Anmerkungen über die politische Ökonomie der schweizerischen Umweltpolitik, die zum letzten Abschnitt überleiten, wo die wirtschaftspolitischen Lehren aus unserem Forschungsprojekt referiert werden.

7.1 Die empirischen Ergebnisse im Überblick

Zur Bearbeitung unserer Fragestellung mussten wir das Untersuchungsfeld strukturieren und begrenzen. Aus der Vielfalt möglicher staatlicher Massnahmen haben wir drei herausgegriffen und diese einer idealtypisch gefassten Vorstellung technischer Entwicklung gegenübergestellt (→ Kapitel Wirksamkeit). Dies führte uns zu vier Fragestellungen, denen die verschiedenen Untersuchungsteile gewidmet sind. Es geht um die Wirkungszusammenhänge zwischen Grenzwertsetzung und Invention, Typenprüfung und

Innovation sowie Feuerungskontrolle und Diffusion. Fassen wir schliesslich die drei staatlichen Massnahmen zu einem umweltpolitischen "Programm" und die drei (interdependenten) Phasen zu einem Prozess technischer Entwicklung zusammen, so kann viertens nach dem gesamthaften Verhältnis zwischen dieser Art von Umweltpolitik und technischer Entwicklung gefragt werden.

Darstellung 7.1: Empirische Ergebnisse aus wirtschaftspolitischer Sicht

Politik → technische Entwicklung	technische Entwicklung → Politik
Grenzwertsetzung und Invention	**Invention und Grenzwertsetzung**
- Beschleunigung des Inventionsprozesses	- Know-How-Transfer
- Lenkung des Inventionsprozesses	- Machbarkeitsbeleg
Typenprüfung und Innovation	**Innovation und Typenprüfung**
- Durchsetzung technischer Mindeststandard	- Ausdehnung des Angebots über den ganzen Leistungsbereich
- "Begrenzung" der konstruktiven Freiheit;	- Entwicklung von Messtechniken
- Unit-Lösung	
Feuerungskontrolle und Diffusion	**Diffusion und Feuerungskontrolle**
- Beschleunigte Erneuerung des Anlageparks	- Entwicklung (mobiler) Messtechniken
- Qualifikation der Vollzugsbeamten	- Qualifikation der Vollzugsbeamten
"Programm" und technischer Prozess	**Technischer Prozess und "Programm"**
- Beschleunigung der technischen Entwicklung	- Qualifizierungsspirale
- Verwissenschaftlichung der Branche	- Modellcharakter für Umweltpolitik

Wir sind von einer grundsätzlich symmetrischen Wirkungsstruktur ausgegangen. Ein Wirkungspfeil weist von den staatlichen Massnahmen zur technischen Entwicklung, der andere in die umgekehrte Richtung von den neuen technischen Erkenntnissen zu den Instrumenten der Luftreinhaltepolitik. Zwischen den beiden Wirkungsrichtungen bestehen sachliche wie zeitliche Zusammenhänge. Dies führt uns zu einem komplexen Bild der Wirkungszusammenhänge ohne eindeutige Kausalitäten. Es handelt sich um einen sich gegenseitig verstärkenden Prozess, in dem technische Veränderungen auf den Inhalt der staatlichen Massnahmen einwirken und diese wiederum Investitionen in Forschung und Entwicklung auslösen. Unter Berücksichtigung dieser Überlegungen repetieren wir im folgenden die wichtigsten empirischen Ergebnisse unserer Wirkungsanalyse, wie wir sie aus den verschiedenen Untersuchungsteilen gewinnen konnten (vgl. *Darstellung 7.1*).

Es kann nicht bestritten werden, dass erste Tüftlerarbeiten und Erfahrungen aus Japan, die die prinzipielle Machbarkeit signalisierten, vorliegen mussten, bevor daran zu denken war, die strengste Norm Europas für Stickoxidabgase in der Schweiz einzuführen. Nachdem allerdings unter den Beteiligten Einigkeit über die technischen Lösungsmöglichkeiten zur Senkung der NOx-Emissionen erreicht war, kehrte sich die Wirkungsrichtung rasch um. Nun beschleunigte die Grenzwertsetzung den Inventionsprozess. Durch Terminvorgaben und sich abzeichnende Sanierungsvorschriften senkte sich das Investitionsrisiko der Unternehmer für Forschung und Entwicklung, durch das Bekanntwerden der Züri-Norm dehnte sich die Nachfrage nach Anlagen mit den neuen Low-NOx-Techniken rasch über die ganze Schweiz und alle Leistungsbereiche aus. Die Unternehmen gewannen so klare Entwicklungsziele und Umsatzerwartungen, was ihnen die Planung des Inventions- und Innovationsprozesses deutlich erleichterte. Es wurde eine Vielfalt von Low-NOx-Techniken entwickelt, um die angestrebten tiefen Stickoxidwerte über den ganzen Leistungsbereich der Heizanlagen zu erreichen.

Die Typenprüfung markiert mit ihren Anforderungen den verlangten Stand der Technik. Sie trägt damit zur Durchsetzung eines technischen "Mindeststandards" bei, der im Falle der Auflagen zur Begrenzung der NOx-Emissionen zur Verwendung modernster Verbrennungstechniken zwingt. Die Kombination der verschiedenen sicherheitstechnischen, energetischen und lufthygienischen Vorgaben führt unvermeidlich zu einer gewissen Begrenzung der konstruktiven Freiheit. Insbesondere hat der neue NOx-Grenzwert im Prüfprogramm die sogenannten "Unit"-Anlagen deutlich favorisiert. Die Typenprüfung hängt von einigen technischen Gegebenheiten ab, ohne die sie nicht in der vorgeschriebenen Art und Weise durchführbar wäre. Auch das lässt sich am Beispiel des NOx-Grenzwertes illustrieren. So konnte dieser Grenzwert für den gesamten Leistungsbereich erst festgelegt werden, nachdem absehbar war, dass dies für die Unternehmen keine unüberwindbaren technischen Hürden mehr darstellen würde. Darüber hinaus mussten auch noch spezifische Messgeräte und -techniken entwickelt und ausgehandelt werden, die es erlaubten, diesen neuen Grenzwert überhaupt ins Prüfprogramm aufzunehmen.

Die regelmässige Feuerungskontrolle zeigt an, ob eine Heizanlage noch dem geforderten Stand der Emissionsvorschriften genügt. Ist dies nicht der Fall, kommt es zu einer Sanierung oder Auswechslung der Heizanlage. Die

Diffusion neuer Heizanlagen wird sowohl durch die kantonale Politik wie durch die Qualifizierung der Vollzugsbeamten beeinflusst. Klare Kompetenzstrukturen, Einheitlichkeit des Vollzugs sowie Engagement und hohe Priorität der Betreuung der kommunalen Kontrolleure durch die kantonal Verantwortlichen sind von grosser Bedeutung. Keinen nachweisbaren Einfluss auf das Alter des Anlagebestands haben hingegen die vorherrschende Luftqualität, der Beruf des Kontrolleurs oder die Gemeindegrösse. Die Diffusion neuer Anlagen beeinflusst auch die Feuerungskontrolle. Nicht nur führt das Vordringen von Heizungen mit neuen Techniken zu höheren Ansprüchen an die Ausbildung der Feuerungskontrolleure, diese neuen Techniken verlangen auch neue (mobile) Messgeräte. So konnte zum Beispiel der NOx-Grenzwert bis vor kurzem nur indirekt über den CO-Wert geschätzt werden, weil keine finanziell tragbaren und technisch zuverlässigen Messgeräte zur Verfügung standen.

Neuerungen und Verschärfungen der Feuerungskontrolle führen regelmässig zu einem Anstieg der Beanstandungsquoten. Offenbar braucht es eine gewisse Zeit, bis sich die Hausbesitzer, Heizungsmonteure und Installateure jeweils an die neuen Vorschriften gewöhnt haben. In dieser Anpassungsphase können Informationen über die Anlagen im Dauerbetrieb gewonnen werden, die in die Forschungs- und Entwicklungsabteilungen der Unternehmen und an das BUWAL oder die EMPA zurückfliessen. So tragen die Ergebnisse der Feuerungskontrolle als Quasi-Feldversuche zu raschen technischen Verbesserungen und zur genaueren Spezifikation der Typenprüfung und Feuerungskontrolle gleichermassen bei. Es kommt zu einer "Qualifizierungsspirale" für alle Beteiligte. Dies führt zu einer Verwissenschaftlichung der Branche und der involvierten Behörden. Damit wird nicht nur die technische Entwicklung rascher vorangetrieben, sondern auch die Qualität der Regulierung nimmt zu. Die Ausgestaltung dieses Bereichs der Umweltpolitik kann damit Modellcharakter annehmen für ähnlich gelagerte Fälle wie zum Beispiel bei den Wärmepumpen oder Boilern.

7.2 Anmerkungen zu einer politischen Ökonomie der Umweltpolitik

Im letzten Abschnitt liessen wir die wichtigsten empirischen Ergebnisse aus den vier Untersuchungsteilen Revue passieren. Wir wollen unsere Erkenntnisse nun aus einer politologischen Perspektive interpretieren, um so zu einigen Anmerkungen über die politische Ökonomie der Umweltpolitik im Bereich der Heizungen zu gelangen. Diese Anmerkungen werden zu Hinweisen führen, wie politische Massnahmen gestaltet werden sollten, wenn ihnen ein erfolgversprechender Vollzug beschieden sein soll.

Traditionellerweise unterscheidet man in der "Policy-Analyse" fünf Steuerungsprinzipien: Gebote und Verbote, (finanzielle) Anreize, Leistungsangebote, Überzeugung, Information und Aufklärung sowie "Vorbilder"[86]. Diese Aufzählung ist verschiedentlich erweitert worden. Im Kern aber lassen sich alle diese Auflistungen auf drei Strategien modernen staatlichen Handelns konzentrieren, nämlich auf regulative, finanzielle und informationelle Vorgehensweisen[87].

Diese Kataloge haben alle eine gemeinsame Schwäche; sie diskutieren die Gestaltung von Politik aus der Sicht des staatlichen Akteurs, gehen also von einem hierarchischen Verständnis von Politik aus. Politik ist aber als Ergebnis des Handelns unterschiedlichster Akteure zu interpretieren. Wir suchen darum nach "Gefässen", aus denen sich alle involvierten Akteure "bedienen" können. Nennen wir diese Gefässe "Inhalt", "Zeit" und "Verhandlung". Sie stehen natürlich in interpretierbarer Nähe zu den zitierten Prinzipien und Strategien staatlichen Handelns, sind aber allen Beteiligten zugänglich. Wir wollen dies etwas ausführen.

Der "Inhalt" beschreibt das Was und Wie der staatlichen Massnahmen, in unserem Fall also die Grenzwerte sowie die Anforderungen und Auflagen bei der Typenprüfung und Feuerungskontrolle. Durch die Ausgestaltung des Regulierungsinhalts, beispielsweise durch die Höhe der Grenzwertsetzung oder die Abgrenzung gegenüber schon vorhandenen Vorschriften im europäischen Umfeld wird Einfluss auf die Ausrichtung der technischen Entwicklung gewonnen. Zum Inhalt politischer Massnahmen tragen aber nicht nur der Staat, sondern auch die wirtschaftlichen und wissenschaftlichen Akteure im Rahmen korporatistischer "Veranstaltungen"[88] bei. Der Inhalt kann als das regulative Element des von uns untersuchten Bereichs der Umweltpolitik verstanden werden, das sich am Prinzip von Gebot und Verbot orientiert.

Die "Zeit" spielt immer dann eine Rolle, wenn es um Termine des Inkrafttretens, um das "agenda-setting" in Aushandlungsprozessen, um Übergangsfristen, Entwicklungszeiten oder um die Rhythmisierung von Kontrollabläufen und Revisionen gesetzlicher Auflagen geht. Hier kann durch die Beschleunigung oder Verzögerung, durch Berechenbarkeit oder unerwartete Terminverschiebungen der Gang der technischen Entwicklung beeinflusst werden. Auf die Gestaltung des "Zeit"-Ablaufs haben alle beteiligten Akteure in mehr oder weniger grossem Ausmass Einfluss. Ausserdem setzt die "Zeit" durch ihre konkrete Gestaltung Anreize zu einem bestimmten Verhalten der Beteiligten. In unserem Kontext soll sie auch als finanzielles Moment interpretiert werden. Denn Zeit ist zumindest für die Wirtschaft Geld: klare terminliche Vorgaben reduzieren das unternehmerische Risiko und machen Forschungs- und Entwicklungsprozesse planbarer.

"Verhandlungen" sind für den Inhalt staatlicher Massnahmen und deren Vollzug in der auf Konkordanz bedachten Schweiz schon immer wichtig gewesen. Zu gross sind heute die Möglichkeiten des Boykotts für die verschiedenen Akteure, als das etwas einfach per Dekret und Zwang ein- und durchgesetzt werden könnte. Breit angelegte Verhandlungs- und Entscheidungsprozesse, klare Beurteilungskriterien und vorhersehbare Sanktionen oder aber Unübersichtlichkeit und Inkonsequenz beeinflussen den technischen Entwicklungsprozess demzufolge ebenfalls. Die allseitige Gesprächsbereitschaft bleibt unabdingbare Voraussetzung für das Gelingen von Verhandlungen.

Die technikfördernde Wirksamkeit der von uns untersuchten staatlichen Massnahmen setzt sich in ihrer Substanz aus Ingredienzien zusammen, die aus den drei Gefässen Inhalt, Zeit und Verhandlung stammen. Der Griff der verschiedenen Akteure in diese Gefässe führte zu einem Gemisch, das letztlich (fast) allen zum Genuss ihrer angestrebten Ziele gereichte. Wir fassen unsere Anmerkungen zur politischen Ökonomie der schweizerischen Umweltschutzpolitik im Bereich der Feuerungen unter den drei headlines: "Je strenger, desto besser", "time is money" und "Orientalischer Basar?" zusammen.

7.2.1 Inhalt: "Je strenger, desto besser"

Die Wirtschaft sucht mehr Umsatz, mehr Gewinn, mehr Sicherheit bei den Investitionen. Die Wissenschaft strebt neues Wissen an. Die Politik braucht vorzeigbare Ergebnisse. Die Verwaltung verlangt nach mehr Kontrolle und einer Ausweitung ihrer Kompetenzen. So banal stellen sich die divergierenden Ziele der Akteure dar und es kann denn auch nicht überraschen, dass sich nur selten eine Konstellation einstellt, in der die potentiell konfliktiven Zweckorientierungen sich zumindest auf eine "wohlwollende" Indifferenz ausrichten. Genau dies aber ist in unserem Fall der Fall!

Obwohl auch diesmal trotz aller anders lautender Rhetorik nicht von gemeinsamen Zielen aller Akteure die Rede sein kann, führte die besondere Konstellation, wie wir sie in unserer Fallstudie skizziert haben, zu einem gemeinsamen Griff ins Gefäss "Inhalt". Das Mittel, das alle Zwecke "heiligen" sollte, war die Revision der Luftreinhalteverordnung! Und sie konnte zuletzt nicht streng genug ausfallen. Politik und Behörden wollten eine Verschärfung und die Einführung neuer und strenger Vorschriften als Beitrag zur Verbesserung der Luftqualität durchsetzen. Schliesslich standen sie unter Handlungsdruck gegenüber der Öffentlichkeit. Auch die Wirtschaft erkannte die Vorteile strenger

Auflagen. Diese versprachen ihr (über die zu erwartenden Sanierungsauflagen) einen Nachfrageschub, der es erlauben würde, schon bald auch auf den ausländischen Märkten mit den neuen Heizungen auch preislich konkurrenzfähig zu sein.

Bemerkenswerterweise wurde im Rahmen der Revision der LRV am traditionellen Programm – Grenzwertsetzung, Typenprüfung und Feuerungskontrolle – prinzipiell nichts geändert. Offenbar war man allgemein zur Einsicht gelangt, dass nur das aufeinander abgestimmte Instrumentarium als Ganzes die erhofften Wirkungen erbringen kann. Von diesem wusste man, was man zu erwarten hatte, wusste man, das "es" funktioniert. Man konnte das Bestehende ausbauen und erneuern, ohne Gefahr zu laufen, wesentliche Wirkungszusammenhänge zu übersehen.

Einzig beim "Wie" der Typenprüfung kam es zu Meinungsdifferenzen. Beim "Was" war noch allen klar geworden, dass eine europäische Harmonisierung nicht anstrebenswert war. Zu tief waren und sind die gültigen europäischen Normen und Vorschriften. Aber beim "Wie" wollte die Wirtschaft ein möglichst gleich gestaltetes Prüfprogramm. Doch die Abweichungen bei den Auflagen bedingten auch Abweichungen beim Verfahren. Mit dieser Position konnten sich die Behörden durchsetzen und schafften so eine nichttarifäre Handelsbarriere, die sich der Tendenz nach als konkurrenz- und damit wohl auch inventionshemmend entpuppen könnte, wenn nicht durch andere Massnahmen für weiteren Inventions- und Innovationsdruck gesorgt wird. Wir werden darauf gleich noch zu sprechen kommen. Auch gegen die Feuerungskontrolle formierte sich kein Widerstand. Nur die Forderung nach einer innerschweizerischen Harmonisierung wurde erhoben. Doch hier kam der landesübliche Föderalismus ins Spiel. Die Bundesbehörden konnten nur grobe Vorgaben über die Feuerungskontrolle erlassen. Wesentliche Teile des "Was" sind den Kantonen, manches "Wie" gar den Gemeinden überlassen.

So kam es zu einer, für die aktuelle Umweltpolitik nicht selbstverständlichen Einigung zwischen allen Beteiligten. Der Wirtschaft verhalf die neue LRV zu gesicherten Umsatzerwartungen, der Wissenschaft wurden die entsprechenden Finanzquellen geöffnet, damit sie die neuen Low-NOx-Techniken im gesamten Leistungsbereich der Feuerungsanlagen erforschen und entwickeln konnten, die Umweltpolitiker können auf tendenziell sinkende Emissionswerte bei den Heizanlagen verweisen und unter dem Druck der Öffentlichkeit sich nun der Begrenzung anderer Schadstoffverursacher zuwenden.

Die Pointe am Ganzen ist aber, dass der Kerngehalt der Revision der LRV in der Implementation neuer lufthygienischer und energetischer Auflagen besteht, die praktisch nur über die Entwicklung neuer Techniken zu erfüllen sind. Damit erscheint die von uns als Nebenwirkung der Umweltschutzpolitik bezeichnete Förderung neuer Techniken unter einem neuen Licht: Diese "Nebenwirkung" wird zur unabdingbaren Voraussetzung realisierbarer Umweltpolitik! Unter dem Auge des Beobachters mutiert sie zum tatsächlichen Zweck, während die Verbesserung der Luftqualität, das "eigentliche" Ziel der Umweltpolitik im Bereich der Feuerungen zu einer blossen Nebenwirkung degradiert zu werden droht.

7.2.2 Zeit: "Time is money"

Natürlich ist Zeit in allen gesellschaftlichen Prozessen ein Faktor und in diesem Sinne wäre es auch kaum gerechtfertigt, dieses "Gefäss" als besonderes Medium hervorzuheben. Wenn wir es trotzdem tun, dann aus zwei Gründen: zum einen kann Zeit als strategische Variable zur Durchsetzung der anvisierten Ziele instrumentalisiert werden, und zwar von (fast) allen Akteuren, wenn auch in unterschiedlich starkem Ausmass. Mit der Zeit lassen sich Entscheidungs- und Vollzugsprozesse beschleunigen oder verzögern, koordinieren oder durcheinanderbringen; zum zweiten trägt auch die Festlegung der Zeit zur Reduktion von Komplexität bei. Was terminlich fixiert ist, wird planbar(er). Für beide der hier angeführten Gründe finden wir Beispiele in unserer Untersuchung.

So zwang das agenda-setting der Zürcher Behörden zu raschen Positionsbezügen und liess wenig Zeit für die firmeninternen und branchenweiten Entscheidungs- und Abstimmungsprozesse. Insbesondere Kleinbetriebe hätten eine langsamere Gangart vorgezogen. Auch die Zürcher Auto-Politiker versuchten mit ihren Broschüren über die Low-NOx-Techniken den Diffusionsprozess für neue Anlagen zu beschleunigen, um drohende Massnahmen im Bereich Verkehr, wenn nicht zu vermeiden, so doch hinauszuzögern. Die Wirtschaft strebte schliesslich eine kurze Übergangsfrist von der alten zu der neuen LRV an, um damit einen Billigmarkt für Heizanlagen mit herkömmlicher Technik von vornherein zu verhindern. Und natürlich war die Wirtschaft an klaren Planungshorizonten interessiert und strebte darum ein einheitliches Datum für das Inkrafttreten der Züri-Norm im Kanton und auf der Bundesebene an. Die Verwaltung wiederum wollte die Rhythmisierung der Feuerungskontrolle.

Was die Zeit, genauer die strategische Verwendung des Faktors Zeit, so interessant macht, ist ihre Bedeutung als finanzielle Ressource. Zeit ist Geld, das sollte nicht nur für die Wirtschaft gelten. Die Zeit beeinflusst Planungsprozesse, zwingt dazu, Prioritäten zu setzen. Haben die Akteure relativ gesicherte Erwartungen über die Daten, an denen neue Auflagen in Kraft treten, werden sie ihr Verhalten bereits heute auf die zukünftige Situation ausrichten. Termine vermindern auch das Risiko von Fehlentscheiden, dienen als Orientierungsgrössen in Arbeitsprozessen. Rhythmisch wiederkehrende Aufgaben erlauben einen effektiveren Personaleinsatz. Und so weiter, und so fort.

Wenn dieser Gedanke richtig ist, wird es natürlich zur kritischen Frage, wer in welchem Mass über den Faktor Zeit bestimmt! Es kann nicht übersehen werden, dass in unserer Untersuchung den Behörden für einmal vergleichsweise viel Macht zukam. Durch die rasche Festlegung auf die Züri-Norm und die baldige Fixierung des Termins für ihr Inkrafttreten beeinflussten die Behörden vor allem den Inventions- und Innovationsprozess der technischen Entwicklung in bedeutendem Ausmass. Aber auch in der Diffusionsphase nehmen sie im Rahmen von kantonalen Massnahmenplänen zur Reinhaltung der Luft durch die Terminierung des Inkrafttretens von Neuauflagen und durch die Sanierungsvorschriften Einfluss. Beides erlaubt Rückschlüsse auf den Zeitpunkt, wann der Heizungspark dem in der Typenprüfung markierten neuen Stand der Technik entsprechen wird.

7.2.3 Verhandlungen: "Orientalischer Basar?"

Es war nicht zu vermeiden, in den beiden Abschnitten zu den strategischen Ressourcen "Inhalt" und "Zeit" auch bereits über die "Verhandlungen" etwas zu sagen. Trotzdem bleibt noch einiges anzumerken. Verhandlungen werden sowohl im Entscheidungs- wie im Vollzugsprozess wichtig, weil in der heutigen Politik keinem Akteur mehr die ausschliessliche Bestimmungsgewalt zukommt. Längst haben sich darum breit angelegte, korporatistisch zusammengesetzte Entscheidungsgremien und komplex formierte, föderalistische Vollzugsstrukturen etabliert. Sie sind auch in unserem Fall zu finden.

Vor allem drei Momente machen Verhandlungen zur strategischen Ressource: Die Traktandenliste, die Zusammensetzung der Verhandlungsrunde sowie die Drohung mit Verhandlungsabbruch. Das Ausmass an Verhandlungsmacht lässt sich daran ablesen, wer über die zu verhandelnden Themata und über die Auswahl der Beteiligten (mit-)bestimmen kann und darf und ob Verhandlungen abgebrochen werden müssen, wenn einer der Akteure nicht (mehr) dabei ist. Die beiden ersten Momente spielten zum Beispiel bei der Aushandlung der Züri-Norm eine entscheidende Rolle. So war es dem Vertreter des Kantons Zürich gelungen, eine Verlagerung der Thematik durchzusetzen, ohne dass sich die Zusammensetzung des geladenen Kreises veränderte. Bis zum Schluss verhandelten die Ingenieure und Leiter der Forschungs- und Entwicklungsabteilungen mit den Behörden über die Höhe der Züri-Norm, obwohl längst klar geworden war, dass es nicht mehr "nur" um die Lösung eines technischen Problems, sondern um die strategische Neuorientierung einer ganzen Branche ging.

Bei der Revision der Typenprüfung lassen sich ähnliche Vorgänge beobachten. Unter der Leitung des BUWAL verhandelten diesmal die Vertreter der Branchenverbände. Obwohl am Anfang der Verhandlungen noch alles zur Debatte stand, gelang es auch in diesem Fall dem Vorsitzenden der Expertenrunde, durch eine Verschiebung beziehungsweise Fokussierung des Themas, rasch zu konkreten Resultaten zu gelangen. Der "Durchbruch" gelang mit der Übernahme der Züri-Norm und dem Vorschlag seitens der Bundesbehörden, sich bei der Durchführung der Typenprüfung an den Europäischen Normen zu orientieren. Im Laufe der Verhandlungen sorgten dann aber die Bundesbehörden selber auch wieder für Dissonanzen. So konnte sich das Bundesamt für Energiewirtschaft mit verschärften energetischen Auflagen durchsetzen, von denen zu Beginn der Verhandlungen noch keine Rede war. Und schliesslich mussten die Wirtschaftsvertreter von ihrem Prinzip, dass die schweizerische mit der europäischen Prüfungsnorm identisch zu sein habe, abrücken, weil die Züri-Norm sonst nicht zu prüfen gewesen wäre.

Bei der Feuerungskontrolle schliesslich kommt das föderalistische Element ins Spiel. Bis heute bestehen Unterschiede bei der Durchführung der Feuerungskontrolle, die sich in drei Vollzugsmodellen widerspiegeln. Trotz zahlreicher Bemühungen konnte zwischen den verschiedenen "Schulen" noch keine Einigung erzielt werden. Dabei geht es nicht nur um Differenzen beim "Wie", sondern auch beim "Wer", obwohl zumindest was die Qualifikation der Feuerungskontrolle betrifft, eine Vereinheitlichung denkbar wäre. Das BIGA hat nämlich inzwischen eine Prüfungsordnung für Feuerungskontrolleure erlassen, die nach Verhandlungen zwischen den Behörden und interessierten Kantonsvertretern zustandekam. Allerdings waren keine Vertreter der welschen Kantone zugegen. Trotzdem hofft man, dass sich die BIGA-Prüfung als "Mindeststandard" durchsetzen wird. So hat der Schweizerische Kaminfeger-Verband beschlossen, die Anforderungen des BIGA an die Feuerungskontrolleure in das Ausbildungsprogramm für Kaminfegermeister zu integrieren. Diese sind es dann wieder, welche in zahlreichen Kantonen – insbesondere auch in den welschen – die Feuerungskontrolle durchführen.

Wir haben auf den letzten Seiten die Ingredienzien genauer analysiert, die unseres Erachtens jene Substanz bilden, die die Wirkung der untersuchten staatlichen Massnahmen auf die technische Entwicklung ausmacht. Man kann die Komponenten zwar im einzelnen betrachten und diskutieren, doch erst die Mischung führt zu jener kritischen Masse, die es uns erlaubt, die Wirksamkeit der Grenzwertsetzung, der Typenprüfung und der Feuerungskontrolle für die Invention, Innovation und Diffusion neuer technischer Entwicklungen zu bejahen.

7.3 Wirtschaftspolitische Lehren

In der Regel kommen zum Schluss solcher Studien die Empfehlungen. Wir begnügen uns mit Bedenkenswertem und richten diese Anregungen an die Akteure aus der Verwaltung, der Politik und der Wirtschaft. Das Kapitel endet mit Überlegungen zur Übertragbarkeit unserer Untersuchungsergebnisse auf andere Bereiche.

7.3.1 Bedenkenswertes für die Verwaltung: Mehr Effektivität in der Umweltpolitik ist möglich

Wir haben uns mit der Effektivität der staatlichen Massnahmen im Bezug auf die technische Entwicklung von Feuerungsanlagen befasst. Diese Wirksamkeit kann noch gesteigert werden. Die Vermutung liegt nahe, dass mit einer fortlaufenden Modernisierung des Anlageparks auch gleichzeitig ein Beitrag zur Hauptwirkung der staatlichen Massnahmen, also zur Verbesserung der Luftqualität geleistet werden kann.

Eine Effektivitätssteigerung liesse sich selbst unter Beibehaltung der drei von uns untersuchten Instrumente erreichen. Notwendig wäre jedoch eine Dynamisierung der Grenzwerte anzustreben, parallel dazu die Rhythmisierung der Revisionen der Typenprüfung festzulegen und schliesslich die Qualifizierung der Feuerungskontrolle breitenwirksam zu fördern.

Die Dynamisierung der Grenzwerte meint eine periodische Verschärfung der Auflagen um einen im voraus festgelegten Prozentsatz. Damit entstände zwar eine gewisse Entkoppelung zwischen der Immissions- und Emissionsbegrenzung, gleichzeitig erreichte man aber auch einen permanenten Druck zur technischen Verbesserung der Heizanlagen. Für die Unternehmen hätte dieser Ansatz den Vorteil der Vorsehbarkeit, ihre Forschungsbemühungen ständen auf sicherem Boden und erhielten eine klare Orientierung.

In eine ähnliche Richtung zielt die zweite Anregung. Die Luftreinhalteverordnung und mit ihr die "Empfehlungen" zur Durchführung der Typenprüfung sollen in einem bestimmten und bekannten Abstand von einigen Jahren revidiert werden. Als sinnvoll erscheint ein Fünf-Jahres-Rhythmus. Während dieser Zeit verzichten die Behörden auf die Einführung neuer Auflagen und lassen die Prüfbestimmungen unverändert. Beides trägt aus der Sicht der Wirtschaft zu einer konstanteren Entwicklung der Rahmenbedingungen bei und fördert die Amortisation der Forschungs- und Entwicklungsaufwendungen.

Beide Vorschläge dürfen allerdings nicht isoliert vom dritten bedacht werden. Es hat sich nämlich gezeigt, dass es nicht genügt, nur die Soll-Werte zu verschärfen. Es braucht auch Zeit, bis diese Werte in der Praxis tatsächlich realisiert werden. Darum sollte geprüft werden, wie in Zusammenarbeit von Kommunen, Kantonen und Bund eine breitenwirksamere Qualifizierung der Feuerungskontrolle erreicht werden kann. Dies betrifft nicht nur die Aus- und Weiterbildung der Feuerungskontrolleure sowie deren Betreuung, sondern auch die Verbesserung und Standardisierung ihrer Messgeräte. Mit der Einführung der BIGA-Prüfung ist dazu ein erster wichtiger Schritt getan worden. Nur wenn auch hier weitere Fortschritte erreicht werden können, kann sinnvollerweise an eine erhöhte Kadenz bei der Verschärfung der Auflagen gedacht werden. Andernfalls droht die Kluft zwischen den geforderten und den tatsächlich vor Ort realisierten Werte zu- statt abzunehmen.

Ein so gestaltetes Programm zur fortlaufenden Begrenzung kann auf neue Instrumente verzichten. Schon mit den vorgeschlagenen Retouchen lässt sich ein dauerhafter Anreiz zur technischen Verbesserung der Heizungen und damit zur Verminderung der Abgase und eine effektivere Nutzung knapper Energie erreichen.

7.3.2 Bedenkenswertes für die Politik: Die Förderung der Attraktivität des Industriestandortes Schweiz

Wenn das wichtigste Ziel der Wirtschaftspolitik die Förderung des "Reichtums der Nation" sein soll, dann geht es darum, Standort für Unternehmen mit dauerhaft hoher Wertschöpfung zu sein. Für weit entwickelte Volkswirtschaften wie die Schweiz kommt dafür in der Regel nur noch eine technisch mit an der Spitze liegende Produktion in Frage. Das kann nur erreicht werden, wenn bisherige, auf langer Tradition beruhende und damit wenig kopierbare Standortfaktoren mit den Bedingungen für die Hervorbringung und Umsetzung modernster Technik so kombiniert werden, dass das Land nachhaltig für Technikproduzenten aus dem In- und Ausland interessant wird. Eine solche Standortpolitik kann nur erfolgreich sein, wenn der Staat, die Wirtschaft und Wissenschaft auf der Basis eines gesellschaftlichen Konsens' zusammenarbeiten[89]. Die Umweltpolitik im Bereich der Feuerungen stellt ein schon fast idealtypisches Beispiel für die eben knapp zusammengefassten allgemeinen Überlegungen zu einer Technik-Standortpolitik der Schweiz dar. Vor dem

Hintergrund des breit vorhandenen Wunsches nach einer Verbesserung der Umweltqualität kam in enger Zusammenarbeit zwischen Umweltbehörden, Branchenvertretern und Forschern der schärfste offizielle Grenzwert Europas für Stickstoffabgase zustande. Dies löste bedeutende Investitionsbeträge zur Erforschung und Entwicklung neuer Techniken aus und steigerte entsprechend die technologische Wettbewerbsfähigkeit der Unternehmen. Durch die regionalen Bemühungen zum raschen Vollzug dieser neuen Auflagen konnte zugleich auch ein Absatzvolumen im Rahmen von Sanierungsaufträgen geschaffen werden, welches gute Chancen zur kurzen Amortisation der investierten Gelder eröffnet. Das ganze wurde mit bereits bekannten und "eingeschliffenen" Instrumenten erreicht. Neu ist nur die Höhe der Grenzwerte, der Vollzug über die Typenprüfung und die Feuerungskontrolle blieb sich gleich. Selbst der föderalistischen Vollzugsstruktur wurde Rechnung getragen. Die Tradition der Instrumente erscheint damit als ein weiterer Erfolgsfaktor einer technikorientierten Umweltpolitik.

Was bedeutet dies für den Wirtschaftsstandort Schweiz? Die Bewahrung der technologischen Wettbewerbsfähigkeit der schweizerischen Unternehmen führte in der von uns untersuchten Branche nicht zu einer Renaissance des Produktionsstandorts Schweiz. Im Gegenteil, dieser sieht sich noch immer einer weitergehenden Erosion ausgesetzt. Was allerdings erreicht werden konnte, ist eine Verbesserung der Rahmenbedingungen für den Forschungs- und vor allem Entwicklungsstandort Schweiz. Und dass in dieser Hinsicht der Standort Schweiz nicht nur für heimische Heizungsunternehmen nach wie vor interessant bleibt, zeigen jüngste Vorstösse ausländischer Unternehmen in den schweizerischen Markt. Ob sich allerdings auch neue Technikproduzenten etablieren werden, muss offen bleiben.

7.3.3 Bedenkenswertes für die Wirtschaft: Die Förderung der technologischen Wettbewerbsfähigkeit von Unternehmen

Es gibt verschiedene Strategien zum Erhalt der internationalen Wettbewerbsfähigkeit von Unternehmen. Für kleine und mittlere Firmen aus der Schweiz muss die stetige technische Weiterentwicklung ihrer Produkte im Vordergrund stehen. Nur mit technologischen Spitzenleistungen können sie dem stets drohenden (ruinösen) Preiswettbewerb entgehen[90]. Dies gilt auch für die Unternehmen aus der schweizerischen Heizungsbranche. Die Förderung der technologischen Wettbewerbsfähigkeit wird damit zur wichtigsten Aufgabe der Firmenleitung. Durch entsprechende Investitionen in Forschung und Entwicklung, aber auch durch den gezielten Einkauf technikorientierter Unternehmen kann dieses Ziel angestrebt werden.

Vieles deutet daraufhin, dass in der schweizerischen Heizungsbranche zwar einiges im Tun war, dass aber erst die Aktivitäten des Staates den nötigen Druck schufen, um den neuen technischen Entwicklungen zum raschen Durchbruch zu verhelfen. Die Verschärfung der Grenzwerte und die entsprechende Ausgestaltung der Typenprüfung hat zu einer Dynamisierung des Heizungsbinnenmarktes geführt. Dies geschah weniger durch mehr Preiswettbewerb zwischen den Anbietern, denn durch den damit ausgelösten technologischen Wettlauf. Zugleich wurde der heimische Markt durch kurze Übergangsfristen vor technisch zurückliegenden Billiganbietern geschützt. Dies sicherte den Firmen eine genügend grosse Nachfrage für ihre neuentwickelten Heizgeräte, was eine relativ rasche Amortisation der getätigten Investitionen erlaubte. Damit wiederum waren die Voraussetzungen für Erfolge in ausländischen Märkten geschaffen, die sich angesichts der europaweiten Rezession allerdings bis heute nur bedingt einstellen konnten.

Unsere Studie zeigt sehr deutlich, dass und wie der Staat einen Beitrag zur technologischen Wettbewerbsfähigkeit von Unternehmen leisten kann. Durch richtig gestaltete Rahmenbedingungen ist es ihm möglich, Anreize zur technischen Weiterentwicklung von Produkten zu setzen, die sowohl wirtschaftlich wie vom Umweltschutz her bedeutsam und wirkungsvoll sein können.

Bedenkenswert für die Wirtschaft ist das Zustandekommen dieser erwähnten Rahmenbedingungen. Es hat sich sehr deutlich gezeigt, dass die Zusammenarbeit von Staat und Wirtschaft den Unternehmen in hohem Ausmass von Nutzen war. So war es möglich, die strengen Vorschriften im Rahmen des technologischen Umweltschutzes so auszugestalten, dass sie einen Beitrag zur Verbesserung der Luftqualität leisten konnten und gleichzeitig die Möglichkeit für rentable Geschäfte schufen.

7.3.4 Ausblick: Anmerkungen zur Übertragbarkeit der Untersuchungsergebnisse für andere Bereiche der Umweltpolitik

Der Ausblick soll der Beantwortung von zwei Fragen gewidmet sein. Die erste lautet: Wie ist dieser Ansatz des “technischen Umweltschutzes” gegenüber dem heute stark propagierten Ansatz des “ökonomischen Umweltschutzes” zu beurteilen? Und die zweite Frage: In welchen anderen Bereichen der Umweltpolitik könnte dieser Ansatz des technischen Umweltschutzes auch noch angewendet werden?

Der "technische" und der "ökonomische" Ansatz des Umweltschutzes haben zunächst vieles gemeinsam. In beiden Fällen muss festgelegt werden, wie hoch die maximale Immissionsbelastung sein darf und welcher Emissionsmenge dies gesamthaft entspricht. Zur Festlegung dieser Grössen braucht es naturwissenschaftliche Kenntnisse über die Wirkungszusammenhänge zwischen der Emissionsentwicklung und der Immissionsbelastung. Zur Festlegung der Immissionsbelastung braucht es regional differenzierte Beeinträchtigungsgrenzen. Schliesslich braucht es für beide Ansätze ein Kontrollsystem, das sowohl die Emissions- wie die Immissionsentwicklung erfasst und überwacht.

Im Rahmen des heutigen technischen Umweltschutzes sind die aufgelisteten Voraussetzungen erfüllt. Die maximale Belastung durch Immissionen wurden im Luftreinhaltekonzept des Bundesrates – wenn auch vage – mit dem Ziel umschrieben, in absehbarer Zeit in der Schweiz wieder die Luftqualität der fünfziger und sechziger Jahre zu erreichen[91]. Inzwischen hat das BUWAL die notwendigen Massnahmen zur Erreichung dieser Ziele in die Wege geleitet. Die entsprechenden Emissionswerte finden sich als Grenzwerte in der LRV 1992. In bemerkenswerter Weise ist der Zusammenhang zwischen den Emissionsgrenzwerten und der Immissionsbelastung geregelt. Die Immissionswerte sind maximale Werte und orientieren sich an der Situation in den am meisten belasteten Regionen der Schweiz. Für weniger belastete Regionen gelten – als präventive Massnahme – die aktuellen Emissionsgrenzwerte, auch wenn damit die Luftverschmutzung vor Ort noch nicht die höchstzulässigen Werte erreicht. Die Immissionsbelastung wird mit einem ausgedehnten Messystem erfasst, die Emissionswerte durch stichprobenweise oder systematische Kontrolle der Produkte und Anlagen. Ein "ökonomischer Umweltschutz" käme um diese "Rahmenbedingungen" – also die Fixierung maximaler Immissionswerte und die Kontrolle der Umweltbelastung – nicht herum. Manches könnte vom "technischen Umweltschutz-Ansatz" übernommen werden, aber ohne Staat wäre auch ein "ökonomischer Umweltschutz" nicht zu haben.

Natürlich gibt es aber auch klare Unterschiede. Die beiden Ansätze differieren im Kern in der Verteilung der Rechte über die Umweltverschmutzung und im Preis, der für diese "Schädigungsrechte" zu bezahlen ist. Aus diesen Differenzen ergeben sich auch unterschiedliche Anreize zur Verminderung der Umweltbelastung.

Der "technische Umweltschutz" arbeitet mit Emissionsgrenzwerten, die alle Akteure (Unternehmen und Haushalte) einhalten müssen. Die Kosten, die dabei einem Akteur zufallen, um diese Grenzwerte einhalten zu können, finden keine Berücksichtigung. Im Rahmen der Sanierungsvorschriften findet hingegen eine Differenzierung nach der Umweltbelastung der einzelnen Produkte und Anlagen statt. Je höher die einzelne Emissionsmenge, desto kürzer die Sanierungsfristen. Akteure, die die Emissionsgrenzwerte erreichen, haben keinen Anreiz zur Suche nach technischen Möglichkeiten zur weiteren Verminderung der Umweltbelastung. Es besteht jedoch ein Anreiz zur Suche nach kostengünstigeren Varianten zur Erreichung der Grenzwerte. Ob diese Suche auch zur Entdeckung umweltfreundlicherer Produkte führen kann, muss offenbleiben. Durch eine Dynamisierung der Grenzwerte könnte der Anreiz zur Verringerung der Umweltbelastung aber dauerhaft erhalten bleiben.

Der "ökonomische Umweltschutz" überlässt es den Akteuren, vor allem den Unternehmen, wie die Menge an erlaubten Emissionen zwischen den Marktteilnehmern verteilt wird. Jedes Unternehmen hat die Wahl, entweder "Schädigungsrechte" zu erwerben und sich damit ein Recht zur weiteren Umweltbelastung zu erhalten oder aber in umweltfreundliche Herstellungsweisen und Produkte zu investieren. Der Entscheid hängt von verschiedenen Parametern ab. Er wird durch den Preis für die "Schädigungsrechte", durch die Investitionskosten und die erwarteten Einsparungen von Umweltkosten, aber auch durch die Aufwand-Ertrags-Relationen alternativer Investitionsobjekte im Unternehmen beeinflusst. Auch wenn bei diesem Ansatz ein dauernder Anreiz zu umweltfreundlicherem Verhalten besteht, so muss doch davon ausgegangen werden, dass die Grenze für weitere Verbesserungen rasch erreicht sein könnte. Investitionen für zusätzliche umweltentlastende Massnahmen konkurrieren dann schnell mit anderen Projekten zur Verbesserung der Rentabilität von Unternehmen.

Die unterschiedliche Ausgestaltung der "Schädigungsrechte" löst auch verschiedene Reaktionen aus, wenn zusätzliche Emissionen auftreten. Im Rahmen des "ökonomischen Umweltschutzes" führt die dann wachsende Nachfrage zu einer Erhöhung des Preises für die "Schädigungsrechte". Diese Preisbewegung wird ohne weiteres staatliches Intervenieren Anpassungsprozesse auslösen: Unternehmen werden nun in umweltfreundliche Techniken investieren, andere werden aus dem Markt verdrängt werden. Im Rahmen des "technischen Umweltschutzes" führt der Anstieg der Emissionen, soweit sich dies auch bei den Immissionen niederschlägt, zu einer Verschärfung der Grenzwerte für Neuanlagen und zu einer strengeren Ausgestaltung der Sanierungsauflagen für Altanlagen. Der Anpassungsprozess wird also nicht dem "Markt" überlassen, sondern politisch mitgestaltet. Eine Verschärfung der Grenzwerte kann aber auch dann eintreten, wenn der Stand der Technik sich ändert.

Wir haben der Darlegung der Vor- und Nachteile des technischen und des ökonomischen Umweltschutzes relativ breiten Raum beigemessen. Der Grund liegt darin, dass in der politischen Debatte vor allem die Vorteile des ökonomischen Umweltschutzes den Nachteilen des technischen Umweltschutzes gegenübergestellt werden.

Trotzdem soll nicht bestritten werden, dass der "technische Umweltschutz" noch effektiver ausgestaltet werden könnte. Wir haben dies bereits ausgeführt. Allerdings stehen auch den vielen propagierten Vorteilen des "ökonomischen Umweltschutzes" – schon aus den dargelegten grundsätzlichen Überlegungen heraus – einige relativierende Schwächen gegenüber. Damit soll wieder nicht bestritten werden, dass es Bereiche der Umweltpolitik gibt, in denen dieser Ansatz die besseren, das heisst ökologisch wirksameren Resultate liefern kann. Der "technische Umweltschutz" sollte allerdings nicht allzu leichtfertig aufgegeben werden. Für ihn spricht die breite politische Akzeptanz des Instrumentariums, das über die Zeit allmählich entstandene, gesicherte Wissen über die Wirkungsweise der staatlichen Massnahmen sowie die standortorientierte Innovationswirkung als Beitrag zur internationalen Wettbewerbsfähigkeit hier angesiedelter Unternehmen.

Es zeigt sich denn auch, dass trotz der grossen Resonanz, die der ökonomische Umweltschutz heute in der Öffentlichkeit findet, in zahlreichen Bereichen der Umweltpolitik auch jetzt noch die herkömmliche Strategie gewählt wird. Damit sind wir bei der zweiten, eingangs gestellten Frage.

So hat zum Beispiel die Fördergemeinschaft Wärmepumpen erste Schritte unternommen, um eine Typenprüfung für solche Anlagen in der Schweiz einzuführen. Auch hier wird nicht nur ein Beitrag im Bereich der erneuerbaren Energien angestrebt. Wie der Projektleiter an einer Medienkonferenz festhielt, sollen die Qualitätstests und die im Testzentrum gewonnenen Erfahrungen dazu beitragen, die Leistungsziffer hiesiger Unternehmen mittelfristig zu verdoppeln und ihnen ermöglichen, den Anschluss an die weiter fortgeschrittene japanische Konkurrenz herzustellen[92]. Das zu vergebende Qualitätszeichen wird seiner Funktion allerdings nur gerecht werden können, wenn auch eine Betriebskontrolle ins Auge gefasst wird.

In eine ähnliche Richtung strebt der bundesrätliche Energienutzungsbeschluss[93]. Darin wird die notwendige Zusammenarbeit zwischen dem Bundesrat, der Verwaltung und der Wirtschaft explizit festgehalten. Im Rahmen von Aushandlungsprozessen können Prüfverfahren, Zielwerte, Zulassungsanforderungen, Deklarationspflichten und ähnliches mehr für energieverbrauchende Anlagen, Geräte und Fahrzeuge festgelegt werden. In Diskussion sind beispielsweise energetische Zielwerte für Kühlschränke, Backöfen, Geschirrwaschmaschinen, Waschmaschinen und Tumbler.

Offen muss bleiben, ob mit dieser Politik auch eine Förderung der internationalen technologischen Wettbewerbsfähigkeit von Unternehmen einhergeht. Gerade in dieser Verknüpfung ökologischer und ökonomischer Ziele aber sehen wir den interessantesten Aspekt des "technischen Umweltschutzes".

Dazu sollten – wie unsere Untersuchung gezeigt hat – folgende drei Voraussetzungen erfüllt sein. Die erste, umweltpolitische Voraussetzung umfasst drei Aspekte. Zunächst muss der Anteil lokal produzierter Emissionen hoch sein. Dann muss es weiter möglich sein, diese Emissionen den einzelnen Emittenten zuzurechnen. Und drittens muss im Rahmen des technischen Umweltschutzes ein ganzes Set an Instrumenten zum Einsatz kommen. Dabei hat es sich gezeigt, dass es mindestens drei Massnahmen braucht: einen Grenzwert, eine Soll-Kontrolle und eine Ist-Kontrolle. Erst wenn alle drei Massnahmen implementiert werden, entfaltet sich im Zusammenspiel die angestrebte Wirkung. Die Soll-Kontrolle braucht keine Typenprüfung zu sein. Eine ähnliche Wirkung könnte auch eine richtig ausgeformte Produktehaftung erfüllen. Auch die Ist-Kontrolle muss nicht wie in unserem Fall systematisch durchgeführt werden. Zufällige und unangemeldete Stichproben könnten dieselbe Wirkung entfalten.

Zu dieser umweltpolitischen Voraussetzung kommt als zweites die wirtschaftsorientierte Voraussetzung. Technischer Umweltschutz greift nur dort, wo die betroffenen Betriebe zumindest das Potential haben, die angestrebten Grenzwerte über entsprechende Investitionen in Forschung und Entwicklung auch zu erreichen. Diese Bedingung verlangt keine absolute technische Spitzenposition der einheimischen Firmen, doch die Distanz zu den Marktleadern darf auch nicht als unüberbrückbar erscheinen. Zudem sollten die Unternehmen einen ausreichend hohen Umsatztanteil auf dem Binnenmarkt haben, damit Aussichten bestehen, dass sich das eingegangene Investitionsrisiko auch auszahlen kann. Folglich plädieren wir nicht für einen Ausschluss der ausländischen Anbieter, sondern nur für rasche Übergangsfristen, damit auch die ausländischen Anbieter den technischen "Sprung" mitmachen müssen. Eine starke Heimmarktposition reicht allerdings noch nicht aus. Interessant wird der technische Umweltschutz vor allem dort, wo er zu einer Verbesserung der internationalen Wettbewerbsfähigkeit der betroffenen Branche beitragen kann. Dies bedingt eine entsprechende Weltmarktorientierung der Firmen mit festen Stellungen in ausländischen Märkten.

Schliesslich bleibt noch eine dritte, politisch angelegte Voraussetzung zu erwähnen. Es braucht durchsetzungsfähige Verhandlungspartner. Dies bedingt auf der Seite der Verwaltung ein hohes Mass an Sachkompetenz und auf der Seite der Wirtschaft einen Branchenverband mit einem möglichst hohen

Organisationsgrad und geringen internen Meinungsdifferenzen über die einzuschlagende Strategie. Alles das kommt aber nicht zum Tragen, wenn nicht eine wachsame Öffentlichkeit da ist, die auf den Handlungsbedarf aufmerksam macht.

8. Evaluation – Ein Lernprozess

In den vorangehenden Kapiteln haben wir für unser Projekt zahlreiche Indizien aufgelistet, die Antworten auf die Frage nach den Wirkungen politischer Massnahmen geben. Grenzwertsetzung, Typenprüfung und Feuerungskontrolle fördern die technische Entwicklung! Auf welchem methodischen Fundament beruhen aber diese Erkenntnisse? In unserer Evaluationsstudie haben wir mit Hilfe traditioneller Erhebungstechniken, wie Inhaltsanalyse und Befragung Daten zu den Zusammenhängen gesammelt, die uns interessieren. Die eigentliche Wirkungsanalyse erfolgte mit einer Fallstudie, einer Marktanalyse, einem statistischen Verfahren und mit einer Zeitreihenuntersuchung. Solche Analysekonzepte dienen dazu, aufgrund einer Form des Vergleichs der Zustände, die sich ohne das Programm ergeben hätten, mit denen, die sich bei Anwendung des Programms zeigen, die Wirkungen der politischen Massnahme von den Wirkungen von "störenden" Einflussfaktoren zu isolieren.

Wie aber haben wir mit einer Fallstudie aufzeigen können, dass die Grenzwertsetzung in Richtung technologischer Invention wirkt? Wie konnte die Marktanalyse den Innovationseffekt der Typenprüfung herauskristallisieren? Womit schlüsselte eine statistische Analyse die Diffusionswirkung der Feuerungskontrolle auf? Und wie fing die Zeitreihenuntersuchung die Wirkungen des gesamten Programms auf die technische Entwicklung ein? Mit diesen Fragen beschäftigen wir uns in diesem Kapitel. Dabei schildern wir zuerst die Erfahrungen, die wir mit der Anwendung der einzelnen Analysekonzepte gewonnen haben und öffnen so Einblicke in die Möglichkeiten und Grenzen der gewählten Zugänge (Abschnitt 8.1). Eine zentrale Bedeutung hat in unserer Untersuchung die Kombination der Ergebnisse der verschiedenen analytischen Zugänge. Diesen Arbeitsschritt bezeichnen wir als konzeptionelle Triangulation. In Abschnitt 8.2 gehen wir auf die Einsichten ein, die damit gewonnen wurden. Abschliessend stellen wir die Frage, ob sich das Untersuchungskonzept insgesamt bewährt hat und welche methodischen Lehren aus unserer Forschungsarbeit gezogen werden können.

8.1. Die Erprobung einzelner Analysekonzepte

Unsere Evaluation baut auf einer Fallstudie, einer Marktanalyse, einem statistischen Verfahren sowie auf einer Zeitreihenuntersuchung als Analysekonzepte auf. Jedem dieser Zugänge widmen wir im folgenden einen Abschnitt. Dabei umreissen wir die Konzepte zunächst kurz so, wie sie sich in den Fachbüchern finden. Danach beschreiben wir unser Vorgehen am konkreten Beispiel. Vor diesem Hintergrund setzen wir uns abschliessend mit den Analysekonzepten auseinander.

8.1.1 Die Fallstudie und die Gefahr der Theorielosigkeit

In einer Fallstudie werden im allgemeinen komplexe Wirkungszusammenhänge aufgearbeitet, durchleuchtet, verständlich gemacht oder überprüft. Dazu wird Material zu einer bestimmten Fragestellung gesammelt, was eine ganzheitliche Wahrnehmung und Analyse erlaubt. Ziel von Fallstudien ist es vor allem, genaueren Einblick in das Zusammenwirken einer Vielzahl von Faktoren zu erhalten und typische Konfigurationen herauszuarbeiten und zu interpretieren. Dabei kann prinzipiell mit allen Erhebungstechniken der empirischen Sozialforschung gearbeitet werden. Allerdings bevorzugen Forscherinnen und Forscher, welche in der quantitativen Tradition stehen, eher kontrollierende Techniken, wie standardisierte Befragung oder Beobachtung. Vertreterinnen und Vertreter qualitativer Forschungsansätze wählen dagegen eher offene kommunikative Verfahren, wie Expertengespräche oder teilnehmende Beobachtung. Im allgemeinen kommt dem Fallstudienkonzept in der quantitativen Forschung – wenn es nicht generell als unwissenschaftlich disqualifiziert wird – eine ergänzende Funktion zu. Aus dieser Perspektive unterscheidet Harry Eckstein grundsätzlich zwischen Fallstudien, die eher der Hypothesenbildung dienen, und solchen, welche in erster Linie die Hypothesenprüfung vor Augen haben[94].

Hypothesenbildende Fallstudien haben die Aufgabe, komplexe Zusammenhänge aufzuhellen und einer Vielzahl unterschiedlicher Wirkungszusammenhänge nachzugehen. Sie dienen dem Kennenlernen und der Interpretation von Prozessen mit dem Ziel, die Wirkungszusammenhänge zu verstehen. Dadurch werden ein tiefes Eindringen in die Problemzusammenhänge und die Formulierung von Thesen über wichtige Einflussfaktoren möglich. Diese lassen sich in der nachfolgenden Hauptuntersuchung dann testen. Hypothesenprüfende Fallstudien zielen dagegen auf eine systematische Erweiterung und Validierung des Erklärungszusammenhangs, indem sie Hypothesen bestätigen, relativieren oder verwerfen. Ausgangspunkt bilden Annahmen, welche das

Eintreten eines bestimmten Ereignisses gewissermassen zwingend vorauszusagen. Zeigt die Fallstudie nun ein Ausbleiben des unter den angegebenen Ausgangsbedingungen prognostizierten Ereignisses auf, so ist eine Modifikation oder eine Verwerfung der verwendeten Hypothese notwendig. Andernfalls gilt die Hypothese als bestätigt.

Im Rahmen der qualitativen Forschung wird den Fallstudien eine eigenständige Bedeutung zugemessen. Nach Siegfried Lamnek wird im allgemeinen in einem zweiphasigen Prozess vorgegangen[95]. In der ersten Phase ist der Forscher bemüht, die erfassten Gegebenheiten zu verstehen. In der zweiten Phase wird versucht, daraus allein oder im Vergleich zu anderen Fällen typische Muster zu systematisieren. Die Offenheit dieses qualitativen Zugangs, sei dies bezüglich des theoretischen Konzepts, gegenüber den involvierten Personen, in der Wahl der Erhebungstechniken oder in der Gestaltung der Erhebungssituation, ist in der Evaluationsforschung besonders nützlich. Sie ermöglicht es, Zusammenhängen auf die Spur zu kommen, welche weder vom Programm beabsichtigt, noch vom Forscher vorausgesehen waren.

Ausgangspunkt unserer Fallstudie zum Entstehungszusammenhang des NOx-Grenzwertes war die Hypothese, dass Grenzwertsetzungen die technische Invention fördern (→ Kapitel Grenzwertsetzung). Die Untersuchung diente also in erster Linie der Hypothesenprüfung. Die Resultate zeigen, dass unsere These die Plausibilitätsprobe bestanden hat. Verschiedene Anzeichen deuten nämlich darauf hin, dass die Grenzwertsetzung tatsächlich technische Erfindungen begünstigt hat. Gleichzeitig liefert die Fallstudie aber auch Erklärungen dafür, indem sie den Aushandlungsprozess in handlungstheoretischen Kategorien analysiert. Interessenkonsistentes Verhalten der Akteure hat zu den vorgefundenen Verhandlungsresultaten geführt. Es ist unserer Ansicht nach gelungen, den Fallstudienzugang theoretisch abzustützen und zu übertragbaren Interpretationen zu gelangen. Der vielfach geäusserten Kritik am Fallstudienkonzept, welche behauptet, dieses führe nur zu exemplarischen und nicht zu generalisierbaren Resultaten, haben wir so den Wind aus den Segeln nehmen können.

Allerdings ist die verhältnismässig eng an dem zugrundegelegten Innovationsmodell orientierte Optik unserer Fallstudie als nicht unproblematisch zu beurteilen: Einerseits ging uns dadurch der Blick für überraschende und allenfalls in komplexen Rückwirkungsprozessen sogar konträr wirkende Mechanismen verloren. Andererseits haben wir so eine – aus der Perspektive der eher qualitativ orientierten Forschungstradition – zentrale Stärke der Konzeption, nämlich ihre Sensibilität für neue, unerwartete Ergebnisse, nicht nutzen können. Zahlreiche Aspekte, welche nicht dem roten Faden unserer Fragestellung entsprachen, mussten wir weglassen. Dazu gehören etwa die politisch nicht ausgeschöpften Möglichkeiten, welche eine Reduktion des Stickoxids im Heizöl geboten hätten, oder die Auswirkungen auf den Energieverbrauch der mehrheitlich auf lufthygienischen Zielen fixierten Grenzwertsetzung. Dennoch, solche thematischen Reduktionen sind aus forschungsökonomischen sowie aus theoretischen Gründen bei jeder Art wissenschaftlichen Arbeitens notwendig, auch wenn sie nicht immer offen dargelegt werden.

8.1.2 Die Marktanalyse und die Bedeutung von zuverlässigen Statistiken

Bei der Marktanalyse handelt es sich um ein Instrument der Wirtschaftswissenschaften zur Untersuchung empirischer Marktphänomene. Die Ökonomie beschäftigt sich zwar seit langer Zeit mit Märkten, die Frage jedoch, wie reale Märkte konkret zu diagnostizieren sind, wurde erst in den dreissiger Jahren als "Industrial Organization Analysis" aufgegriffen. Darauf aufbauend hat Melchior Buchs konzeptionelle Überlegungen zur Methodik von Marktanalysen angestellt, auf welche wir uns gestützt haben. Allerdings hat unsere politikwissenschaftliche Untersuchung besonderes Gewicht auf Faktoren gelegt, welche in vorwiegend ökonomisch ausgerichteten Marktanalysen dem exogenen Bereich zugeordnet und – "ceteris paribus" – konstant gehalten werden. Unser Ziel war es, die Wirkungen der Typenprüfung auf den Markt für Heizungen zu überprüfen. Grundsätzlich standen dazu zwei Möglichkeiten offen: Entweder konnte die Entwicklung von Gebieten mit unterschiedlichen Politiken verglichen oder ein Markt vor und nach der Einführung einer Massnahme beobachtet werden.

Denkbar wäre es zum Beispiel, die Wirkungen der Typenprüfung durch einen Vergleich der Marktverhältnisse in der Schweiz und in anderen europäischen Staaten herauszuarbeiten. Wir haben den anderen Weg gewählt. Unsere Untersuchungsanlage sah die Analyse des Marktes für Hausfeuerungsanlagen vor und nach der Einführung der Typenprüfung bzw. vor und nach der Verschärfung der Typenprüfung vor. Im Hinblick auf die untersuchungsleitende Fragestellung gingen wir von der Hypothese aus, dass die Typenprüfung die Innovation, also die Inmarktsetzung neuer Technologien, begünstigt. In ökonomischer Terminologie ging es darum abzuklären, ob die Massnahme vor allem als innovationshemmende "barrier-to-entry" oder als innovationsfördernder allgemeingültiger technischer Mindeststandard wirkt (→ Kapitel Typenprüfung). In der theoretischen Literatur werden Argumente für beide Wirkungsdimensionen abgeleitet. Unsere empirischen Ergebnisse zeigen, dass die Wirkung der Typenprüfung vor allem von ihrer Ausgestaltung abhängt.

1985 legte die Vorschrift weitgehend den technischen Standard fest, der auf dem Markt bereits angeboten wurde. Von einer Innovationsförderung durch die Massnahme kann also nicht gesprochen werden. Im Gegenteil, die protektionistischen, konkurrenzbeschränkenden Effekte traten in den Vordergrund. Anders beurteilen wir die Wirkungen der revidierten Typenprüfung 1992. Diese leitete die Inmarktsetzung neuer Produkte in einem erheblichen Ausmass an. Die Tatsache allerdings, dass diese staatliche Massnahme in erster Linie lufthygienische Ziele verfolgt, führt zu diskriminierenden Wirkungen gegenüber energetisch besonders interessanten Lösungen. Dies erklärt sich nicht nur damit, dass der staatlich geförderte Anreiz zugunsten energiesparender Innovationen geringer ist. Entsprechende Techniken haben auch immer die restriktiven lufthygienischen Vorschriften einzuhalten, wodurch bestimmte Entwicklungspfade begünstigt und die konstruktive Freiheit eingeschränkt wird.

Leider ist die empirische Basis, die uns zu diesen Schlüssen geführt hat, eher schmal. In der Regel können Marktanalysen von langen und vielfach auch zuverlässigen Datenreihen über die wichtigsten Marktphänomene profitieren. Oft stehen offizielle Statistiken oder Daten von Branchenverbänden zur Verfügung, welche Auskunft geben über die Zusammensetzung der Anbieter nach Nationalitäten im Zeitverlauf, über spezifische Marktsegmente oder über Veränderungen in der Nachfrage. Im guten Fall leistet eine Marktanalyse diese Arbeit, ohne dass dazu Feldinterviews oder andere Methoden der Erhebung primärer Daten notwendig sind. Doch leider handelte es sich bei uns nicht um einen guten Fall.

Vor allem drei Problemkreise machten uns zu schaffen: Den ersten bilden die Schwierigkeiten der Marktabgrenzung. In den Gesprächen mit den Experten wurde schnell klar, dass bei der Zusammensetzung der Anbieter von Heizungen zwischen Herstellern und Händlern unterschieden werden muss. Weder die Eidgenössische Betriebszählung, noch Verbandsstatistiken oder andere verfügbare Statistiken ziehen diese Unterscheidung aber konsequent durch. Oft schliessen die verfügbaren Zahlen neben den Herstellern und den Händlern auch noch Installateure und Planer von Heizanlagen unterschiedslos mit ein. Zum zweiten lassen viele Schweizer Hersteller zumindest Komponenten, wenn nicht gleich die ganzen Anlagen im Ausland fertigen. Die Aussenhandelsstatistik vermittelt somit ein falsches Bild. Ein Teil der ausgewiesenen Importe sind nämlich Produkte, die im Auftrag schweizerischer Firmen im Ausland hergestellt und “re-importiert” wurden. Drittens waren von der Branche nur spärliche Informationen zu haben. Dies könnte daran gelegen haben, dass die befragten Firmen- und Verbandsvertreter wenig interessiert waren, die

Marktverhältnisse offen zu legen. Mehr ins Gewicht scheint aber ein anderer Umstand gefallen zu sein. Die Heizungsbranche glich noch bis vor wenigen Jahren mehr einem Gewerbe als einer Industrie. Systematische Datenerfassung auf Verbandsebene – zum Beispiel zur Vertretung wirtschaftspolitischer Anliegen – war ihr fremd. Entsprechende Ansätze sind erst in letzter Zeit in Gang gekommen und gehen mit einer Bereinigung der komplizierten Verbandsstruktur einher.

Vor dem Hintergrund fehlender Daten war es umso nützlicher, dass die Marktanalyse von der Untersuchung der Feuerungskontrolle profitieren konnte. Sie ermöglichte es, Anlagebestände zu erfassen und diese ausländischen oder einheimischen Herstellern zuzuordnen. Ein Vorteil dieses Zugangs war insbesondere, dass die Bestände deutlicher als die jährlichen Marktanteile die tatsächliche Marktstellung von Herstellern beschreiben. Dies gilt umso mehr, als man – wie Auswertungen der Feuerungskontrolle ebenfalls zeigen – von einer hohen Markentreue der Heizungsbesitzer ausgehen kann.

Allerdings wurde die Marktanalyse noch durch ein weiteres Problem erschwert. Dieses liegt in der Tatsache begründet, dass die Typenprüfung 1985 und deren Revision 1992 im Hinblick auf den Innovationseffekt unterschiedlich angelegt waren. 1985 hatte die Typenprüfung den technischen Statusquo festgeschrieben und so tendenziell innovationshemmend gewirkt. Die Revision der Typenprüfung 1992 lässt dagegen innovationsfördernde Effekte erwarten. Allerdings kann dies noch nicht definitiv beurteilt werden, weil sich die Wirkungen der zweiten Etappe noch nicht voll haben entfalten können.

Insgesamt waren wir somit gezwungen, erheblich vom analytischen Idealbild einer Marktanalyse abzuweichen. Die Notwendigkeit, die Studie neben den bestehenden Statistiken noch auf primäre Erhebungen zu stützen, sowie die generell unzureichende Datenlage zwangen uns, das Analysekonzept zu öffnen. Es drängte sich auf, die Daten ähnlich wie bei Fallstudien zu sammeln und zu interpretieren. Marktanalysen, das zeigte sich deutlich, sind vor allem für die Untersuchung von Marktsegmenten geeignet, welche über eine längere Zeit statistisch differenziert dokumentiert sind.

8.1.3 Statistische Verfahren und die Variablenvielfalt

Statistische Methoden wenden mathematische Techniken auf Untersuchungsgruppen mit einer auf einige wenige Variablen reduzierten Zahl von Merkmalen an. Sie basieren auf einer mit Experimenten vergleichbaren Untersuchungslogik. Es wird also eine Gruppe gebildet, die der Massnahme ausgesetzt ist, und eine Vergleichsgruppe, die ohne Massnahme bleibt. Der Hauptunterschied zwischen dem Experiment und dem statistischen Verfahren besteht nach Gerd-Michael Hellstern und Hellmut Wollmann darin, dass jenes den Test in der Realität durchführt, während sich diese einer gedanklichen (mathematischen) Manipulation bedient[96].

Methodisch im Zentrum unserer statistischen Analyse stand eine multiple Regressionsanalyse. Diese bestimmt, in welchem Umfang Unterschiede einer Zielgrösse durch Varianzen mehrerer unabhängiger Variablen erklärt werden können. Die multiple Regressionsanalyse gibt den Einfluss der einzelnen Variablen im Kontext der anderen Variablen wieder. Entscheidend ist daher die richtige Auswahl der Variablen. Es stellt sich das Problem, die Anzahl der zu erhebenden Grössen zu begrenzen, ohne auf möglicherweise relevante Informationen zu verzichten.

Vor dieser Schwierigkeit standen auch wir. Wir gingen von der Hypothese aus, dass die Hausfeuerungskontrolle die Diffusion moderner Heizungen beeinflusst (→ Kapitel Feuerungskontrolle). Die Vermutung lag nahe, dass die Qualität der Feuerungskontrolle in diesem Zusammenhang von entscheidender Bedeutung ist. Gleichzeitig war aber auch klar, dass zahlreiche weitere Faktoren, welche unabhängig von der untersuchten Massnahme sind, einflussreich sind. Um die Feuerungskontrolle und die wichtigsten Wirkungszusammenhänge besser kennenzulernen, haben wir qualitative Vorstudien erarbeitet. Der Blick in die Praxis führte uns zu mindestens einem Dutzend wichtiger Variablen. Weil sich zahlreiche Schlüsselgrössen mit verantwortbarem Aufwand nur in Kantonen erheben liessen, welche nach dem "Luzerner Modell" vollziehen, mussten wir die statistische Analyse auf diesen Vollzugstyp beschränken. Wünschbar wäre zwar ein Vergleich der drei Modelle gewesen, dieser liess sich jedoch im vorgegebenen finanziellen Rahmen nicht realisieren. Diese Einengung auf das "Luzerner Modell" hatte jedoch den Vorteil, dass nicht die drei schwer vergleichbaren Vollzugsmodelle nebeneinander gestellt, sondern von einer wesentlich kompakteren Vergleichsbasis ausgegangen wurde. Dadurch wurden Fragen beantwortet, welche über einen Effektivitätsvergleich der drei Modelle hinausgehen.

Es hat sich gezeigt, dass ein statistisches Verfahren bei einer relativ spezifischen Fragestellung auch in der Evaluationsforschung zu aufschlussreichen Ergebnissen führen kann. In unserem Fall haben wir Ergebnisse erhalten, welche einen durchaus zweckmässigen Abstraktionsgrad aufweisen. Die Resultate beruhen nicht auf subjektiven Einschätzungen, sondern auf statistischen Signifikanzen. Diesen wird im Rahmen traditioneller Wissenschaftsideale gemeinhin noch ein höherer Stellenwert eingeräumt als Interpretationen, die auf qualitativen Forschungszugängen beruhen. Allerdings leidet die Aussagekraft der Ergebnisse darunter, dass detaillierte Statistiken für relevante Grössen fehlten.

Bei unserer Vorgehensweise hat sich die Koppelung der quantitativen Analysen an qualitative Vorstudien bewährt. Die Vorstudien haben nicht nur die Auswahl der relevanten Variablen geprägt, sondern auch die statistische Analyse selbst angeleitet. Ein illustratives Beispiel dafür ist der Umgang mit der Variablen "Qualität der Kontrolleure". Aufgrund der Voruntersuchung war uns die Bedeutung dieses Faktors klar. Die ersten Auswertungen haben diese Vermutung bestätigt. Allerdings hätten wir uns deutlichere Ergebnisse gewünscht. Vertiefte Analysen haben dann nicht nur zu klareren Resultaten geführt. Sie haben auch gezeigt, dass nicht alle Befragten unter "Qualität der Kontrolleure" dasselbe verstanden haben. Damit rücken die Aktorabhängigkeit einzelner Variablen im speziellen und die Datenerfassungsprobleme sowie die Quellenkritik im allgemeinen ins Blickfeld.

Zudem sind die Grenzen der Nutzung statistischer Verfahren in der Evaluationsforschung generell im Auge zu behalten. Politische Programme zeichnen sich nämlich in der Regel durch ausserordentliche, komplexe Wirkungszusammenhänge aus und verfügen über eine Variablenvielfalt, welche sich nur schwer auf ein für statistische Verfahren notwendiges Mass reduzieren lässt. Quantitative Verfahren tendieren dazu, die hochgradigen Interdependenzen von Variablenzusammenhängen und die Mannigfaltigkeit der Bedingungsfaktoren von Implementationsprozessen zu vernachlässigen.

8.1.4 Zeitreihenuntersuchung und das Prozesshafte der Politik

Im Rahmen der Hausfeuerungskontrolle werden seit mehr als dreissig Jahren in periodischen Abständen vergleichbare Messwerte erhoben. Für die Auswertung solcher Datenreihen bieten sich Zeitreihenuntersuchungen an. Diese haben das Ziel, langfristige Entwicklungen unabhängig von kurzzeitigen Schwankungen zu studieren. Arbeitet die politikwissenschaftliche Evaluationsforschung mit diesem Konzept, geht es meist darum, den Einfluss von politischen Interventionen auf die Daten zu verschiedenen Beobachtungszeitpunkten zu interpretieren. Man spricht darum auch von Interventionsanalysen. Die Effektivität einer politischen Massnahme zeigt sich darin, wie sich der Verlauf der Reihe nach der Intervention – über die üblichen zufälligen Schwankungen hinaus – gegenüber vorher verändert[97].

Oft lässt bereits die Interpretation einer entsprechenden graphischen Darstellung Hinweise auf den Wirkungsverlauf einer Massnahme zu. Wenn sich beispielsweise eine Trendlinie vor und nach der Implementation einer Massnahme völlig linear verhält, dann kann angenommen werden, dass die Intervention keinen Einfluss auf die abhängige Variable gehabt hat. Schwieriger ist es, wenn komplexe Wirkungsverläufe zu beobachten sind. Um in solchen Fällen zuverlässige Aussagen machen zu können, sind verschiedene statistischen Verfahren entwickelt worden. Allerdings stellen sie hohe Anforderungen an die Datenreihen. So werden in den meisten Fällen mehr als dreissig aufeinanderfolgende Datenpunkte verlangt. Zusätzlich ist es notwendig, dass eine ausreichende Zahl von Daten vor und nach der Intervention zur Verfügung steht. Weiter sollten nicht mehrere relevante Interventionen in kurzen Abständen stattfinden, um die Wirkungen der einzelnen Massnahmen isoliert betrachten zu können.

Im Rahmen unserer Untersuchung fiel der Zeitreihenuntersuchung die Aufgabe zu, die Veränderungen im Heizungsbestand zu beobachten und Hinweise auf die Wirkungen einzelner politischer Massnahmen in Richtung Förderung der technischen Entwicklung zu geben (→ Kapitel Programm). Die Tradition der Feuerungskontrolle liess uns auf lange Datenreihen hoffen. Leider mussten wir feststellen, dass ein Grossteil der Information aus den vergangenen Jahren vernichtet wurde oder nur mit einem Aufwand rekonstruierbar gewesen wäre, der unsere Möglichkeiten übersteigt. Kommt hinzu, dass auch für zahlreiche relevante Faktoren, wie die Um- und Neubautätigkeit und die Verbreitung neuer Energieträger, detaillierte und zuverlässige Datenreihen kaum zu beschaffen sind. Diese wären aber für eine aussagekräftigere Wirkungsermittlung unabdingbar.

Das vorhandene Datenmaterial der Hausfeuerungskontrolle entsprach somit den Anforderungen von statistischen Zeitreihenanalysen nicht. Dazu kommen aber grundsätzliche Bedenken gegenüber der Anwendung solcher Verfahren in der Evaluationsforschung. Zeitreihenanalysen gehen nämlich von Vorstellungen über Implementationsprozesse aus, wie sie kaum der Praxis entsprechen. Die Einführung politischer Massnahmen geschieht nämlich in der Regel nicht als Intervention, sondern als Prozess. Dieser erfolgt in kleinen Schritten mit Vorankündigung, differenzierter Fristsetzung, flankierenden Massnahmen und häufigen Programmkorrekturen. *Darstellung 6.1* zeigt beispielsweise, dass die Heizungen der Stadt Zürich im Zeitraum von dreissig Jahren von nicht weniger als zwölf Interventionen beeinflusst wurden. Für die Analyse inkrementell angelegter Programmentwicklungen stehen auch bei genügender Datenbasis – wenn überhaupt – nur sehr aufwendige statistische Verfahren zur Verfügung. Dadurch treten Interpretationstechniken in den Vordergrund, welche nicht auf statistischen Berechnungen, sondern auf intelligenten Interpretationen des Datenmaterials beruhen.

Für die Analyse der Beobachtungen zogen wir einfache statistische Masszahlen, wie Mittelwerte und Standardabweichungen bei. Ferner haben wir gleitende Mittelwerte berechnet und Interpretationen für markante Abweichungen gesucht. Unser Verfahren zur Auswertung der Datenreihen war somit stark pragmatisch angeleitet. Zudem haben wir unsere Einschätzungen mit denjenigen von verschiedenen Experten konfrontiert. Dennoch: die gewonnenen Erkenntnisse konnten nicht mit statistischen Tests abgestützt werden. Immerhin wurden sie mit Hilfe von Expertengesprächen mehrfach plausibilisiert, so dass sie als intersubjektiv überprüfbar gelten können.

Insgesamt sind wir zur Auffassung gelangt, dass sich traditionelle statistische Zeitreihenanalysen in der Evaluationsforschung nur in wenigen Fällen nutzbringend einsetzen lassen. Dies liegt einerseits daran, dass im allgemeinen zuwenig lange Datenreihen vorliegen. Vielleicht noch wichtiger ist andererseits die Tatsache, dass sich die meisten politischen Massnahmen in ständiger Veränderung befinden. Das von uns gewählte pragmatische Vorgehen bei der Interpretation von Daten, die in chronologischer Reihenfolge zur Verfügung stehen, wird daher in der Evaluationspraxis den Regelfall darstellen müssen.

In diesem Abschnitt haben wir die Erfahrungen dargestellt, die wir mit vier evaluationswissenschaftlichen Analysekonzepten gewonnen haben. Das konzeptionell besonders herausfordernde unserer Vorgehensweise bestand nun in der systematischen Verknüpfung der verschiedenen Zugangsweisen. Wir bezeichnen diesen Arbeitsschritt als konzeptionelle Triangulation und greifen damit auf einen Begriff zurück, der in der qualitativen Sozialforschung einige Tradition hat.

8.2 Konzeptionelle Triangulation – ein Schritt vorwärts!

Im Zusammenhang mit der Frage nach der Gültigkeit qualitativer Daten hat die "Triangulation" in letzter Zeit neue Aktualität gewonnen. Der Begriff stammt aus dem Bereich der militärischen Navigation und bezeichnet eine Strategie, um ausgehend von verschiedenen Referenzpunkten die exakte Position eines Objekts festzustellen. In die Sozialwissenschaften wurde der Gedanke in den fünfziger Jahren von Donald Campbell und Donald Fiske eingeführt[98]. Deren Idee war es, eine Hypothese durch die Konfrontation mit einer Serie komplementärer Testmethoden zu überprüfen. Dabei sollte der Forscher eine Vermutung auf der Basis der ersten Methode durch Befunde einer zweiten Methode

Darstellung 8.1: Konzeptionelle Triangulation

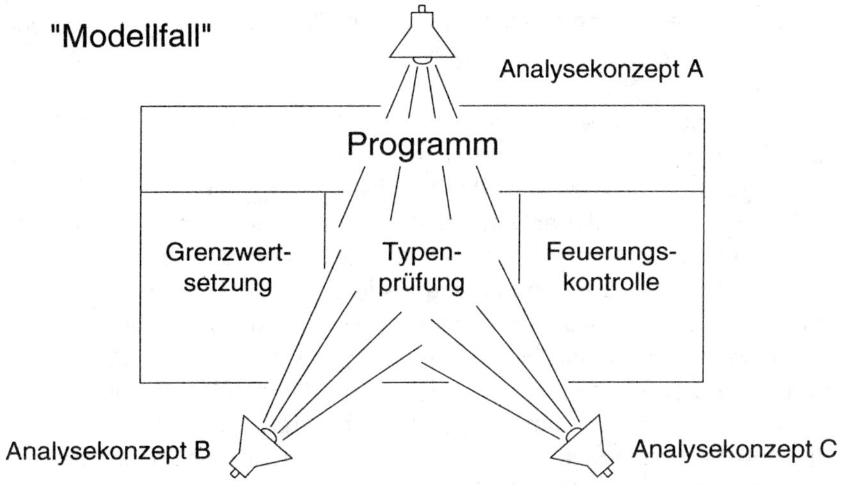

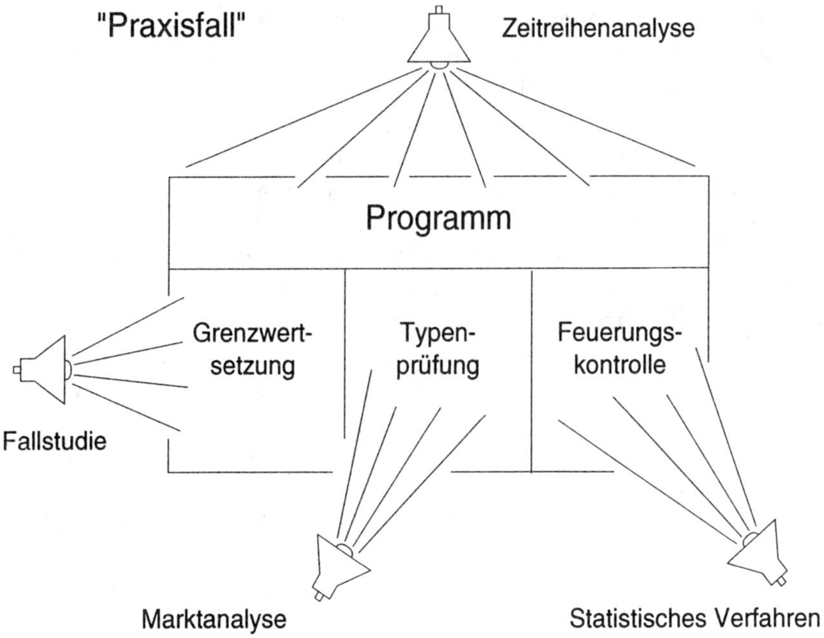

absichern. Zudem wurde die Chance in Betracht gezogen, dass bei der Anwendung der zweiten Technik auf überraschende Erkenntnisse gestossen werden könnte. Durch Methodentriangulation sollen weiter in den einzelnen Methoden steckende Fehler entdeckt werden. Dabei wurde davon ausgegangen, dass es äusserst unwahrscheinlich sei, mit mehreren Techniken dieselben falschen Resultate zu erhalten.

In den siebziger Jahren wurde die Triangulation als sozialwissenschaftliche Konzeption von Norman K. Denzin weiterentwickelt[99]. Er schlug vor, vier Typen von Triangulation zu unterscheiden: Als "Daten-Triangulation" bezeichnete er den Einbezug verschiedener Datenquellen in eine Untersuchung. Unter "Investigator-Triangulation" verstand er die Integration unterschiedlicher Beobachter oder Forscher, um aktorbedingte Verzerrungen der Ergebnisse zu vermeiden. Weiter benannte der Autor die Kombination verschiedener Erhebungstechniken als "methodologische Triangulation". Schliesslich wies er als vierten Typ auf die "Theorien-Triangulation" hin. Hierbei werden die Daten mit verschiedenen Theorien konfrontiert und so deren Erklärungskraft geprüft. In Ergänzung zu Norman Denzin schlagen wir vor, die Kombination von Analysekonzepten als "konzeptionelle Triangulation" zu bezeichnen. Damit bezeichnen wir ein Vorgehen, bei welchem die Wirkungen einer einzigen Massnahme mit unterschiedlichen Zugängen analysiert werden.

Konzeptionelle Triangulation unterscheidet sich auch durch ihre Multidisziplinarität von den von Norman Denzin benannten Typen. Vor allem zwei Aspekte lassen die konzeptionelle Triangulation als erfolgversprechendes Vorgehen erscheinen: einerseits das gegenseitige Einfliessen von Informationen aus den Teiluntersuchungen und andererseits die Vertiefung und Verbreiterung des Erklärungsgehalts durch verschiedene Zugangsweisen. Beim ersten Aspekt profitiert die Gesamtbetrachtung davon, dass durch unterschiedliche analytische Zugangsweisen in Teiluntersuchungen Ergebnisse zu erwarten sind, welche als Fragestellungen, als Datengrundlage oder als Randbedingung in andere Teile einfliessen können. Der zweite Aspekt, der sich als ergänzende Dimension bezeichnen lässt, unterstreicht, dass – ähnlich wie in der Fotografie – auch in der Evaluation zusätzliche "Lampen" einen Gegenstand besser auszuleuchten und unerwünschte Schatten zu beseitigen vermögen. Durch unterschiedliche Zugangsweisen wird die Abhängigkeit der Ergebnisse von einzelnen Analysekonzepten relativiert. Siegfried Lamnek hebt aber die Tatsache hervor, dass eine Triangulation keine "Hauptwirklichkeit" erkennen lässt, sondern zu komplementären Bildern der Realität führt. Durch unterschiedliche Zugangsweisen wird die Abhängigkeit der Ergebnisse von einzelnen Analysekonzepten jedoch relativiert. Triangulation sollte danach weniger der Konstruktion einer "objektiven" Wahrheit dienen, als bewusst die Breite und die Tiefe der Analyse erweitern[100]. Es sind somit von den einzelnen Untersuchungsteilen nicht deckungsgleiche, sondern komplementäre Ergebnisse zu erwarten, welche sich ineinander fügen und sich ergänzen können, aber nicht kongruent sein müssen[101]. Es bleibt also nach wie vor möglich, dass sich einzelne Teilergebnisse widersprechen und dass Bereiche des Untersuchungsgegenstandes weiterhin im Dunklen bleiben.

Verdeutlichen wir an einem Beispiel aus unserem Forschungsprojekt, was wir unter konzeptioneller Triangulation verstehen. Stellen wir uns vor, dass einzig die Wirkung der Typenprüfung auf die technische Entwicklung untersucht werden soll. Ein erster Zugang könnte in diesem Fall eine Zeitreihenanalyse der Forschungs- und Entwicklungsinvestitionen von Herstellern im Zeitablauf mit der Einführung der Typenprüfung als Intervention darstellen. Zweitens wäre es möglich, das Innovationsverhalten einzelner Firmen fallstudienartig mit Blick auf allfällige organisatorische Veränderungen durch die Einführung der Massnahme zu ergründen. Schliesslich wäre drittens denkbar, mit ökonometrischen Modellen das Verhalten der Unternehmer in Abhängigkeit von der Höhe der Grenzwerte mit statistischen Verfahren zu schätzen.

Konzeptionelle Triangulation in der Evaluationsforschung bedeutet im Modellfall also, dass die Wirkungen einer einzigen Massnahme mit unterschiedlichen Zugängen analysiert werden (vgl. *Darstellung 8.1* oben). In diesem Fall lässt sich die postulierte Ergänzung und Vernetzung der Teiluntersuchung am besten nutzen. Im oben geschilderten Beispiel fliessen also Erkenntnisse der Zeitreihenanalyse als Randbedingungen ins ökonometrische Modell ein. Fragestellungen, welche sich aus der quantitativen Analyse ergeben, lassen sich im Rahmen der Fallstudie abklären. Zeitreihenuntersuchung, Fallstudie und quantitative Analyse führen zu gegenseitig sich ergänzenden Bildern der realen Wirkungen der Typenprüfung. Insgesamt werden so mehr Erkenntnisse über die Wirkungszusammenhänge erarbeitet.

Und wie steht es nun mit unserer Untersuchung? Wie haben wir die Triangulation angewandt, und was hat sie uns gebracht? Wir haben erklärt, dass konzeptionelle Triangulation im Modellfall die Anwendung unterschiedlicher analytischer Zugänge auf dieselbe politische Massnahme bedeutet. Im Gegensatz dazu haben wir unterschiedliche Zugänge zur Wirkungsermittlung bei unterschiedlichen Massnahmen benutzt (vgl. *Darstellung 8.1* unten). Zudem waren die politischen Aktionen, auf die wir uns konzentriert haben, chronologisch nicht aufeinander abgestimmt. Die Fallstudie zur Grenzwertsetzung untersucht den Aushandlungsprozess eines Teils der Luftreinhalteverordnung 1992. Diese wird ihre Wirkung erst in den kommenden Jahren entfalten können. Die Marktanalyse zur Typenprüfung beobachtet die Wirkung der Einführung dieser Massnahme 1985 und diejenige der Revision 1992. Aus dem Blickwinkel unserer innovationsorientierten Fragestellung erweist sich das Datum 1992 als wesentlich relevanter. Allerdings wird auch diese Massnahme erst in den kommenden Jahren voll greifen. Die Querschnittsanalyse zur Feuerungskontrolle konstatiert heutige kommunale Unterschiede in der Struktur des Heizungsbestandes und setzt diese in Relation zu Faktoren, die weitgehend unabhängig von Grenzwertsetzung und Typenprüfung sind.

Gegenüber dem geschilderten Modellfall weist unser Vorgehen also verschiedene Nachteile auf. Insbesondere konnten wir von der Möglichkeit der Vernetzung der Teilperspektiven nur beschränkt profitieren. Triangulation im Sinne einer Vernetzung und Ergänzung der Ergebnisse verschiedener Zugangsweisen war eigentlich nur zwischen der Zeitreihenuntersuchung und den übrigen Studienteilen direkt möglich. Dort haben wir – zum Beispiel bei der Beobachtung der Entwicklung der energetischen Qualität der Heizungen – Anzeichen für den Einfluss von Grenzwertsetzungen erhalten.

Trotz der Abweichungen vom Modellfall konzeptioneller Triangulation haben wir in unserer Untersuchung von der Kombination der verschiedenen Analysekonzepte profitiert. Die Ursache dafür liegt vor allem darin, dass die Massnahmen in der politischen Praxis eng zusammenhängen. Mit unserer Vorgehensweise war zwar die direkte gegenseitige Überprüfung der Ergebnisse der Teilstudien nur selten möglich, weil die Resultate ganz unterschiedliche Aspekte des Programms betrafen. Wir haben aber ein differenziertes Gesamtbild des Programms gewonnen. Dies wäre im postulierten Modellfall der Triangulation nicht zu leisten gewesen, weil wir dort die Forschungskapazitäten auf einen Teil des Programms hätten konzentrieren müssen. Der Nutzen unserer Triangulation erwuchs nicht in erster Linie aus dem direkten Datenfluss. Wichtiger war, dass die unterschiedlichen Analysekonzepte die Distanz zu den von einzelnen Wissenschaftsdisziplinen geprägten, spezifische Zugangsweisen erhöht und den Blick für darüberhinaus gehende Aspekte eröffnet haben. Dadurch ist ein Forschungsprozess entstanden, welcher zu einem insgesamt differenzierteren und umfassenderen Bild der relevanten Wirkungszusammenhänge führte.

8.3 Ausblick – Ansätze zum Weiterdenken

Ausgehend von einem komplexen Untersuchungsdesign hat unsere Studie zu zuverlässigen Aussagen über die Wirkungen verschiedener politischer Massnahmen auf die technische Entwicklung geführt. Untersuchungskonzept und Auswahl der Zugangsweisen haben sich bewährt. Infolge der komplexen Wirkungszusammenhänge erwiesen sich die Beschränkung auf die relativ enggefasste Ausgangsfrage und die Anlehnung an das Schumpeter-Modell der technischen Entwicklung als vorteilhaft.

Dieses grundsätzlich positive Fazit betreffend unser Untersuchungsdesign bedeutet nicht, dass sich die Untersuchungsanlage nicht noch hätte optimieren lassen. Wir denken dabei insbesondere an eine bessere zeitliche Übereinstimmung der Massnahmenwirkungen. Dadurch könnten vermehrt direkte Verbindungen und Spiegelungen der Ergebnisse der einzelnen Teilstudien genutzt werden. Auch sind wir heute der Ansicht, dass die Untersuchung mit Gewinn etwas später hätte unternommen werden können. Dadurch wären klarere Antworten auf die Frage der Wirkungen von Grenzwertsetzung und Typenprüfung im Rahmen der Luftreinhalteverordnung 1992 zu ermitteln gewesen. Weiter wäre der Einbezug der Evaluation der kantonalen und kommunalen Massnahmenpläne zur Reinhaltung der Luft nützlich gewesen. Diese Pläne sehen in verschiedenen Regionen strenge Sanierungsfristen für Heizungen vor. Dadurch wird ein Markt für moderne Anlagen geschaffen, was insbesondere Innovation und Diffusion beschleunigen wird. Aufschlussreich wären schliesslich auch Untersuchungen zu den Auswirkungen haftpflichtrechtlicher Bestimmungen und zu Massnahmen zur Förderung von Gas und von alternativen Energieträgern auf die technische Entwicklung von Ölheizungen.

Einiges evaluationswissenschaftliches Entwicklungspotential sehen wir im Zusammenhang mit der Anwendung der konzeptionellen Triangulation. Dieser Forschungszugang ist in der politikwissenschaftlichen Evaluationsforschung neuartig und hat sich bewährt. Er hat uns mehr Sachverständnis erarbeiten lassen. Anders als bei den anderen Typen sozialwissenschaftlicher Triangulation, nutzt die Kombination verschiedener Analysekonzepte systematisch die Chancen einer multidisziplinären Herangehensweise. Dies verlangt eine gemeinsame Sprache, was die vertraute disziplinäre Begrifflichkeit bereits erheblich in Frage stellt. Problematisiert werden in diesem Zusammenhang auch die Geltungskriterien der eigenen Disziplin und generell die Qualität der Aussagen, die mit dem gewohnten Zugang gewonnen werden können.

Die Anwendung der konzeptionellen Triangulation hat aber auch Fragen aufgeworfen, die mehr an Reflexion bedürfen, als wir es in diesem Buch leisten können. Die Themen stehen in erster Linie im Zusammenhang mit den Interdependenzen zwischen Untersuchungsgegenstand, Forschungshypothesen und Analysekonzepten. Als erstes gilt es, das Problem der Reaktivität der Methoden zu erwähnen. Was kommt auf die Evaluationsforschung zu, wenn sie ernstzunehmen beginnt, dass jede Methode den Gegenstand, den sie untersucht, auf spezifische Weise konstituiert? In diesem Kontext ist zum Beispiel noch offen, ob die Untersuchung gewisser politischer Massnahmen spezifische Analysekonzepte bedingen. Auch wissen wir nicht, nach welchen Kriterien die Auswahl des Forschungsansatzes erfolgen muss. Es geht um die Frage der Angemessenheit von Konzepten in Bezug auf den untersuchten Gegenstand und deren Vereinbarkeit mit theoretischen Modellen.

Zweitens gibt es noch verschiedene Unklarheit im Zusammenhang mit der Kombinierbarkeit von Analysekonzepten zu beseitigen. Welches ist beispielsweise die effizienteste Strategie, um angesichts der jeweils beschränkten Mittel ein Optimum an Erkenntnis zu gewinnen? Welches Analysekonzept setzt sich durch, wenn es zu widersprüchlichen Resultaten kommt? Welche Rolle spielt in diesem Zusammenhang die Tatsache, dass statistischen Signifikanzen in der Regel noch höhere Gültigkeit zugesprochen wird als qualitativen Interpretationen? Überlegungen dazu werden sich mit der Diskussion um das Verhältnis von qualitativen und quantitativen Forschungsansätzen auseinandersetzen müssen. Dies ist eine Thematik, die in letzter Zeit in der sozialwissenschaftlichen Forschung wieder an Bedeutung gewonnen hat.

Schliesslich stellt sich die Frage der praktischen Realisierbarkeit solch komplexer Untersuchungsanlagen. Evaluationsforschung ist in aller Regel eine praxisorientierte Disziplin, welche sich an den Anforderungen, Interessen und den limitierten Budgets von Auftraggebern auszurichten hat. Ungeklärt ist bisher, ob und auf welche Weise Untersuchungskonzepte, wie die Triangulation, effizienter zu Resultaten von maximalem Nutzen führen als traditionelle Vorgehensweisen.

Damit sind nur einige Punkte angesprochen, welche bei der systematischen Anwendung der konzeptionellen Triangulation im Rahmen politikwissenschaftlicher Evaluation noch vertieft diskutiert werden müssen. Es wird aber deutlich, dass Evaluationsforschung zwar auf den Standards der sozialwissenschaftlichen Forschung aufbauen muss. Die praktische Arbeit wird zusätzlich aber von normativen Anforderungen der Auftraggeber, von gesellschaftlichen Konflikten und von adressatenorientierten Umsetzungsüberlegungen bestimmt, welche die Forscherinnen und Forscher mit anderen als den wissenschaftlichen Richtgrössen konfrontieren. Obwohl wir mit unserer Arbeit ein paar methodische Schritte weitergekommen sind, bleibt die Frage offen, ob Evaluationsforschung schliesslich eher als “Wissenschaft” oder als “Kunst” zu gelten hat!

Anmerkungen

1. Kapitel

1 Havemann, R. H., Estimating the Employment Effect of Environmental Policy: A Review and a Suggested Approach, Report prepared for OECD, vervielfältigtes Manuskript, Paris 1976, auszugsweise veröffentlicht in: Employment and Environment, OECD, Paris 1978.

2 Ullmann/Zimmermann, S. 162.

3 Simonis, S. 7.

4 Brandenberger/Gasche/Guggenbühl/Hämmerli, S. 110 ff.

5 Knoepfel, Schweiz-EG, S. 83 ff.

6 Borner/Brunetti/Straubhaar, S. 109.

7 Schweizerischer Bundesrat, Technologiepolitik, S. 67.

8 Meier, Kurt, Neue Zürcher Zeitung Nr. 232, vom 6. Oktober 1992, S. B 25; Herr Meier ist Sekretär der Gruppe Umwelttechik des Vereins Schweizerischer Maschinen-Industrieller.

9 Schwager, S. 25 ff.

10 Luftreinhalte-Verordnung vom 16. Dezember 1985 (Stand am 1. Januar 1992), AS 1992-2025-59137.

11 A.a.O.

12 Beck, S. 85 ff.

13 Mit diesen Pfeilen verweisen wir auf andere Untersuchungsteile. Diesen Verknüpfungen haben wir unter dem Stichwort "konzeptionelle Triangulation" aus methodischer Perspektive besondere Aufmerksamkeit geschenkt. Vgl. dazu die Kapitel 2.2 und 8.2.

14 Eidgenössische Kommission für Lufthygiene, Erster Bericht, S. 133.

15 Hess, Kontrolle, S. 389.

16 Hess, Untersuchung, S. 157.

17 Eidgenössische Kommission für Lufthygiene, Richtlinien zur Kontrolle von Ölfeuerungen, in: Bulletin des Eidgenössischen Gesundheitsamtes, Nr. 1/1969, Beilage B, S. 1 ff.

18 Eidgenössisches Departement des Innern, Richtlinien über die Auswurfbegrenzung bei Haus- und Industriefeuerungen vom 7. Februar 1972.

19 Hess, Statistische Analysen, S. E 69.

20 Hess, Resultate.

21 Eidgenössisches Departement des Innern, Richtlinien über die Konstruktion und den Betrieb von Heizkesseln und Zerstäuberbrennern vom 21. März 1978.

22 Verordnung über Luftreinhalte-Massnahmen bei Feuerungen vom 10. Dezember 1984, AS 1984-983.

23 Luftreinhalte-Verordnung vom 16. Dezember 1985, AS 1986-208.

24 Bericht Luftreinhalte-Konzept vom 10. September 1986.

25 Luftreinhalte-Verordnung vom 16. Dezember 1985 (Stand am 1. Januar 1992), AS 1992-2025-59137.

2. Kapitel

26 Hellstern/Wollmann, S. 8.

27 Arbeitsgruppe Gesetzesevaluation, S. 4.

28 Freiburghaus, Methoden, S. 15 ff.

29 Schweizerischer Nationalfonds zur Förderung der wissenschaftlichen Forschung, Nationales Forschungsprogramm 27 "Wirksamkeit staatlicher Massnahmen", Ausführungsplan, Bern 1989.

30 Denzin, S. 291.

3. Kapitel

31 Vgl. Freiburghaus/Balthasar/Zimmermann/Knöpfel, S. 47 ff.

32 Vgl. Schrade, S. 1 ff.

33 a.a.O., S. 14.

34 Schweizerische Handelszeitung Nr. 45, vom 9. November 1989, S. 77.

4. Kapitel

35 Hess, Kontrolle, S. 390.

36 A.a.O., S. 392.

37 A.a.O., S. 390.

38 A.a.O., S. 393.

39 Richtlinien über die Typenprüfung von Heizkesseln und Zerstäuberbrennern bezüglich der lufthygienischen Anforderungen vom 1. Mai 1984, AS 1984-505.

40 Bundesgesetz über den Umweltschutz vom 7. Oktober 1983, AS 1984-1122.

41 Verordnung über Luftreinhalte-Massnahmen bei Feuerungen vom 10. Dezember 1984, AS 1984-983.

42 Luftreinhalte-Verordnung vom 16. Dezember 1985, AS 1986-208.

43 Luftreinhalte-Verordnung vom 16. Dezember 1985 (Stand am 1. Januar 1992), AS 1992-2025-59137.

44 Weizsäcker, S. 5 ff.

45 Vgl. Knöpfel, Handelsbarrieren, S.327 ff.

46 Porter, S. 78 ff.

47 A.a.O., S. 87.

48 Diese sind zusammengefasst in: Bundesamt für Umwelt, Wald und Landschaft, Empfehlungen über die technische Durchführung der Typenprüfung von Feuerungsanlagen, Stand: September 1992.

49 Wir haben die deutschen Werte, die im allgemeinen in mg/kWh angegeben werden, auf die in der Schweiz gebräuchliche Masseinheit mg/m^3 umgerechnet ($1 mg/m^3 = 1.021 x 1 mg/kWh$).

50 Gabathuler, S. 65 ff.

51 Inzwischen wurden sogenannte Werkprüfstellen bei einzelnen grossen Firmen anerkannt. Die EMPA überwacht in diesen Fällen nur noch die Kalibrierung der Prüfgeräte und führt sporadische Stichprobenmessungen durch.

52 Bundesamt für Umwelt, Wald und Landschaft, Typengeprüfte Gebläsebrenner, Heizkessel und Wasserwärmer, Stand: 15. Januar 1993.

53 Wüest & Partner, S. 10.

54 Für die folgenden statistischen Daten stützen wir uns auf die Studie von Wüest & Partner. Die Zahlen beziehen sich auf das Jahr 1991, soweit nichts anderes erwähnt wird.

55 A.a.O., S. 16.

56 Bilanz, S. 81 ff.

57 Balthasar/Müller, S. 14.

58 Doppmann/Graf/Jans, S. 14.

59 Vgl. Wüest & Partner 1992.

60 Art. 8 der Verordnung über Luftreinhalte-Massnahmen bei Feuerungen vom 10. Dezember 1984, AS 1984-983.

61 Hess, Untersuchung, S. 157.

62 Schweizerische Vereinigung für Gesundheitstechnik, Ölfeuerungskontrolle, S. 1.

63 Eidgenössische Kommission für Lufthygiene, Richtlinien zur Kontrolle von Ölfeuerungen, in: Bulletin des Eidgenössischen Gesundheitsamtes, Nr. 1/1969, Beilage B, S. 1 ff.

64 Richtlinien zur Prüfung der Abgase von Ölfeuerungen vom 21. März 1978.

65 Richtlinien über die Auswurfbegrenzung bei Haus- und Industriefeuerungen vom 7. Februar 1972.

66 Art. 8 der Verordnung über Luftreinhalte-Massnahmen bei Feuerungen vom 10. Dezember 1984, AS 1984-983.

67 Mustervorschriften zur Kontrolle der Abgasverluste von Feuerungsanlagen vom 31. Januar 1980.

68 Schweizerische Vereinigung für Gesundheitstechnik, Ölfeuerungskontrolle, S. 27.

69 Art. 8 der Verordnung über Luftreinhalte-Massnahmen bei Feuerungen vom 10. Dezember 1984, AS 1984-983.

70 Anhang 3 der Luftreinhalte-Verordnung vom 16. Dezember 1985 (Stand am 1. Januar 1992), AS 1992-2025-59137.

71 Eidgenössische Kommission für Lufthygiene, Richtlinien zur Kontrolle von Ölfeuerungen, in: Bulletin des Eidgenössischen Gesundheitsamtes, Nr. 1/1969, Beilage B, S. 1 ff; Eidgenössisches Departement des Innern, Richtlinien über die Auswurfbegrenzung bei Haus- und Industriefeuerungen vom 7. Februar 1972 (Stand am 1. Juli 1978), AS 1978-522-63.

72 Gesetz über die Verhütung der Luftverunreinigung durch Feuerungsanlagen vom 23. September 1974.

73 Gut Karl, Feuerungskontrolle im Kanton Luzern: Organisation/Ergebnisse/Zukunftsaussichten, in: Umwelttechnik, Nr. 4, 1989.

74 Kantonales Amt für Umweltschutz Luzern, Weisungen an die Gemeinden betreffend die Kontrolle der Feuerungsanlagen im Kanton Luzern, die mit Heizöl "Extra-Leicht" und Gas betrieben werden vom 1.1.1990.

75 Le Conseil d'Etat du Canton de Vaud, Règlement du 25 août 1982 sur le contrôle obligatoire des installations de chauffage à combustion; vgl. auch Perrochet, J.-F., Le contrôle des chauffages à combustion dans le cadre de la protection de l'air, Comparaison de quatre villes suisses, unveröffentlichte Seminararbeit am Institut de Hautes Etudes en Administration Publique, Lausanne 1989.

76 Art. 2, Punkt 16 der Verordnung über Feuerungen mit flüssigem Brennstoff (Ölfeuerungen) vom 21. November 1933 des Kantons Basel-Stadt; Art. 46 bis 51 der Verordnung zum Energiespargesetz vom 18. Juni 1985

77 Knoepfel/Weidner, S. 756 f.

78 An dieser Stelle sei die grosse Kooperationsbereitschaft der Herren R. Rüfenacht und R. Simon, Abteilung Umweltschutz des KIGA Bern, von Herrn A. Christoffel, Statistisches Amt des Kantons Basellandschaft sowie der Herren E. Gilgen und M. Rist, Lufthygieneamt beider Basel und von Herrn K. Gut, Abteilung Lufthygiene des Amt für Umweltschutz des Kantons Luzern herzlich verdankt.

79 Art. 20 der Luftreinhalte-Verordnung vom 16. Dezember 1985, AS 1986-208.

80 Brosius, S. 309 ff.

6. Kapitel

81 Hess, Statistische Analysen, S. E 69; Glogg, P., Erfahrungen aus der Ölfeuerungskontrolle in der Stadt Zürich, Chemische Rundschau, Nr. 38, vom 20. September 1967. Sehr wichtig war zudem die Hilfe von Herrn W. Wintsch, Abteilung Feuerungskontrolle des Gesundheitsinspektorats der Stadt Zürich.

82 Wir stützen uns vor allem auf Daten und Auswertungen, die uns freundlicherweise von Herrn R. Kaufmann, Abteilung Feuerungskontrolle der Stadtpolizei Luzern, zur Verfügung gestellt wurden.

83 Vgl. dazu: Gesundheits- und Wirtschaftsamt der Stadt Zürich, Umwelt-Bericht 1989/90 Stadt Zürich, Zürich 1990, S. 35 f.

84 Wir möchten an dieser Stelle insbesondere Herrn A. Christoffel vom Statistischen Amt des Kantons Basel-Land für seine Mithilfe danken.

85 NZZ Nr. 267 vom 16./17. November 1991, S. 24.

7. Kapitel

86 Windhoff-Héritier, S. 27 ff.

87 Freiburghaus, développement, S. 5 ff.

88 Wie zumeist in solchen Fällen bezahlen die Nichtbeteiligten die “Rechnung”: die Käufer der neuen Geräte haben höhere Preise zu entrichten als in reinen Marktsituationen erwartet werden könnte. Wenigstens ein Teil dieser Mehrkosten sollte aber mittelfristig über Einsparungen beim Heizöl wettgemacht werden können.

89 Freiburghaus/Balthasar/Zimmermann/Knöpfel, S. 312 ff.

90 Vgl. Porter, S. 75 ff.

91 Bericht Luftreinhalte-Konzept, S. 28

92 Vgl. NZZ vom 27.1.1993

93 Energienutzungsbeschluss, S. 11 ff.

8. Kapitel

94 Eckstein, S. 81 ff.

95 Lamnek, S. 15 ff.

96 Hellstern/Wollmann, S. 56.

97 Widmer, S. 126 ff.

98 Campbell/Fiske, S. 82; vgl. Flick, S. 14.

99 Denzin, S. 295 ff.

100 U.a. Silverman D., Qualitative Methodology and Sociology, Aldershot 1985, nach Flick, S. 17.

101 Lamnek, S. 236.

Literaturverzeichnis

Arbeitsgruppe Gesetzesevaluation, Die Wirkungen staatlichen Handelns besser ermitteln: Probleme, Möglichkeiten, Vorschläge, Schlussbericht des EJPD, Bern 1991

Baldwin Robert, Non-tariff Distortions of International Trade, Washington 1971

Balthasar Andreas/Müller Ueli, Wirtschaftliche Konsequenzen einer europäischen Harmonisierung im Umweltbereich, Zürich 1991

Beck Ulrich, Risikogesellschaft, Auf dem Weg in eine andere Moderne, Frankfurt 1986

Bhagwati Jagdish, Protectionism, Cambridge (Mass.) 1988

Biétry J., Die Ölfeuerungskontrolle, Bundesamt für Umweltschutz, Artikelfolge zum zehnjährigen Bestehen, 1981

Bilanz, Enrico A. Tissi. Einfach nicht zu bremsen, Nr.9/1992

Borner Silvio/Brunetti Aymo/Straubhaar Thomas, Schweiz AG; Vom Sonderfall zum Sanierungsfall?, Zürich 1990

Brandenberger Kurt/Gasche Urs P./Guggenbühl Hanspeter/Hämmerli Freddy, Das Märchen von der sauberen Schweiz, Zürich 1982

Brosius Gerhard, SPSS/PC Basics und Graphics. Einführung und praktische Beispiele, Hamburg 1988

Buchs Melchior, Zur Methodik von Marktuntersuchungen. Eine kritische Analyse am Beispiel der schweizerischen Wettbewerbspolitik, Bern 1987

Campbell Donald/Fiske Donald, Convergant and discriminant Validation by the Multitrait-Multimethod Matrix, in: Psychological Bulletin 56/1959, S. 81-105

Cronbach Lee J., Designing Evaluations of Eductional and Social Programs, San Francisco 1982

Denzin Norman K., The Research Act. New York 1978.

Doppmann Reto/Graf Silvio/Jans Armin, Versetzen staatliche Wettbewerbsbehinderungen Schweizer Firmen ins europäische Abseits? Bern 1991

Eckstein Harry, Case Study and Theory in Political Science, in: Greenstein F.I., Polsby, N.W. (Eds.), Handbook of Political Science, Bd. 7, Reading (Mass.) 1975

Eidgenössische Kommission für Lufthygiene, Erster Bericht der eidgenössischen Kommission für Lufthygiene zuhanden des Bundesrates vom 20. Juni 1961, in: Bulletin des Eidgenössischen Gesundheitsamtes, Nr. 5/1961, Beilage B

Eidgenössische Kommission für Lufthygiene, Über die Luftverunreinigung der Atmosphäre durch Rauch und Abgase aus Heizanlagen, Vorträge der Tagung vom 26./27. September 1962, Sonderdruck aus: Industrielle Organisation 1962, Heft 11

Flick Uwe, Entzauberung der Intuition, Systematische Perspektiven-Triangulation als Strategie der Geltungsbegründung qualitativer Daten und Interpretationen, in: Hoffmeyer-Zlotnik, J.H.P., Analyse verbaler Daten, Über den Umgang mit qualitativen Daten, Opladen 1992

Freiburghaus Dieter, Le développement des moyens de l'action politique, Cahiers de l'IDHEAP, No 59, Lausanne 1989 (zit. développement)

Freiburghaus Dieter, Methoden der Evaluation, von Verwaltungshandeln aus der Sicht der Politik- und Verwaltungswissenschaft, Vortrag vor der Arbeitsgruppe Verwaltungskontrolle der GPK, Cahiers de l'IDHEAP No 46, Lausanne 1988 (zit. Methoden)

Freiburghaus Dieter/Balthasar Andreas/Zimmermann Willi/Knöpfel Carlo, Technik-Standort Schweiz. Von der Forschungs- zur Technologiepolitik, Bern 1991

Frey Bruno S., Theorie demokratischer Wirtschaftspolitik, München 1981

Gabathuler Hans Ruedi, Brenner und Kessel: Gute Produkte, aber Planung und Betrieb müssen verbessert werden, in: HeizungKlima, Heft 5, 1988

Hellstern Gerd-Michael, Assessing Evaluation Research, in: Kaufmann Franz-Xaver, et al. (Eds.), Guidance, Control and Evaluation in the Public Sector, Berlin/New York 1985, S. 279-312.

Hellstern Gerd-Michael/Wollmann Hellmut, Evaluationsforschung, Ansätze und Methoden dargestellt am Beispiel des Städtebaus, Basel 1983

Hess Walter, Die periodische Kontrolle der Feuerungsanlagen, in: Industrielle Organisation, Heft 11, 1962 (zit. Kontrolle)

Hess Walter, Die Untersuchung von Ölfeuerungsanlagen in Zürich, in: Kommunalwirtschaft Nr. 4, 1964 (zit. Untersuchung)

Hess Walter, Erste Resultate von Wirkungsgradermittlungen an den Ölfeuerungsanlagen in der Stadt Zürich in Umweltschutz/Gesundheitstechnik Nr. 10, 1980 (zit. Resultate)

Hess Walter, Probleme der Luftverunreinigung, in: Neue Zürcher Zeitung, Nr. 4937 (197) vom 18. 11. 1964, Blatt 3, Mittagsausgabe (zit. Probleme)

Hess Walter, Statistische Analysen von über 11'000 kontrollierten Ölfeuerungen, in: Schriftenreihe der Schweizerischen Vereinigung für Gesundheitstechnik, Nr. 34, 1973 (zit. Statistische Analysen)

Knoepfel Peter, Schweiz-EG: Chancen eines umweltpolitischen Anforderungsgefälles für die schweizerische Industrie ?, in: Schwager Stephan/Knoepfel Peter/Weidner Hellmut, Umweltrecht Schweiz – EG; Das schweizerische Umweltrecht im Lichte der Umweltschutzbestimmungen der Europäischen Gemeinschaften – ein Rechtsvergleich, Basel 1988 (zit. Schweiz-EG)

Knöpfel Peter/Weidner Hellmut, Luftreinhaltepolitik (stationäre Quellen) im internationalen Vergleich, Bd. I, Berlin 1985

Knöpfel Carlo, Nichttarifarische Handelsbarrieren und Integration: Die Schweiz und die Europäische Gemeinschaft, in: Schweizerische Zeitschrift für Volkswirtschaft und Statistik, Heft 3, 1989 (zit. Handelsbarrieren)

Kölz A./Müller H.U.(Hrsg.), Kommentar zum Umweltschutzgesetz, dort: Brunner U., Art. 40 Typenprüfung und Kennzeichnung, Bern, Band 1, 1986

Lamnek Siegfried, Qualitative Sozialforschung, Band I, München 1988.

OECD, Environmental Policy and Technological Change, Paris 1985

Olson Mancur, The Logic of Collective Action. Public Goods and the Theory of Groups, Cambridge (Mass.) 1965

Porter Michael E., The Competitive Advantage of Nation, in: Harvard Business Review Heft 2, 1990

Rusterholz Roger, Drei Massnahmen führen zum Ziel, in: Schweizerische Handelszeitung vom 9.11.1989

Schrade André, Kommentar zu den Artikeln 11 (Grundsatz) und 12 (Emissionsbegrenzung), in: Kölz/Müller, Kommentar zum USG, Bern, Band 2, 1987

Schumpeter Joseph A., Theorie der wirtschaftlichen Entwicklung, Eine Untersuchung über Unternehmergewinn, Kapital, Kredit, Zins und den Konjunkturzyklus, Wien 1911

Schwager Stefan (in Zusammenarbeit mit Peter Knoepfel): Das schweizerische Umweltrecht im Lichte der Umweltschutzbestimmungen der Europäischen Gemeinschaften – ein Rechtsvergleich, in: Schwager Stephan/Knoepfel Peter/Weidner Hellmut, Umweltrecht Schweiz – EG; Das schweizerische Umweltrecht im Lichte der Umweltschutzbestimmungen der Europäischen Gemeinschaften – ein Rechtsvergleich, Basel 1988

Schweizerische Vereinigung für Gesundheitstechnik, Die Ölfeuerungskontrolle in der Schweiz, Sonderausgabe über den heutigen Stand der Ölfeuerungskontrolle, deren Probleme und Erfolge, Schriftenreihe Nr. 87 der Schweizerischen Vereinigung für Gesundheitstechnik 1983 (zit. Ölfeuerungskontrolle)

Schweizerische Vereinigung für Gesundheitstechnik, Gesundheitstechnik, Zeitschrift für Umweltschutz, Sonderausgabe Ölfeuerungsanlagen und Lufthygiene, Schriftenreihe Nr. 32 der Schweizerischen Vereinigung für Gesundheitstechnik 1973 (zit. Ölfeuerungsanlagen)

Schweizerischer Bundesrat, Technologiepolitik des Bundes, Bericht zuhanden der Geschäftsprüfungskommission des Ständerates, Bern 1992

Simonis Udo E., Präventive Umweltpolitik, Frankfurt/New York 1988

Ullmann Arieh A./Zimmermann Klaus, Umweltpolitik und Umweltschutzindustrie in der BRD. Eine Analyse ihrer ökologischen Wirkungen, Berichte 6/81, Berlin 1981

Verein Schweizerischer Öl- und Gasbrennerunternehmungen, Statistik der Service-Organisationen für Feuerungsanlagen (diverse Jahrgänge)

Weizsäcker Carl Christian von, Barriers to Entry. A Theoretical Treatment. Lecture Notes in Economics and Mathematical Systems, Heft 185, 1974

Widmer Thomas, Evaluation von Massnahmen zur Luftreinhaltepolitik in der Schweiz, Eine quasi-experimentelle Interventionsanalyse nach dem Ansatz Box/Tiao, Zürich 1991

Windhoff-Héritier Adrienne, Policy-Analyse: Eine Einführung, Frankfurt/Main 1987

Wintsch Werner/Leuenberger Chr., Stickoxidemissionen bei Feuerungsanlagen bis 1 MW, Gesundheitsinspektorat der Stadt Zürich, Bericht 89-04-10, 1989

Wüest & Partner, Konzept zur Förderung des Einsatzes emissionsarmer Feuerungen, Studie im Auftrag von BUWAL und BEW, Zürich 1992

Wichtige Rechtsquellen

Bundesamt für Umwelt, Wald und Landschaft, Empfehlungen über die technische Durchführung der Typenprüfung von Feuerungsanlagen, Stand: September 1992

Bundesamt für Umwelt, Wald und Landschaft, Empfehlungen zur Messung der Abgase von Feuerungen für Heizöl "Extra-leicht" oder Gas, Februar 1992

Bundesamt für Umwelt, Wald und Landschaft, Typengeprüfte Gebläsebrenner, Heizkessel und Wasserwärmer, Stand: 15. Januar 1993

Bundesgesetz über den Umweltschutz vom 7. Oktober 1983, AS 1984-1122

Luftreinhalte-Verordnung vom 16. Dezember 1985 (Stand am 1. Januar 1992), AS 1992-2025-59137

Luftreinhalte-Verordnung vom 16. Dezember 1985, AS 1986-208

Richtlinien über die Typenprüfung von Heizkesseln und Zerstäuberbrennern bezüglich der lufthygienischen Anforderungen vom 1. Mai 1984, AS 1984-505

Richtlinien über die Auswurfbegrenzung bei Haus- und Industriefeuerungen, vom 7. Februar 1972 (Stand am 1. Juli 1978), AS 1978-522-63

Richtlinien zur Prüfung der Abgase von Ölfeuerungen vom 21. März 1978, AS 1979-961

Richtlinien über die Konstruktion und den Betrieb von Heizkesseln und Zerstäuberbrennern vom 21. März 1978

Verordnung über Luftreinhalte-Massnahmen bei Feuerungen vom 10. Dezember 1984, AS 1984-985

Botschaft betreffend den Bundesbeschluss über eine sparsame und rationelle Energieverwendung vom 21. Dezember 1988, AS 1988-751, (zitiert: Energienutzungsbeschluss)

Bericht Luftreinhalte-Konzept vom 10. September 1986, AS 1987-187

Abkürzungsverzeichnis

ATAL	Amt für Technische Anlagen und Lufthygiene des Kantons Zürich
BEW	Bundesamt für Energiewirtschaft
BIGA	Bundesamt für Industrie, Gewerbe und Arbeit
BUWAL	Bundesamt für Umwelt, Wald und Landschaft
CEN	Europäisches Komitee für Normierung
CO	Kohlenmonoxid
CO_2	Kohlendioxid
EAM	Eidgenössisches Amt für Messwesen
EMPA	Eidgenössische Materialprüfungs- und Forschungsanstalt
ETH	Eidgenössische Technische Hochschule
EWR	Europäischer Wirtschaftsraum
F+E	Forschung und Entwicklung
HILSA	Internationale Fachmesse für Heizungs-, Luft- und Klimatechnik
HLK	Heizungs-, Lüftungs- und Klimatechnikbranche
KRW	Vereinigung der Kessel und Radiatorenwerke
LMFV	Luftreinhalte-Massnahmen bei Feuerungen
LRV	Luftreinhalteverordnung
NEFF	Nationaler Energie-Forschungs-Fonds
NFP	Nationales Forschungsprogramm
NOx	Stickoxid
OECD	Organisation für wirtschaftliche Zusammenarbeit und Entwicklung
SHZ	Schweizerische Handelszeitung
SIA	Schweizerischer Ingenieur- und Architektenverein
SSIV	Schweizerischer Spengler- und Installateur-Verband
SWKI	Schweizerischer Verband der Wärme- und Klimaingenieure
TCS	Touring Club Schweiz
TÜV	Technischer Überwachungsverein
USG	Umweltschutzgesetz
VKF	Vereinigung Kantonaler Feuerversicherungen
VSHL	Verband Schweizer Heizungs- und Lüftungsfirmen
VSO	Vereinigung schweizerischer Öl- und Gasbrennerunternehmen

Ökologie & Gesellschaft / Ecologie & Société

Herausgegeben von PETER KNOEPFEL und HELMUT WEIDNER
Publié par PETER KNOEPFEL et HELMUT WEIDNER

Band 1 SCHWAGER/KNOEPFEL/WEIDNER: Umweltrecht Schweiz – EG. Das schweizerische Umweltrecht im Lichte der Umweltschutzbestimmungen der Europäischen Gemeinschaften – ein Rechtsvergleich. 1988.

Band 2 SCHWAGER/KNOEPFEL/WEIDNER: Droit de l'environnement Suisse – CE. Le droit suisse de l'environnement à la lumière des Actes officiels de la Communauté européenne dans le domaine de la protection de l'environnement. Etude comparative des régimes juridiques. 1989.

Band 3 PETER KNOEPFEL (Hrsg.): Risiko und Risikomanagement. 1988.

Band 4 PETER KNOEPFEL (Hrsg.): Landwirtschaftliche ökologische Beratung – ein Modell für die allgemeine Umweltberatung? 1990.

Band 5 BARONI/BRUNNER/KNOEPFEL/MOOR: Strassenverkehrsrecht im Lichte des Umweltrechts/Le droit de la circulation routière face à la législation de l'environnement. 1991.

Band 6 GRUNDLEHNER/KNOEPFEL(Hrsg.): Défis des déchets. Réalités politiques et administratives de la Suisse romande. 1992.

Band 7 KNOEPFEL/ZIMMERMANN: Gewässerschutz in der Landwirtschaft. Evaluation und Analyse des föderalen Vollzugs. 1993.

Band 8 BALTHASAR/KNÖPFEL: Umweltpolitik und technische Entwicklung. Eine politikwissenschaftliche Evaluation am Beispiel der Heizungen. 1994